所得分配・金融・経済成長

資本主義経済の理論と実証

西 洋
Nishi Hiroshi

日本経済評論社

目 次

序章：本書の課題 　　　　　　　　　　　　　　　　　　　　　　　1
　本書の目的 1
　ポスト・ケインジアンと資本主義経済 5
　本書の構成 8

第1章　ポスト・ケインジアンの理論展開と制度論 　　　　　13
　1.1　はじめに 13
　1.2　ポスト・ケインジアンの理論展開 14
　1.3　カレツキアンの理論展開：有効需要と所得分配 16
　1.4　ミンスキアンの理論展開：有効需要と金融 18
　1.5　ストック・フロー・コンシステント・モデル：1つの到達点.. 20
　1.6　ポスト・ケインズ派における制度認識 21
　1.7　レギュラシオン理論との邂逅：制度および成長レジーム分析という交点 26

第2章　労働市場の制度的構造と所得分配および需要レジームのマクロ経済分析 　　　　　　　　　　　　　　　　　　　　33
　2.1　はじめに 33
　2.2　モデル 35
　2.3　定常状態と安定性および比較静学 40
　2.4　むすび 47

第3章　労働者の負債蓄積，動学的安定性および需要レジームの転換 　51
　3.1　はじめに 51
　3.2　モデル 53

3.3	定常状態と安定性および比較静学	57
3.4	むすび	66
補論：命題の証明と比較静学		67

第4章　負債・成長レジームとミンスキー型の金融構造　73

4.1	はじめに	73
4.2	モデル	76
4.3	負債・成長レジームと金融構造の内生的な転換	88
4.4	むすび	96

第5章　金融化とグローバル化：制度階層性によるアプローチ　99

5.1	はじめに	99
5.2	制度階層性とマクロ経済パフォーマンス	102
5.3	開放経済における制度階層性のモデル化	104
5.4	制度階層性を伴うマクロ経済動学モデル	107
5.5	定常状態の性質	114
5.6	むすび	122

第6章　所得分配，負債に関する経済成長レジームの多様性と両立性　125

6.1	はじめに	125
6.2	モデル	127
6.3	経済成長レジームを規定するパラメーター	131
6.4	多様な経済成長レジームの組み合わせ	137
6.5	むすび	144
補論：経済成長レジームの両立性について		145

第7章　ポスト・ケインズ派の金融政策ルールとマクロ経済パフォーマンス　151

7.1	はじめに	151

7.2	モデル	154
7.3	金融政策ルールのもとでの負債と所得分配のマクロ経済的効果	163
7.4	むすび	178
補論：命題の証明		180

第8章　VAR モデルを用いた日本経済の所得分配・経済成長レジームについての実証分析　　183

8.1	はじめに	183
8.2	日本経済の所得分配と有効需要の動態	186
8.3	先行研究	189
8.4	実証分析	191
8.5	VAR モデルによる日本のマクロ経済パフォーマンスの検証	195
8.6	むすび	203

第9章　構造 VAR モデルによる日本経済の資本蓄積，所得分配，負債の動態分析　　205

9.1	はじめに	205
9.2	1980 年代以降の日本経済の負債，所得分配，資本蓄積の動態	206
9.3	識別のためのモデル	211
9.4	実証分析	216
9.5	むすび	225
補論：ショックの識別		226

第10章　金融化と日本経済の資本蓄積パターンの決定要因：産業レベルに注目した実証分析　　229

10.1	はじめに	229
10.2	産業レベルからみた日本経済の金融化	230
10.3	実証分析	244
10.4	むすび	259

補論：統計データの出所と加工方法 261

参考文献　　　　　　　　　　　　　　　　263
あとがき　　　　　　　　　　　　　　　　277
初出一覧　　　　　　　　　　　　　　　　283
索　引　　　　　　　　　　　　　　　　　285

図目次

- 3.1 停滞型需要レジームにおける利潤分配率の上昇（賃金分配率の低下） 62
- 3.2 停滞型需要レジームにおける利潤分配率の低下（賃金分配率の上昇） 63
- 4.1 定常状態を表す曲線の傾きと経済成長率との関係 86
- 4.2 ミンスキー型の金融構造の諸条件 87
- 4.3 非ポンジ・レジームにおける負債主導型成長 89
- 4.4 非ポンジ・レジームにおける負債荷重型成長 91
- 4.5 ポンジ・レジームにおける負債主導型成長 93
- 4.6 ポンジ・レジームにおける負債荷重型成長 95
- 5.1 開放経済における制度的構造と経済取引 105
- 5.2 資産代替の程度が低い場合の安定的なダイナミクスの一例... 116
- 5.3 資産代替の程度が高い場合の不安定なダイナミクスの一例... 119
- 5.4 フィリップス曲線と雇用保障の弱体化 121
- 6.1 所得分配・成長レジームの形成条件 134
- 6.2 負債主導型および負債荷重型成長レジームの形成条件 136
- 6.3 4つのタイプの成長レジーム 139
- 7.1 安定的な負債主導型成長レジームの一例 165
- 7.2 不安定な負債主導型成長レジームの一例 166
- 7.3 負債主導型成長レジームの成長フロンティアと右上がりのインフレーション・フロンティア 169
- 7.4 負債主導型成長レジームの成長フロンティアと右下がりのインフレーション・フロンティア 170
- 7.5 負債荷重型成長レジームの成長フロンティアと右上がりのインフレーション・フロンティア 171
- 7.6 負債荷重型成長レジームの成長フロンティアと右下がりのインフレーション・フロンティア 172
- 8.1 所得分配率と需要構成項目の循環パターン 186
- 8.2 インパルス応答関数（ラグ3の場合） 197

8.3	累積インパルス応答関数（ラグ3の場合）	198
9.1	負債比率と資本蓄積率の循環	207
9.2	所得分配率と資本蓄積率の循環	209
9.3	所得分配率と負債比率の循環	210
9.4	累積インパルス応答関数（ラグ5の場合）	221
9.5	累積インパルス応答関数（ラグ1の場合）	222
10.1	総資産に占める金融資産の割合の推移	233
10.2	キャッシュ・フローに占める金融的収益の割合の変化	234
10.3	キャッシュ・フローに占める金融的支出の割合の変化	235
10.4	資本蓄積率の変化	236
10.5	利潤分配率の変化	238
10.6	配当性向の変化	239
10.7	所得分配率の構成	240
10.8	民間産業におけるFIRE，製造業，サービス業の雇用のシェア	241
10.9	民間産業におけるFIRE，製造業，サービス業の付加価値のシェア	242
10.10	民間産業におけるFIRE，製造業，サービス業の利潤のシェア	243
10.11	付加価値の変化	248
10.12	利潤率の変化	249
10.13	金融的支出の変化	250
10.14	金融的収益の変化	251
10.15	負債比率の変化	252

表目次

2.1	比較静学の結果	46
3.1	他のパラメーターに関する比較静学	65
4.1	ミンスキー型の金融構造の分類と経済成長の安定性	97
5.1	制度階層性とマクロ経済パフォーマンスとの対応関係	122
7.1	3つのルールのもとでの成長率とインフレ率の順序	173
7.2	各ルールのもとで利潤分配率の上昇が成長率に与える影響	175
7.3	利潤分配率の上昇がインフレ率に与える影響	176
7.4	各ルールのもとで負債比率の上昇が成長率に与える影響	177
7.5	各ルールのもとで負債比率の上昇がインフレ率に与える影響	178
8.1	景気循環の諸局面におけるGDPと各需要項目の対前期比変化率	187
8.2	単位根検定の結果	192
8.3	情報量基準	194
8.4	ブロック外生性テスト(ラグ次数3のVARモデル)	194
8.5	政府支出の伸び率についての係数推定値結果	195
8.6	分散分解の結果	199
9.1	単位根検定の結果	218
9.2	情報量基準	218
9.3	同時点のパラメーター推計	219
9.4	分散分解の結果	223
10.1	『法人企業統計(除く金融業・保険業)』をもとにした変数の加工と定義	247
10.2	製造業のパネルデータ推計の結果	253
10.3	非製造業のパネルデータ推計の結果	255
10.4	全産業のパネルデータ推計の結果	258

序章：本書の課題

本書の目的

　本書は，ポスト・ケインジアンの経済理論と，制度や需要レジーム，成長レジームを重視するレギュラシオン理論の双方に着想を受けつつ，現代資本主義経済における所得分配，金融および経済成長に関する理論的，実証的分析を行うものである。本書には，これらの礎となった書であるKalecki (1971)やAglietta (1997)に着想を得た研究という意図をもたせるために，「資本主義経済」というサブ・タイトルを採用している。これらは，いずれも資本主義経済の特質を分析した古典である。

　「ポスト・ケインジアンの経済学 (post-Keynesian economics)」とはさまざまな意味合いを含んでいる。そこには主として，ケインジアン・ファンダメンタリスト，カレツキアン，そしてスラッフィアンの3つのグループが存在し，そこからはマクロ経済分析上，さまざまな理論や実証研究の成果が提起されてきた。それは，所得分配，国内総生産，価格形成，資金調達，景気循環や経済成長といった資本主義経済の動態を検討していくための理論を有しており，本書の問題意識に対して示唆に富む視点を提供する。

　ポスト・ケインジアンの知的源泉は，ジョン・メイナード・ケインズ（John Maynard Keynes），ロイ・ハロッド（Roy Harrod），ジョーン・ロビンソン（Joan Robinson），ニコラス・カルドア（Nicholas Kaldor），ミハウ・カレツキ（Michal Kalecki），そしてピエロ・スラッファ（Piero Sraffa）にあり，ポスト・ケインジアンは，彼らのアイディアをより現代的な形で再生させてきた。それらは「ポスト・ケインズ派」という1つの学派としての名称のもとにくくっても良いだろう。実際に，それはマクロ経済分析を行うための一通りそろった理論モ

デルをもち，*Journal of Post Keynesian Economics*, *Cambridge Journal of Economics*, *Review of Political Economy*, *International Review of Applied Economics*, *Review of Keynesian Economics* といった専門学術誌を発行し，さらには Post Keynesian Economics Study Group（PKSG），Research Network Macroeconomics and Macroeconomic Policies（FMM），Association for Heterodox Economics（AHE）といった研究グループや研究機関および学会のもとに活動している。

本書で展開されるモデルは，このアイディアに着想を得たものであるが，いくつかの章では制度の役割や経済成長レジームの多様性に注目したマクロ経済分析も行っていく。この試みは，ミッシェル・アグリエッタ（Michel Aglietta）やロベール・ボワイエ（Robert Boyer）に代表されるレギュラシオン理論が行ってきたような，現代資本主義に特徴的な諸制度を踏まえたマクロ経済パフォーマンスの理解を目指すものである。

経済の数量的側面だけでなく，制度的側面を踏まえた分析の重要性は次のところにある。資本主義経済における経済成長の特質や安定性は，各国および時代によって異なることは良く知られている。このことは，近年のポスト・ケインジアンの実証研究によっても明らかにされてきた（Harvie (2000); Stockhammer and Onaran (2004); Storm and Naastepad (2012); Lavoie and Stockhammer (2013a)）。他方で，同じ資本主義というシステムにおいても，なぜ，そしていかにして経済パフォーマンスは歴史的に国ごとに異なってくるのかという問題は，近年，資本主義の多様性論と呼ばれる諸研究の発展をもたらした（Hall and Soskice (2001); Amable (2003); 遠山 (2010)）。こうした研究の中で，資本主義経済の長期的なパフォーマンスの変化とその多様性を同時に分析してきたのが，1970年代のフランスで形成されたレギュラシオン理論である。この研究によって，ある国の資本主義のタイプや経済パフォーマンスの特殊性および変化を理解する上で，その国の経済活動に関わる支配的な制度やその組み合わせが重要であることが明らかにされてきた（Aoki (2001); Boyer (2004); 山田 (2008)）。こうした多様性を認識することは，各国資本主義経済に固有の現象や，それに対するグローバル化や金融化のインパクトの異なった影響を理解する上でも，極めて重要である。

レギュラシオン理論は，マクロ経済パフォーマンスの独自性や変化を理解する上で，経済の数量的な側面だけでなく，制度的側面に注目する必要性を提起してきた。それは，マクロ経済分析上重要な制度領域を，賃労働関係（労働力の使用と再生産に関わる諸制度），貨幣・金融形態（通貨や金融取引を支える諸制度），競争形態（企業間関係，市場構造，価格決定方式をめぐる諸制度），国家形態（政府介入のあり方），国際体制への編入（国際通貨体制，対外開放度，輸出入の構造）の5つに分類し，こうした諸制度のあり方がマクロ経済パフォーマンスに与える影響を分析する。制度的構造とマクロ経済との関連は成長レジームとして概念化される（山田 (2008))。このようにレギュラシオン理論は，制度的に特徴づけられたマクロ経済モデルの必要性を説く。そして，マクロ経済変数が，どのように調整され，決定されるのかを明らかにすることに取り組んできた。

他方で，ポスト・ケインジアンの経済理論は，経済成長のメカニズムを所得分配，金融，そして有効需要といった経済の数量的な側面に注目して検討してきた。このような流れの中で，マクロ経済パフォーマンスに対する制度の重要性を認識し，ポスト・ケインジアン・モデルを用いてこれらの関連を検証したものは，カレツキアン・モデルに基づいた藤田 (2006) や植村他 (2007)，パシネッティ・カルドア・モデルに基づいた宇仁 (1998, 2009) が挙げられるほどで，決して多くはない。また，これらの分析対象は，閉鎖経済面，所得分配面，あるいは金融面のいずれかに限られており，開放経済面，所得分配面と金融面の制度を包括的に踏まえたマクロ経済分析という課題が残されている。

本書でいうマクロ経済パフォーマンスとは，経済成長率，各需要項目，失業率，生産性上昇率，所得分配，負債比率，インフレ率，金利，為替レートといった集計レベルの変数の状態を指すものである。例えば，高い成長率，安定的なインフレ率，低い失業率といった状態は良好なマクロ経済パフォーマンスとして考えられる。

マクロ経済パフォーマンスを考察する上で，とりわけ重要な変数が経済成長率であろう。そこで本書では，「需要レジーム (demand regime)」，「経済成長レジーム (economic growth regime)」という用語を用いて総需要や経済成長分析を行う。需要の変動や経済成長は多様であり，高い経済成長率，あるいは低

い経済成長率をもたらすメカニズムはいくつか存在する。需要レジームや経済成長レジームとは，これらのパターンの認識や形成のメカニズムを説明するための用語である。

ポスト・ケインジアンによる経済成長レジームの用語法では，所得分配の変化が消費，投資，純輸出を介して総需要の成長に及ぼす効果として用いられる。この議論からは，賃金分配率が成長を牽引する賃金主導型成長 (wage-led growth)，あるいは利潤分配率が牽引役を担う利潤主導型 (profit-led growth) といった成長レジームの存在が明らかにされてきた。また，総需要水準（産出・資本比率あるいは稼働率）が変化するパターンは，需要レジームとして捉えられる。これに関しては，停滞型レジーム (stagnationist regime)，高揚型レジーム (exhiralationist regime) と呼ばれるメカニズムの存在も明らかにされている。

また，経済成長レジームは，金利や負債の変化が消費や投資に与える影響を介して総需要の成長に及ぼす影響を捉えることにも応用されている。ここでは，企業や労働者が保有する負債の拡大が経済成長の原動力となる負債主導型成長 (debt-led growth)，それらの拡大が成長を阻害する負債荷重型成長 (debt-burdened growth) といった負債・成長レジームの存在も明らかにされてきた。

経済成長レジームは，さらに，実証分析において国内総生産の成長を主導する需要項目を特定化するために用いられる。多くの場合，国内総生産の成長率よりも高い成長率を達成している需要項目が，成長の主導要因として位置付けられる。日本の経済成長の変化を理解する際には，投資が成長を牽引する投資主導型，あるいは輸出が成長を規定する輸出主導型といった成長レジームを把握することが鍵になる。

他方で，レギュラシオン理論において経済成長レジームという用語が使われる時，上述の通り，成長分析に経済活動を取り巻く制度の役割の考察が取り入れられている。レギュラシオン理論の特徴を端的に言えば，消費や投資，輸出といった経済変数の規則的変動は制度によって生み出されると考えるところにある。この理論によると，マクロ経済パフォーマンスの持続可能性は，成長レジームと制度諸形態がもたらす調整様式との適合性に依存する。レギュラシオニストは，この概念を使って資本主義経済の成長と危機のメカニズムおよびその転換を説明し，マクロ経済パフォーマンスの時間的，空間的な可変性を踏ま

えた分析を行ってきた。

　これらに着想を得て，本書ではマクロ経済パフォーマンスについての理論的，実証的分析を行っていく。所得分配のみならず金融面，さらには開放経済を踏まえた成長レジームの定式化を行う。ここから導かれる主要な結果は，経済成長は多様ということである。資本主義の多様性論が論じてきたように，これまでの研究で多様性を析出することは，標準的な新古典派成長モデルが提示する収束の議論や，資本主義経済の特質は最も効率的なモデルのそれへと収斂していくという議論に対する理論的，あるいは実証的反例という意味をもってきた。こうした多様性の原因の1つは，マクロ経済パフォーマンスを生み出す制度的基礎やその補完性が異なるためといわれている。このような研究成果を背景にして，本書は，標準的なポスト・ケインジアンのモデルに依拠しつつも，それぞれの時代や国に特有の制度と経済構造を取り入れたモデルの設定および分析が必要であるという問題意識をもっている。

　マクロ経済分析によって導かれる経済成長の多様性とは，成長レジームは一意ではなく，また，経済成長の加速要因や減速要因，安定条件は，さまざまであることを意味する。成長の様相に多様性が存在するということは，現実問題としては当然のことであろう。しかし，本書では分析として成長の多様性を析出することで，先行研究が提起してきた上述の含意に加えて，次のような政策的な含意も導きたい。すなわち，経済成長の多様性が存在するもとでは，経済政策もまた，経済の制度的背景や成長レジームのタイプに合わせて選択する必要がある。というのも，同じ経済政策を実行したとしても，成長パターンや制度的構造に応じて，政策がもたらすマクロ経済的結果は異なってくるためである。これらは，ややもすれば総需要管理政策は，国や時代を超えて通用すると主張してきたポスト・ケインジアンとも異なる本書のメッセージである。

ポスト・ケインジアンと資本主義経済

　ところで，現代の経済学では，ある経済社会を「市場経済」や「資本主義経済」という観点から考察することがある。経済社会を「市場経済」から構成されるものとして説明する時，多くの場合，それは価格体系をもとにした交換の実行

を念頭に議論される。標準的なミクロ経済学のテキストによると，価格は，市場において取引される財に対する選好，技術，稀少性についての情報を集約するものとされる。価格への情報の集約化，一元化に基づいた市場調整を通じて需要者と供給者の間で取引が行われる。そして，完全競争市場においては，効率的な資源配分が保証される（Guerrien (2002)）。

本書では，資本主義経済の特質を念頭においたモデルの設計と実証分析を展開したい。そこで，Boyer (2007)，山田 (2008)，宇仁 (2009) を頼りに，この特質を挙げてみよう。資本主義経済は，労働者，企業，金利生活者など社会的諸関係から構成され，このような社会的諸関係には水平的あるいは垂直的な力的関係が存在する。また，経済成長の原動力となる資本蓄積やイノベーションは，不均衡や不安定を含みながら実現する。資本主義経済には，経済的，社会的，政治的制度が埋め込まれており，それはこのような不均衡や不安定をある程度，制御する。経済主体の活動は，価格体系が与える情報だけでなく，制度がもたらす情報によっても調整されている。その調整類型には，社会単位あるいは企業単位でのコーディネーション，規制，ヒエラルキーなどが考えられる。資本主義経済の調整においては，市場調整と制度的調整の複合が重要である。したがって，経済領域を市場調整が支配する独立な領域として認識するのではなく，他の領域との相互依存性の中で捉える必要がある[1]。そして，資本主義経

---

[1] 最近の経済成長理論や開発理論が強調するように，市場が十分に機能するための前提になる制度もある（Yeager (1998)）。その代表として財産所有権が挙げられる。例えば，政府が法の支配を維持することができないところで，取引の過程で略奪が頻繁に生じれば，高い経済成長を期待することができない。財産所有権が十分に保証されなければ，物的資本や人的資本の蓄積，および事業拡張のインセンティブは，略奪の危険によって減少するであろう。その上，交換における契約の不履行といった不正も取引に水を差す。したがって，これらを防ぐようなメカニズムが必要である。近年の成長理論や開発理論は，略奪やレント・シーキングを抑制する策として，効率的な交換を実行するための財産所有権を保護することを提起する。Hall and Jones (1999) は，これを社会資本，あるいは政府の政策，制度と呼んでいる。彼らによると，制度は経済主体に対して，高い生産性を備えた投入財を使用するインセンティブを提供する。制度の中に財産所有権や契約履行を含めることは誰も疑問に思わないであろう。だが，これらの制度は，先進国の成長というよりも，North (1990) が説明するように，資本主義の勃興期や現代の低開発国の成長の説明にとって重要なものである。Hall and Jones (1999) も，社会資本の整備の度合いが，先進国と低開発国（例えば米国とザイール）の間の労働者1人当たり所得の大きな格差を生み出していることを示している。しかしながら，上の例と比較すると，米国と日本といった先進国間における社会資本と所得格差の大きさは，そこまで大きなものではない（この点に関しては，各国の社会資本の測定指標に対する1人の労働者当たりの所得を示した Hall and Jones (1999) の図 II

済は国民国家を単位とする個性を帯びた歴史的な形成物でもある。

　ポスト・ケインジアンの経済理論は，このような資本主義経済の特質を分析するのに適したものである。この点を確かめるために，鍋島 (2001) や Lavoie (2004), Setterfield (2011) に倣って，その資本主義経済についての認識をまとめよう。ポスト・ケインジアンは，資本主義経済において，個人を労働者や資本家，企業家といった経済社会的存在に規定されるものとして捉える。そして，現代の資本主義経済は，利潤獲得を目的として生産手段が所有，利用されており，その利潤獲得活動は企業という組織を通じて行われているとみる。企業は広い範囲で自らの投資や雇用，価格設定や配当割合の決定についての裁量をもつ。企業が推進する資本蓄積や技術進歩は，経済成長や不均衡や不安定の原動力となる。他方で，これに拮抗あるいは協調するものとして労働組合などが存在する。制度はこれらの経済社会的存在に情報を提供することで，不確実な期待や経済システムを安定させる。そして，資本主義経済を歴史的なシステムとして捉え，分析対象とする経済の歴史的な具体的局面を特定化する[2]。資本主義経済の成長は非定常的であり，その特質は歴史的，国民経済的にも異なるものである[3]。

　ポスト・ケインジアンの資本主義経済に対する認識は，資本主義経済の特質とほとんどパラレルなものである。もっとも，ポスト・ケインジアンが資本主

を参照のこと）。このことは，低開発国に比べれば，現代の先進諸国の中で，ほとんどの取引が財産所有権保護によって円滑に起こることを示唆する。先進諸国を念頭においた場合，経済活動上の交換に対する財産所有権や契約履行の程度は，いったん所与としておいた分析も可能であろう。

[2] これに関して，代表的なポスト・ケインジアンも，レギュラシオニストに着想を得てであろうが，次のような認識を有している（Lavoie (2004)；Setterfield (2011)）。例えば，戦後，団体交渉という新しい制度を通じて，労使間に生産性インデックス賃金とテイラー主義の受容という妥協が形成され，このことが大量生産と大量消費に基づくフォード主義的成長，あるいは資本主義の黄金時代を形成した。他方で，近年では，株主や機関投資家が，配当政策や組織の構造改革について，企業に対してより強い制約を課すという資本主義の新しい特質を指摘する。ここでは企業統治という新しい制度の論理が強くなり，株価といった金融収益を起点とする総需要形成パターンを作りだした。これは金融主導型成長とも呼ばれ，とりわけ米国と英国において妥当したと指摘されている。

[3] 実際のモデル分析では，経済成長の特質を把握するために，定常状態や均衡状態を対象とした分析方法が必要となる。これは，資本主義経済の成長を非定常的かつ不均衡を含むものとして把握するポスト・ケインジアンの認識的特徴を覆い隠すように見えるかもしれない。しかしながら，この分析方法は，定常状態や均衡状態が何らかのショックによる危機への転換を潜在的に含んでいることや，それらの状態に至る経路の不安定性を含むことを排除するものではない。

義経済の特質を認識してきたからといって，それのみが資本主義経済の分析に適したモデルを提供するというつもりは毛頭ない。例えば，多くの比較政治経済学もまた，各国資本主義の特殊性や多様性，歴史的変化を理論的にも実証的にも明らかにしている（新川他 (2004)）。こうした中で，ポスト・ケインジアンの経済学の強みは，そのマクロ経済分析にある。冒頭に紹介した通り，それは資本主義経済の動態を分析する上での一通りの理論モデルや実証分析の視点をもっている。次章以降に詳しくみるように，それは所得分配，金融および経済政策と経済成長を統一的に分析することのできるモデルをもつ。また，この理論によって，制度の役割や成長レジームの多様性とその転換といった広い範囲の問題を，柔軟に考察することができる。さらに，モデル分析から得られる結果は，実証研究と照らし合わせることに適したものである。本書を通じて，この経済学を使って現代資本主義分析におけるその有効性を示してみたい。

本書の構成

　本書では，各章においてさまざまな理論的拡張を加えながら，全体として次の3つの作業に取り組む。第1に，資本主義の成長と停滞のさまざまなメカニズムを，所得分配と金融をベースにしたポスト・ケインジアンの経済理論を用いて，より説得的な形でモデル化する。第2に，フランスのレギュラシオニストが提示したように，マクロ経済パフォーマンスを制度的な側面に注意しつつ説明する。第3に，理論分析から得られる経済成長レジームの議論を，日本の1980年代以降を中心とした実証分析に応用する。マクロ経済パフォーマンスに関する理論分析のみならず，経済の制度的構造を踏まえたモデルの設定，それによって得られた知見の実証分析への応用という構成は，本書全体としての独創性と考えられる。

　本書は，この序章を含めて11の章から構成される。各章の概要は以下の通りである。

　第1章では，まず，ポスト・ケインジアンの理論的展開を振り返り，この経済理論の意義および特徴を明確にする。続いて，ポスト・ケインジアンの制度に対する認識と，現代の制度経済学の問題意識を整理する。ポスト・ケインジ

アンは，所得分配と金融を中心に，さまざまな成長レジームをモデルや実証分析によって明らかにしてきた。他方でそれは，制度の重要性に言及しながらも，それを十分にモデルに取り入れてこなかった。モデルへの制度的構造の取り込みは，ポスト・ケインジアンの経済成長分析にとって，いわばミッシング・リンクであった。そこで，ポスト・ケインジアン・モデルにおける制度的マクロ経済分析の可能性について探る。そして，成長レジームを分析していくうえで，このモデルは，制度的な特徴を柔軟に導入することができることを主張する。その際，鍵になるのが，レギュラシオン理論といった現代の制度的マクロ経済学の視点や方法である。

第2章では，雇用制度および賃金交渉といった労働市場の制度的構造を踏まえたポスト・ケインジアン・モデルを提示する。既存のモデルに対して，正規雇用と非正規雇用といった雇用形態の二分化と，その間の労働生産性上昇率の格差という事実を組み込み，定常状態の安定性や需要レジームの特質を示す。定常状態の局所的安定性に関する分析結果を通じて，需要レジームは，それぞれ異なった安定・不安定メカニズムを組み込んでいることを明らかにする。また，比較静学によって，社会的集団間の所得分配の公平性と，効率的なマクロ経済パフォーマンスの実現は容易でないことを明らかにする。例えば，正規雇用者のみの賃上げは，労働者全体の所得分配率の上昇に貢献せず，それは正規雇用者の賃金と利潤分配率を引き上げる。これは，高揚型レジームにおいて総需要を拡大させ，稼働率や利潤率は上昇する。こうした状況では，企業と正規雇用者にとって，労働者全体の所得改善と成長の実現の両立を試みるインセンティブは生じにくい。それゆえ，利害関係の対立化や不安定化を緩和する社会的調整が必要となることを提起する。

第3章では，労働者の負債の増加を背景に，経済の動学的特質と需要レジームの変化について検討する。具体的には，労働者の借り入れが，その消費支出を拡大させると同時に，その債務不履行のリスクを高め，貸出金利が変動する危険逓増の原理を取り入れたモデルを設定する。これによって，定常状態の安定性や，需要レジームと経済成長レジームがどのように変化するのかを明らかにする。本章では，経済の安定化のためには，金利設定を民間金融機関に任せるよりも，政策的に制御するほうが望ましいことが明らかにする。あわせて，

こうした経済では，需要レジームは停滞型のみ可能になることを示す。しかしながら，停滞型需要レジームが形成されていても，労働者の負債蓄積によって，賃金主導型成長が実現する可能性が，より一層低下することを説明する。

　第4章では，企業の金融構造について，ミンスキーによる分類を踏まえた長期の成長モデルを提示する。経済成長に関するメカニズムとして，負債変数の上昇とともに経済成長が拡大していくパターンを負債主導型として，逆に負債変数の低下とともに経済成長が拡大していくパターンを負債荷重型として定式化する。さらに，モデルによってミンスキーの金融構造に関する分類と経済成長との関連を明確にし，経済成長と企業の金融構造の健全性が両立するかを検討する。これによって，ヘッジ，投機的，ポンジ金融といったミンスキー型の金融構造の決定において，金利の水準や負債・成長レジームのタイプが重要な決定要因になることを明らかにする。さらに，定常状態の性質について，負債主導型成長は一定の条件がなければ不安定化するが，負債荷重型成長は一定の条件があれば安定であることも示す。

　第5章では，制度階層性を組み込んだマクロ経済動学モデルを設定する。制度階層性とは，近年のレギュラシオニストによって提起されてきた概念である。それは，ある特定の制度が他の制度の機能や制度的構造全体のあり方に対して強い規定力をもち，こうした制度的構造の在り方にマクロ経済パフォーマンスが左右される状況を指す。この変化は，経済のグローバル化や金融化を背景に生じ，経済成長や所得分配に対する国際貿易や金融取引の影響が強くなってきている。本章では，ポスト・ケインジアン・モデルにこの概念を導入し，マクロ経済パフォーマンスの規定要因を明らかにする。それによって，次のことを明らかにする。すなわち，主要な制度領域のもとで行われる金融資産取引や，価格競争のもとでの国際貿易が経済成長の原動力になる。他方で，賃金や雇用の変化率は，これらの経済活動から生み出される経済成長の結果として決まる。

　第6章では，所得分配と企業の負債から定義される2つの成長レジームの形成と両立に関する短期的な関係を整理する。本書を含め，賃金主導型，利潤主導型成長のそれぞれのメカニズムは，これまで多くの研究によって検証されてきた。しかしながら，負債主導，負債荷重型成長と，これらとの関係については依然としてはっきりしていない。この理由は，主として両方の問題がそれぞ

れ別々に分析されてきたためである。そこで本章では，両方のレジームを生み出すポスト・ケインジアン・モデルを使って，両レジームの両立性を明確にする。その上で，さまざまなレジームの組み合わせが抱える成長の安定・不安定要因を実証研究を頼りにして特定化し，レジームの安定のために有効な経済政策について考察する。

　成長レジームや需要レジームの確立や実現にはさまざまな要因が関わる。この要因として，経済政策と制度の問題を取り上げる。第7章では，ポスト・ケインズ派が近年提案している金融政策ルールを組み込んだ経済成長とインフレーションのマクロ経済動学モデルを提示する。そして，第6章で考察した，企業の負債と所得分配がマクロ経済パフォーマンスに与える影響を再考する。ポスト・ケインズ派が提案する金融政策ルールとは，カンザス・シティ・ルール，スミシン・ルール，パシネッティ・ルールの3つを指す。各ルールが経済成長レジームやインフレーションの動学に対して与える効果を特定化する。それによって，同一の政策ルールを敷いたとしても，成長レジームのタイプに応じて経済成長やインフレーションに対するその効果は異なることを明らかにする。

　第2章から第7章までの理論分析を通じて，所得分配・成長レジームおよび負債・成長レジームには，さまざまな組み合わせがあるということを主張する。したがって，それらのいずれが支配的になるのかは，極めて実証的問題である。資本主義経済の成長レジームは，その国の数だけタイプがあるのかもしれない。それらをいくつかのグループにくくることは，本書の守備範囲を超える。そこで，本書では，日本経済を例にとり，それがもつマクロ経済パフォーマンスの独自性や，1つの資本主義としての特質を明らかにする。そこで，第8章，第9章では，日本の経済成長レジームや資本蓄積レジームについての時系列分析を行う。さらに，資本主義としてのその特質を理解するために，第10章では，金融化をトピックスとして，その日本経済への影響を実証分析によって考察する。

　第8章では，所得分配率，消費の伸び率，資本蓄積率，輸出の伸び率そして国内総生産の伸び率から構成される VAR モデルを推定し，日本の経済成長レジームの特質を明らかにする。この章では，1985年から2008年にかけての日本経済では，利潤主導型経済成長レジームが支配的であったことを明らかにする。さらに，この成長レジームが内包する所得分配，需要形成のメカニズムを

詳細に示す。具体的には，利潤分配率の上昇が消費，資本蓄積，輸出を拡大させる効果，そして，消費，資本蓄積，輸出が，これらの順番で GDP の拡大を下支えするパターンを伴っていたことを提示する。

第9章では，日本の 1990 年代以降について，所得分配だけでなく企業の負債比率の変化から特徴づけられる資本蓄積レジームを特定化する。まず，ポスト・ケインジアン・モデルに基づき，資本蓄積，所得分配，負債の同時点関連を識別するための基本モデルを提示する。次いで，そのモデルを組み入れた構造 VAR を用いて，これらの関連を推計し，イノベーション会計を行う。そのうえで，日本経済の分配・資本蓄積レジーム，および負債・資本蓄積レジームの性格を考察する。実証分析を通じて，日本経済の資本蓄積レジームは，所得分配面からみれば利潤主導型であり，負債比率の面からみれば負債荷重型であることを明らかにする。

第 10 章では，日本の産業レベルに分析対象を定め，その金融化の状態および資本蓄積へのインパクトを考察する。まず先行研究に倣い，日本経済において金融化に関わる代表的な経済変数が，どのように変化してきたのかを考察する。続いて，金融化を念頭においた投資関数モデルを設定し，金融化と日本の製造業，非製造業，そして産業全体の資本蓄積行動との関連を計量的に分析する。以上を通じて，日本経済における金融化の程度や特徴，および資本蓄積パターンとの関連性を把握する。データについての考察によって，日本経済を産業部門からみると，それは米国のような金融化の兆候を示してはいないことを明らかにする。そして，計量分析の結果によって，日本の資本蓄積の減速については，米国のように金融化を伴う資本蓄積の減速ではなく，とりわけ利潤率や付加価値率といった実物面に左右されたものであることを示す。

第1章
ポスト・ケインジアンの理論展開と制度論

1.1 はじめに

「ポスト・ケインジアン (post-Keynesian)」とは，Keynes (1936) に理論的原点をもつ経済学研究集団を一般に意味する。ケインズの経済学は，現代のマクロ経済学の誕生として位置づけられるが，それは幅広い解釈を生み出している。ポスト・ケインジアンはまた，ロイ・ハロッド (Roy Harrod)，ニコラス・カルドア (Nicholas Kaldor)，ジョーン・ロビンソン (Joan Robinson)，ミハウ・カレツキ (Michal Kalecki)，また時にピエロ・スラッファ (Piero Sraffa) に着想を得，独自の経済理論を展開してきた。しかしながら，「ポスト・ケインジアンとは何か」あるいは，「その研究集団に共通する命題は何か」といった問題については，論争が生じてきた。時に，それは，主流派経済学に対して距離を置いた経済学研究集団として，ネガティブに位置づけられることもある。そこで，本章では，第1にポスト・ケインジアンの理論的展開を振り返り，この経済理論の意義および特徴を明確にする。

あわせて本章では，制度や成長レジームについて，その認識を整理する。ポスト・ケインジアンは，所得分配と金融を中心に，さまざまな成長のメカニズムをモデルや実証分析によって明らかにしてきた。他方でそれは，制度の重要性に言及しながらも，十分にモデルに取り入れてこなかった。こうした中，現代の制度経済学によって，成長レジームは制度によっても影響を受けることが明らかになっている。この意味で，モデルへの制度的構造の取り込みは，ポスト・ケインジアンの経済成長分析にとって，ミッシング・リンクであった。

そこで本章では，第2に，ポスト・ケインジアンの制度に対する認識と，現代の制度経済学の問題意識を整理する。その上で，ポスト・ケインジアン・モ

デルにおける制度的マクロ経済分析の可能性について探る。本章における議論は，成長レジームを分析していくうえで，ポスト・ケインジアン・モデルは制度的な特徴を柔軟に導入することができるというものである。その際，鍵になるのが，レギュラシオン理論といった現代の制度的マクロ経済学の視点や方法である。

1.2 ポスト・ケインジアンの理論展開

本節では，ポスト・ケインジアンの展開を追いながら，近年に至るその理論的な流れをまとめてみたい。その上で，成長と循環に対して所得分配論と金融論から貢献をなしてきたカレツキアンとミンスキアンの主要な成果について，その展開をおっていく。

ポスト・ケインジアンの経済学の基礎の多くは，1970年代以前に構築されたものである。Harrod (1939), Kaldor (1957), そして Robinson (1962) は，「一般理論の一般化」を目指すべく，ケインズの有効需要理論を長期の経済成長分析へと拡張する試みであった。Sraffa (1960) は，分配と再生産についての理論を刷新した。Kalecki (1971) もまた，価格，分配，そして景気循環に関する独自の有効需要理論を展開していた。これらの研究は，ポスト・ケインジアンの経済学にとっての「構造 (structure)」を提供することになった（Harcourt (2006))。

ポスト・ケインジアンとは，1970年代以前までは，クロノロジカルな意味合いで使われることが多く，とりわけそれは，ケインズの『雇用，利子および貨幣の一般理論』以後のマクロ経済学の展開を幅広く示す用語として利用された。それが独自のアイディアを有する一連の研究集団として確立していったのは，1971年の12月，ジョーン・ロビンソンがアメリカ経済学会にて「経済学の第2の危機」と題して行ったイーリー講演の後といわれている。その講演は，ポスト・ケインジアンの経済学という新しい流れを作り出す重要なきっかけとなったのである（鍋島 (2001)；King (2002))。これをきっかけに，ポスト・ケインジアンの社会的ネットワークが確立されていき，*Cambridge Journal of Economics* (1977年) や *Journal of Post Keyensian Economics* (1978年) といった機関

誌が創刊されていく。この辺りは Lee (2000) が詳しい。また最近においても，*Review of Keynesian Economics*（2012 年）が創刊され，(1) 有効需要制約を重視する，(2) 価格，名目賃金，名目金利の硬直性に関わらず発生する総需要不足の解明，(3) 限界主義アプローチによる実質賃金決定を拒否する立場に立つケインジアンの発表の場となっている。

ポスト・ケインジアンの経済学は一枚岩ではない。このアプローチを整理した鍋島 (2001) をもとに，現状を踏まえて分類すれば，そこには 3 つのグループが存在する。第 1 のグループは「ケインジアン・ファンダメンタリスト（あるいはアメリカン・ケインジアン）」である。このグループは，いわゆる「貨幣数量説」や「実物と貨幣の二分法」に対して批判的立場をとる。ここには，有効需要決定に対する貨幣的要因や不確実性の役割を強調した「貨幣的生産経済の理論」をラディカルに目指すもの（Davidson (1994)），内生的貨幣供給論に立った議論（Moore (1988)）が含まれる。さらに，不確実な世界における不安定な期待，企業の負債や金利，キャッシュ・フローといった金融的要因に注目するミンスキアンもこのグループに含まれる。これは，好況期に蓄積された過剰な負債が景気の反転を引き起こす「金融不安定性仮説」を提示する（Minsky (1975, 1982, 1986)；Nasica (2000)）。

第 2 のグループは「カレツキアン」としてまとめられる。このグループは，ケインズよりむしろ，カレツキやカルドアに着想を得，所得分配の決定を踏まえた有効需要主導型の経済成長理論を提示する。カレツキアンはもともと経済成長における所得分配の役割を強調してきたが，現代ではモデルに負債や株式による資金調達，金利の影響といったミンスキー的な視点を取り入れつつある。また，以下で紹介するストック・フロー・コンシステント・モデルを通じて，両者の問題意識は 1 つの枠組みで分析可能になっている。この意味でカレツキアンは，ケインジアン・ファンダメンタリストの中でもミンスキアンと非常に近い関係にあるといえる。

第 3 のグループは，「スラッフィアン」あるいは「ネオ・リカーディアン」である。このグループは，Sraffa (1960) の価格，技術選択，所得分配そして多部門経済の再生産をテーマに，長期の経済分析を行っている。スラッファおよびスラッフィアンの理論は，限界生産力説に立脚する新古典派の生産と分配に対

して，根本的な批判を加えている．この点を他の2つのグループは高く評価する．他方でスラッフィアンは，古典派の影響も受け，正常稼働が実現する長期を想定して議論を進めることが多い．また，利潤率との関連で金利に言及することはあっても，積極的に貨幣的要因を経済分析に取り入れることは少ない．したがって，不確実性や金融，有効需要の役割の取り込みは，上の2つのグループとは異なっている．しかしながら，新古典派経済学に対する立場および，マクロ経済分析におけるカレツキアン・モデルの類似性も指摘されているために，ポスト・ケインジアンの一角をなしていると言ってよいであろう[1]．

本書では，とりわけ「カレツキアン」のアプローチを土台としたポスト・ケインジアンのマクロ経済分析を展開する．その理由は3つある．第1に，このアプローチは，所得分配，金融および経済政策と経済成長を統一的に分析することのできる枠組みを提供することができるためである．第2に，モデルから得られる結果を実証的な研究に応用することに適しているためである．理論分析から導かれる経済成長レジームやその転換は多様であり，その現実的妥当性は，計量分析を通じてより説得的に理解することができる．第3に，このアプローチは柔軟性をもつためである．具体的には，金融面を重視するミンスキアンの議論，制度の役割や成長の転換について示唆に富むレギュラシオン理論や構造主義的マクロ経済学の成果を取り入れることができる．次節では，こうしたポスト・ケインジアンのマクロ経済分析の特徴を把握するために，カレツキアンとミンスキアンの議論に注目しながら，現在に至る展開をもう少し詳しく追ってみたいと思う．

1.3 カレツキアンの理論展開：有効需要と所得分配

所得分配と経済成長という古典的な問題を，現代的な形で再生させたのがポスト・ケインジアンの成長理論といわれてきた．なかでも，カレツキアン・モ

---

[1] カレツキアンとスラッフィアンの異同に関するモデルとしては Kurz (1991) や Lavoie (1995, 2009b) を参照のこと．またスラッフィアンに代わって，ロビンソンやカルドアの発想を踏まえ，「経路依存性」をモデル化する試みを第3の流れに位置付けるものとしては，Asensio et al. (2012) がある．

デルは需要制約を取り込んだ分配と成長のモデルとして，1990 年代以降のポスト・ケインズ派の一般的なモデルになっていく。

カレツキアン成長モデルの特徴は，(1) 独立の投資関数，(2) 単位労働費用に対するマークアップを通じた独占的価格設定，(3) 不完全稼働状態の想定といわれている (Lavoie (1992))。とりわけ多くのモデルのベースとなったのが，戦後の先進国の経済成長とその転換を説明しながら，いわゆる多様なレジームの存在を証明した Marglin and Bhaduri (1990) や Bhaduri and Marglin (1990) であった。ここでいうレジームとは，所得分配の変化が稼働率あるいは経済成長率に対して，いかなる効果をもつのかに応じて定義されるものである。賃金分配率の上昇が稼働率に対して正の効果を与えるとき，停滞型レジームといわれ，逆に負の効果を与えるとき高揚型レジームといわれる。さらに，賃金分配率の上昇が産出量成長率に対して正の効果を与えるとき，賃金主導型成長レジームあるいは「費用の逆説」といわれ，逆に負の効果を与えるとき利潤主導型成長レジームといわれる。これらレジームは，端的にいえば，賃金の投資や生産に対する費用としての役割と，消費の原資としての役割の大小関係に応じて異なり，モデルにおいては，主として貯蓄関数と投資関数，あるいは開放経済では輸出関数の所得分配率と産出にかかる係数の大小関係に依存して決まる。また，貯蓄率の上昇は必ずしも成長率を引き上げない。これは「節約の逆説」と呼ばれ，需要主導型成長の特徴として挙げられる。

カレツキアン・モデルの拡張は，さまざまな方向でなされた。ここでは代表的な 3 つの拡張を紹介しておきたい。第 1 は，コンフリクティング・クレーム・モデルとの統合である。Marglin and Bhaduri (1990) では，所得分配率はマークアップ価格設定により一意に決まる。このマークアップ（独占度）にはさまざまな決定要因が関わっている。とりわけ，注目されたのが所得分配をめぐるコンフリクトであった。コンフリクティング・クレーム・モデル自体は Rowthorn (1977) や，Marglin (1984) におけるマルクスとケインズの統合という形で既に存在していた。この問題を不完全稼働下での経済成長と関連づけて議論することで，所得分配の詳細な決定要因のみならず，需要・成長レジームやその動学的な安定性が明らかにされてきた (Cassetti (2003)；大野 (2008))。

第 2 は，多様な成長レジームの実証分析である。マーグリンとバドゥリは，

分配と成長は，理論的に賃金主導型，利潤主導型のどちらの可能性もありうることを示した。したがって，どちらが支配的になるのかは，優れて実証的な問題ともいえる。各国の成長レジームの検証は Bowles and Boyer (1995) を嚆矢として，最近まで積極的に行われている。この研究には，Stockhammer and Onaran (2004), Hein and Vogel (2008), 畔津他 (2010), Storm and Naastepad (2012), Onaran and Galanis (2013) などが挙げられる。実証分析によって，各国および各時代に特有の分配と成長のパターンが存在することが明らかになっている。

　第3は長期への拡張である。その要点は次の通りである。カレツキアン・モデルでは，通常，貯蓄と投資とのバランスによって決まる実現稼働率と，外生的に与えられる正常稼働率の乖離が長期的に続く。これに対して，スラッフィアン，ネオ・リカーディアンから疑問の声があがった。その疑問とは，実現稼働率は長期的に正常稼働率に向かって調整されるはずだ，というものである。カレツキアンは，これに答える形で，正常稼働率に到達するプロセスをモデルにおいて考察し，賃金主導型成長や節約の逆説の実現可能性を証明してきた。長期モデルの含意については統一的なコンセンサスがあるわけではなく，モデルの仮定に応じて，さまざまな結果が得られている (Lavoie (1995, 2003) ; Duménil and Lévy (1999) ; Sasaki (2012))。

　カレツキアンの分配と成長の理論は，主として賃金主導型および利潤主導型成長の実現条件とその安定性をめぐって発展してきた。この発展は，純粋な理論分析にとどまらず，実証分析を通じた時間的，空間的な成長パターンの変化の考察という極めて現実的な問題意識を伴うものであったといえる。

1.4　ミンスキアンの理論展開：有効需要と金融

　カレツキアンが所得分配と需要主導型成長・循環モデルを展開してきたのに対して，金融面から需要主導型の成長や循環の解明に力をいれてきたのがミンスキアンと呼ばれる系譜である。

　その源流は，金融不安定性仮説を提起した Minsky (1975, 1982, 1986) にある。好況期における楽観的な期待の変化とともに，企業の資金調達はより負債

に依存していく。その結果,金融構造が「ヘッジ金融」から「投機的金融」そして「ポンジ金融」へと脆弱化し,このことが投資需要の変動を介して景気循環やその不安定性を生み出す。金融不安定化説は,このように主張する。

　これに関する近年の研究において顕著なのは,第1に,こうしたミンスキーが提起した金融構造の内生的変化を数学的にモデル化する方向である。この研究では,ヘッジ,投機的,ポンジ金融に応じてマクロ経済の動態が不安定なものになりやすいことが証明されている (Foley (2003);Lima and Meirelles (2006, 2007))。加えて,外部資金調達の拡大がいわゆる「貸し手と借り手のリスク」を引き上げ,金利の急激な上昇を通じて不況や不安定化が生じるプロセスも数理的に明らかにされてきた (Charles (2008a,c))。

　第2は,ミンスキーの制度動学 (institutional dynamics) の数理モデル化である。ここで制度動学とは,中央銀行や政府といった公的機関の介入の動態を表す。この研究からは,政府が十分にカウンター・サイクリカルな介入を行えば経済の安定化が保証されることが示されている (Keen (1995);Nasica and Raybaut (2005))。しかしながら,公的介入は万能ではない。実際には,こうした介入の隙間をぬって利潤追求活動をする主体がなお存在する。不安定化をもたらす利潤追求に対しては,当局はさらに介入をすることがある。このプロセスが続くと介入の効果は大きく低下する。公的機関の介入が,その効果の低下を生み出してしまうという逆説的効果は「ミンスキー・パラドックス」と呼ばれている (鍋島 (2003))。

　第3は,負債主導型あるいは負債荷重型といった金融面をベースにした成長レジームの定式化である。この研究には,Taylor (2004), Hein (2007, 2006), Sasaki and Fujita (2012) が挙げられる[2]。この研究では,多くの場合,企業への資金提供によって配当や利子収入を得る金利生活者の存在が仮定される。その上で,企業の投資実行に対する利子負担効果と,利子収入が金利生活者の消費拡大を促す効果の大小関係により負債・成長レジームが決まってくる。負債主導型成長レジーム (debt-led growth regime) とは,金利あるいは負債比率の上昇が

---

[2] この流れはカレツキアン・モデルをベースになされているため,その拡張としても位置付けられる。しかしながら,近年の研究では,この成長モデルは,企業の金融構造を踏まえて議論されるために,ミンスキー的要素が強いものと考えられる。

経済成長を促す局面を指し，負債荷重型成長レジーム（debt-burdened growth regime）とは，金利あるいは負債比率の上昇が逆に経済成長を抑制する局面を指す。ミンスキアンを中心とした金融と成長の関連に対する切り込みによって，分配面では捉えきれない成長レジームの存在が明らかになった。

このような試みは，経済成長の金融面からの理論的基礎づけとして，ポスト・ケインジアンの理論の豊饒化に貢献してきた。しかしながら，以上の展開は，有効需要論に依拠した成長を，分配面および金融面から十分に統一化した試みといえるものではなかった。こうした問題に応えるべく近年，開発されてきたのがストック・フロー・コンシステント・モデルである。

1.5 ストック・フロー・コンシステント・モデル：1つの到達点

ここまでサーベイしてきたように，ポスト・ケインジアンは，所得分配，負債および資産の蓄積が有効需要や雇用量に与える影響について，独自の分析枠組みを持っている。経済成長に対する所得分配からの基礎付け，金融からの基礎付けは，ポスト・ケインジアンが独自性を主張してきた分野である。それにも関わらず，これまでに，これらの問題を統一的に扱うフレームワークや十分な理論的合意の形成があるかといえば，そうではなかった。また，ポスト・ケインジアンのアプローチには相異なる方法や着目点の相違もあるため，これまでに，その理論的一貫性の欠如に関する論争もなされてきたことも事実である（Walters and Young (1997)；Arestis et al. (1999)；King (2002)；Lavoie (2004)）。

こうした事情は，ポスト・ケインジアンの重鎮の一人であるパシネッティをして，英国ケンブリッジの伝統を引き継ぐケインジアンは「一つ屋根の下でケインズの系譜に沿った既存のアイディアや，全く新しいアイディアの発展について満足いくような青写真を欠いている」（Pasinetti (2005), p.840）と言わしめている。そこでパシネッティは，主流派に代替するような統一的なパラダイムの必要性を論じている。彼曰く，「代替的なパラダイムの構築は簡単なものではないが，ケインズが提起した，歴史や経済の構造や規模から常に影響を被る固有のダイナミクスをもつ貨幣的生産経済を説明するものとして打ち立てる必要がある」，と（*ibid.*, p.841）。

ポスト・ケインジアンの統一性の欠如に関する批判を克服し,「貨幣的生産経済」のダイナミクスの説明を射程に収める理論の構築を目指したのが,ストック・フロー・コンシステント・モデル（SFC モデル）の基礎と応用を包括的にまとめた Godley and Lavoie (2007) である。この理論は,「貨幣的マクロ経済学」のスピリッツを重視し,かつ家計，企業，銀行そして政府といった「部門別の経済活動から構成される現実経済システムが,全体としていかに働き，機能しているのかを厳密に扱うことを可能にする方法論を打ち立てる」(*ibid.*, p.4) ものである。SFC モデルでは,ある部門の実物・金融取引は,必ず他の部門で対応する経済取引を生み出す。そして部門間の取引関係が維持されながら,生産,収入,支出,資産蓄積が進展していく。すなわち,それは各部門間の会計制約を厳密に定式化し,このことがモデルの自由度を構造的に規定する。SFC モデルの構築という新しい試みは,主流派経済学に対抗しうる代替的な経済学の提示という極めて挑戦的なものである (Lavoie and Godley (2001), p.307)。

それはまた,カレツキアンが重視してきた実物面と,ミンスキアンが重視してきた金融面を統合し,ポスト・ケインジアン・モデルの1つのコンセンサスを形成する試みでもある (Lavoie (2009b))。というのも,SFC モデルは,賃金主導型成長と利潤主導型成長の双方を説明すると同時に,負債主導型成長と負債荷重型成長の双方の可能性,および各経済部門の金融構造も明らかにするものだからである (Dos Santos (2004))。また,SFC モデルは債券,株式,貯蓄といったさまざまな資産選択を統合することで,金融化といった現実問題に理論的接近をすることも可能にしている (Treeck (2009))。このように,SFC モデルの射程は,カレツキアンの分配と成長モデルとミンスキーの金融と成長モデルをおさめ,分配と金融という有効需要を支える2つの柱の統合は現在,大いに進んできている。

1.6　ポスト・ケインズ派における制度認識

ポスト・ケインジアンは,マクロ経済パフォーマンスのダイナミクスにおいて,所得分配や金融,有効需要が重要であることを提起してきた。しかしながら,マクロ経済パフォーマンスはこれらの原理のみで説明できるわけではない。

資本主義経済における資本蓄積やイノベーション、構造変化や所得分配上のコンフリクトは、成長の原動力となると同時に不均衡や不安定性を生み出す。この特質を踏まえると、これらを抑止し安定化をもたらす要因をあわせて検討しなければならない。こうした機能をもつ社会的装置として、制度が挙げられる。

ポスト・ケインジアンは、伝統的に制度の役割を重要なものとしてみてきた (例えば、Arestis (1996))。とはいえ、それは認識のレベルにとどまっており、十分に経済分析において活かされたものではなかったのである。まずは、制度経済学が掲げるテーマとポスト・ケインジアンの制度認識を整理することからはじめよう。

社会主義経済の危機、開発途上国のさまざまな経験、および 1980 年代以来の資本主義経済の多くの制度上の変化やパフォーマンスの相違といった現実問題を理解するために、制度の分析が必要とされてきた(森岡 (2005); Chavance (2007))。その結果、発展してきた現代の制度経済学は多岐にわたっている。慣習や思考習慣を制度として捉えその進化を探る旧制度学派、ゲーム理論を使って制度の多様性を探る比較制度分析、取引費用を重視する新制度学派、マクロ経済パフォーマンスにおける制度の役割を重視するレギュラシオン理論など、多くの立場が存在する。

ここに、制度という用語は非常に多くの意味合いを含んでいる。過度の単純化は慎まなければならないが、おそらく、この用語の意味についての最大公約数はダグラス・ノースの定義にみられる。すなわち「制度は人々によって考案された制約であり、人々の相互作用を形づくる」(North (1990)、訳 p.3) というものである[3]。それは、慣行や妥協といったインフォーマルなもの、法律、労働組合といった組織、市場における規制などフォーマルなものを含み、不確実性を減らし、人々にインセンティブ構造を与える。これらを踏まえれば、制度とはひとまず、多数の経済主体の行動や関係を、制約あるいは予測可能なものとしてパターン化するものと理解することができるだろう。

制度経済学のマッピングとしては、Villeval (2002) や植村他 (2007) が有益である。ここでは多岐にわたる制度経済学の特徴の全てを詳細にみることは避

---

[3] 社会科学における制度の詳細な意味については、磯谷 (2004) や Chavance (2007) が詳しい。

け，その共通テーマに注目してみよう。Chavance (2007) は，制度学派の共通のテーマを次の3点に要約している。

1. 社会活動の領域としての経済は根本的に「制度化されている」のであるから，科学としてのあるいは学問としての経済学は諸制度を考慮して研究しなければならない。

2. 経済学研究における主な関心は，変化の問題に向けられている。

3. 創発性が主要なテーマである。

これらを敷衍すれば，まず第1のテーマは，経済活動や経済学においてまさに「制度が重要である」ことを意味している。第2のテーマは，均衡論的アプローチではなく「過程や累積的な変化」へのアプローチが重要であることを示している。第3のテーマは，個人的あるいは集団的活動から生み出される合成や集計の効果に注目することを重視している。これらのテーマを念頭に，ポスト・ケインジアンの制度論と制度経済学のテーマとの関連について考えてみよう。

所得分配と経済成長に関する理論的，実証的分析を進めてきたストックハンマーは，次のように制度の役割について論じている。

> さまざまな種類の社会構造は，異なったグループの人々が直面する不確実性の種類や，誰がそれに影響されるのかを規定する。これらの社会的および経済的制度は，不確実性の分布を左右するため，社会的コンフリクトの的になるかもしれない。それ（不確実性）は，社会の制度的設計や階級的構造に応じて，非対称的に分布するのである（Stockhammer (2006-7), pp.45-6)。

この議論は，社会的集団間の力関係や不確実性は，制度の存在に影響を受けることを認識したものである。ここで，不確実性が存在する中，制度は経済主体の期待の安定化にも寄与する。Niggle (2006), O'Hara (2007) および Eduardo (2008) も，同様のことを述べている。O'Hara (2007) は，制度的・進化的政治経済学を掲げ，制度の動学的な変化に注意を払うことがこのアプローチにとっての一般原理であると述べている。この原理は，ポスト・ケインジアンだけで

なく，レギュラシオン理論，社会的蓄積構造，およびヨーロッパ進化政治経済学会といった他の異端派経済学にも当てはまるものだという。また，経済学史の文脈において，King (2002) は，旧制度学派とポスト・ケインジアンとの接続性を指摘し，経済システムの歴史的な進化を強調するものとして両者を位置づけている。

さらに，ポスト・ケインジアンの方法論を探るダンや，代表的な理論家のラヴォアは，次のような制度論を提起している。

> 不確実性に直面した時，制度は安定性を提供してくれるとみるため，ポスト・ケインジアンは制度設計者である。制度が正しく設計されるならば，完全雇用状態の近傍での安定が実現する（Dunn (2000), p.358）。

> 制度が，市場システムに対し，障害や不完全性をもたらすと認知されないことに注目する必要がある。それどころか，制度は経済システムを安定させる。そのため，力関係とその非対称性が着目される（Lavoie (2004), 訳 p.11）。

これらは Stockhammer (2006-7) と同じく，経済における制度の役割を重視する必要性を提起するものである。したがって，ポスト・ケインジアンは，制度経済学の第1のテーマと目指す方向性や認識において一致している。

第2のテーマは，ポスト・ケインジアンが「累積的因果連関」の概念を強調してきたことを想起させる。Kaldor (1972) は，成長率の格差や経済発展の多様性の原因を理解するために，この概念を用いていた。さらに，「累積的因果連関」を用いて経済のダイナミクスを描くことは，ケインズの有効需要の原理が「因果関連型 (causal type)」（Pasinetti (1974)）であるという点で親和性をもつ。こうした捉え方は，変えられない過去と予測困難な将来の中で経済を捉えるようとする，ジョーン・ロビンソンの「歴史的時間」の考え方にも通じるものがある。

ポスト・ケインジアンは，これまでにミクロ的現象とマクロ的現象との違いに注意を払ってきた。第3のテーマがいう「創発性」とは必ずしも一致するも

のではないが，いわゆる「合成の誤謬」はその一例である。多数の個人の行動は意図せざるマクロ的結果を生み出すというのがそれである。そこで，ポスト・ケインジアンは方法論的個人主義ではなく，方法論的全体主義の立場から議論を展開する。節約の逆説や費用の逆説は，モデルから導かれる合成の誤謬の一例である。

　以上のサーベイから，不確実性の削減と経済システムの安定化への貢献，社会的集団間の経済取引における力関係への影響，累積的な変化の中での制度および経済分析という視点，こうした機能や視点がポスト・ケインジアンの制度論として浮かび上がる。ポスト・ケインジアンと制度経済学との間には，経済分析に制度を持ち込む意義や必要性について，ある程度，共通する見解をみることができる。

　しかしながら，ポスト・ケインジアンは，マクロ経済パフォーマンスに対する制度の効果を，常に形式的なモデルに取り込んできたわけではない。純粋理論と制度分析の融合を示す必要性を強く提起したPasinetti (2005)においてさえも，記述的表現にとどまっている。パシネッティは，そこで理論と制度分析を統合する独自の方法を「2段階アプローチ」と呼んでいる。

　その第1段階は「純粋理論」である。純粋理論とは，時間を通じて持続性をもつ現実的要素に注目し，そのもとで「オープン・セオリー」あるいは「オープン・システム」を構築したものである。第2段階は，個人とマクロ的結果を考察する「制度分析」である。パシネッティは，このアプローチについて以下のように説明する。

> 社会を組織化している異なった（そして時に代替的な）制度的設定を導入することができるのは，考察の第2の段階においてである。より正確にいえば，第1段階は，多くの自由度を残しているために，この段階でわれわれが扱える対象は，1つのタイプの制度（例えば「市場経済」）や1つの社会的結果（例えば「合理的な個人行動」）だけに限られてはいない。(Pasinetti (2005), p.846)

敷衍すれば，純粋理論は，最初から純粋経済を念頭において設計するものではなく，制度的な解釈の持ち込みが可能なものとして設計されるべきだといって

いる。パシネッティのいう制度分析は，社会経済の主要な制度的構造に応じてモデルを閉じる作業を含んでいる。

ここで，制度的特質が，マクロ経済パフォーマンスにどのような影響をもたらすのかについて，ポスト・ケインジアンに対して有益な視点を与えてくれるのがレギュラシオン理論である。ポスト・ケインジアンが理論によって前進してきたのに対して，レギュラシオン理論は制度に注目しつつ，歴史的，比較的分析によって前進してきた。レギュラシオン理論の代表的論者であるボワイエ制度は，このことは，両者の理論の相互補完性の源泉になると述べている（Boyer (2011))。

1.7　レギュラシオン理論との邂逅：制度および成長レジーム分析という交点

ここまで，ポスト・ケインジアンが，マクロ経済パフォーマンスに関わる要因として制度が重要であることを認識していることを見てきた。他方で，「資本主義は矛盾やコンフリクトを原動力とする経済システムではあるものの，それでもある程度，安定的な再生産が実現するのはなぜか」というプロブレマティックのもとで，ケインズとマルクスの理論を越えつつ，レギュラシオン理論は，制度の役割を組み入れたマクロ経済分析に力を注いできた（Boyer (1986))。

ここで制度とは，抽象的には，経済的あるいは政治的なコンフリクトから帰結する妥協として捉えられる。具体的には，賃労働関係，競争形態，貨幣・金融形態，国家形態，そして国際的編入のあり方といった領域における主要な制度が特定化される。レギュラシオンとは，ミクロ的には，制度諸形態が個人的行動を誘導，拘束する様式を言い，マクロ的には，成長レジーム（蓄積体制）が内包している問題や歪みを，制度諸形態が調整する様式を指す。こうして，マクロ経済モデルを制度的に特徴づけられたものとしてみる（Boyer (2011))。

マクロ経済パフォーマンスは，こうした成長レジームと制度的調整との整合性の結果として現れる。資本主義経済のダイナミクスは定常的なものではなく，成長や危機に応じてそれは独自の変化を示す。各国ごとに相違はあるものの，戦後に限って言えば，歴史的に，フォーディズムの時代からその危機へ，そし

てグローバル化あるいは金融化の時代における資本主義とその多様性へ，それぞれの特質が析出されてきた。このようにレギュラシオン理論は，資本主義経済の長期的なパフォーマンスの変化とその多様性を同時に分析してきたのである（Boyer (2004)）。

レギュラシオン理論における，成長と危機の交替，成長レジームの転換の認識，分析視点としての力関係を伴った富や所得の分配，金融の不安定性への言及は，ポスト・ケインジアンのものとそれほど変わらない。むしろこれらの点で，両者は共通認識を持つとさえいえる[4]。そして，マクロ経済パフォーマンスの原因を有効需要の問題に帰し，その解決をもっぱら経済政策に求め，制度の役割を活かしたマクロ経済分析を残された課題としてきたポスト・ケインジアンに対して，レギュラシオン理論は新たな視点を与えるものである。すなわち，ある経済政策の有効性は，成長レジームや制度的調整との整合性に応じて異なってくるのである。

マクロ的パフォーマンスは，経済の諸制度や生産部門や社会的集団に関わる分配関係に左右されることをポスト・ケインジアンも十分に認識している（Taylor (2004)）。この認識のもと，ポスト・ケインジアン・モデルを使ったマクロ経済分析に，制度論的アプローチを加えることが可能になる。このことを，正規・非正規の雇用形態と賃金交渉を踏まえた所得分配率決定モデルであるRaghavendra (2006)や佐々木 (2010)を援用して説明したい。

正規雇用の雇用量をE_Rとし，それは潜在産出量X^*に比例するものと仮定する。すなわち，$E_R = aX^*$である。そして非正規雇用の雇用量をE_Nとし，それは実際の産出量Xに比例するものと仮定する。すなわち，$E_N = bX$である。aとbは正のパラメーターである。総雇用量をEとすれば，$E = E_R + E_N$である。このとき，経済全体での労働生産性をX/Eとおけば次のようになる。

$$\frac{X}{E} = \frac{X}{aX^* + bX} = \frac{u}{a + bu}, \tag{1.1}$$

したがって労働生産性の変化率は，次のようになる。

---

[4] *Revue de la Régulation* の2011年，第10号第2巻は，レギュラシオン理論とポスト・ケインジアンの対話を意図した特別号である。こうした共通認識は，この号に含まれるSetterfield (2011)において示されている。

$$\frac{\dot{(X/E)}}{(X/E)} = \frac{a}{(a+bu)} \cdot \frac{\dot{u}}{u}, \tag{1.2}$$

なお,変数上のドット・マークは,その変数の時間的変化分を表す.

ここで,正規雇用者の名目賃金 w_R は,非正規雇用者の名目賃金 w_N よりも $\gamma > 1$ 倍だけ高いと仮定する.このとき,経済全体での労働者1人当たりの賃金 w は次のようになる.

$$w = \frac{w_R E_R + w_N E_N}{E} = \left[\frac{\gamma a + bu}{\gamma(a+bu)}\right] w_R. \tag{1.3}$$

賃金設定と価格設定を,インフレーションのコンフリクト・モデルを通じて定式化する.ここでは企業は,目標とする利潤分配率 $\pi_f \in (0,1)$ と現実の利潤分配率 $\pi \in (0,1)$ とのギャップを埋め合わせるように価格設定を行う.それに対して労働組合は主として正規雇用者から構成され,その目標とする利潤分配率 $\pi_w \in (0,1)$ と現実の利潤分配率とを縮めるように,その名目賃金を交渉する.賃金と価格のダイナミクスはこのとき,次のように表される.

$$\frac{\dot{p}}{p} = \theta(\pi_f - \pi), \tag{1.4}$$

$$\frac{\dot{w_R}}{w_R} = (1-\theta)(\pi - \pi_w), \tag{1.5}$$

θ と $1-\theta$ はそれぞれ,所得分配をめぐる企業と労働組合の交渉力を表すパラメーターである.これらはゼロより大きく,1 より小さい値をとる.

こうした雇用形態と賃金交渉が存在する場合の,経済全体の平均賃金のダイナミクスは次のようになる.

$$\frac{\dot{w}}{w} = -\frac{(\gamma-1)ab}{(\gamma a + bu)(a+bu)}\dot{u} + (1-\theta)(\pi - \pi_w), \tag{1.6}$$

したがって,利潤分配率 $\pi = 1 - wE/pX$ の変化率は,(1.3), (1.4), (1.6) 式から,次のように表される.

$$\dot{\pi} = -(1-\pi)[\pi - \Gamma - f(u)\dot{u}], \tag{1.7}$$

ここで，$\Gamma \equiv \theta \pi_f + (1-\theta)\pi_w$, $f(u) = \dfrac{a\gamma}{(\gamma a + bu)u}$ である。

　政府や貿易の存在を捨象し，不完全稼働状態のもとで財市場の超過需給に応じて稼働率調整が行われると考えれば，稼働率のダイナミクスは $\dot{u} = \phi(g_d - g_s)$ に応じて定式化される。ここで，u は産出・資本比率，ϕ は調整速度，g_d と g_s はそれぞれ資本1単位当たりの投資と貯蓄である。労働者は得た賃金を全て消費し，資本家は得た利潤の一部を貯蓄すると仮定する。さらに企業は利潤分配率と稼働率に応じて資本蓄積を実行すると仮定すれば，Bhaduri and Marglin (1990) が示したように，多様な所得分配と経済成長とのパターンを描くことができる。

　このモデルは制度を具現化したものとして解釈できる。まず，定常状態は，$\dot{\pi} = \dot{u} = 0$ である。このとき，利潤分配率は，$\pi = \theta \pi_f + (1-\theta)\pi_w$ である。ここには，企業と労働組合の目標所得分配率，所得分配をめぐっての両者の間の交渉力といったパラメーターが入り込んでいる。これはレギュラシオン理論でいう，分配上のコンフリクトから帰結する妥協の程度，すなわち制度を反映したものである。かくして所得分配は諸制度のもとで与えられるものである。すなわち，マクロ経済的な結果は，社会的制度とは独立ではない。

　また，所得分配率や労働生産性の変化といった経済のダイナミクス自体も制度的構造から影響を受ける。(1.7) 式が示す通り，関数 $f(u)$ に含まれるパラメーター a, b, γ は，雇用形態，賃金決定を規定する制度を反映するものである。稼働率が変化した時，こうした制度的構造は，所得分配率のダイナミクスに変化を及ぼす。

　制度的構造を介して決まる所得分配率は，マーグリン・バドゥリ・モデルにおいて，稼働率と経済成長率に対して異なった影響を与える。詳しくは次章で検討するが，そこでは停滞型，高揚型，賃金主導型，利潤主導型といった多様な需要レジームや成長レジームが生み出される。すなわち，このモデルから，経済成長の多様性自体も，制度的構造から独立した現象ではないことが導かれる。

　レギュラシオン理論は，パラメーターをそれ自体，制度諸形態の機能を反映したものと解釈する。そして，パラメーターの変化は，成長レジームの多様性につながるとみる（Boyer (2011)）。このような解釈は，ポスト・ケインジアン・

モデルにおいて十分に可能である。

こうしたアプローチは，先に挙げた Pasinetti (2005) のいう「2段階アプローチ」を実現するものとしてみることもできるだろう。ここでの所得分配率決定モデルも，根本的には外生変数に制度的な解釈を与えることによって，自由度が解消されたものである[5]。このように，ポスト・ケインジアン・モデルは，制度を外生変数として扱い，その諸制度のもとでのマクロ経済パフォーマンスを考察することができる枠組みを有している。あわせて，このモデルは多様な成長レジームが形成されるメカニズムを詳細に理解することができる構造を兼ね備えている。それにも関わらず，両方をとりこんだモデルが提示されてきたことは稀であった。このことは奇妙なすれ違いである[6]。

本書において，諸制度を踏まえたマクロ経済分析を行う時，制度的構造を外生的なものとして扱う。制度は，持続するからこそ制度として認識される性質があり，秩序の混乱や危機の状態を別にすれば，経済主体の行動を制約する客観的構造として安定的に現れる。このとき，マクロ経済パフォーマンスを生み出す基礎となる経済主体の行動パターンは，主要な制度によって規定されている。このため，マクロ経済に分析の視点を合わせる場合には，観察される制度の存在や機能は外生的なものとして扱うことも可能であろう。ただし，制度を外生的に扱うことは，その形成問題を捨象した分析を行うことを意味する。経

---

[5] こうした方法は，Taylor (1991, 2004) といった構造主義的マクロ経済学者が「閉じ方 (closure)」を用いて，マクロ経済モデルを解く方法とほとんど同じものとしてみることもできるだろう。この経済学はその名の通り，各生産部門の活動や階級間の所得分配，そしてマクロ経済パフォーマンスに対する経済の制度や構造の効果を踏まえたマクロ経済分析を行っている。またカレツキアンの一翼をなす立場としても位置付けられる。その場合，カレツキアンも制度を踏まえたモデリングを行ってきたと言えなくもない。だが，これらのモデルで具体的な制度が想定されることは稀であった。ここで，閉じ方とは，理論に対してある因果関係を組み込むものであり，マクロ経済パフォーマンスの原動力を規定する。その様式は国や時代によって異なりとりわけ制度や歴史によって左右されるものと考えられている。したがって，制度や歴史の感覚が必ずこの考えに入り込む（Taylor (1991)；Baghirathan et al. (2004)）。ここに，構造主義的マクロ経済学は，閉じ方の設定方法は，多くの経済主体の活動を広げ，そして制約する主要な制度に起因するものとして選択しなければならないことを教えてくれる。

[6] レギュラシオン理論の起源が，マルクス経済学の批判的継承，アナール学派の歴史観，そしてケインズ・カレツキ的な資本主義観にあったことを思い起こせば，レギュラシオン理論の立場からのポスト・ケインジアン・モデルの取り込みは，あってよかったはずである。逆に，ポスト・ケインジアンの立場から，レギュラシオン理論に学び，さらに制度を踏まえたモデルの構築を行ってきてもよかったはずである。

済主体が制度の変化を引き起こす可能性やそのメカニズムの解明は重要な問題であるが，本書では，制度がなぜ形成されるのか，どのように変化するのかといった問題は扱わない。

第2章
労働市場の制度的構造と所得分配および需要レジームのマクロ経済分析

2.1 はじめに

　本章では，雇用制度および賃金交渉といった労働市場の制度的構造を踏まえたポスト・ケインジアン・モデルを提示する。それによって，定常状態の局所的安定性や需要レジームの特質と，これらを規定する制度的，構造的特質を明らかにする。

　本章で踏まえる労働市場の制度的構造は，正規雇用と非正規雇用といった雇用形態の相違と，正規雇用者に代表される賃金交渉である。また，正規雇用者と非正規雇用者との間には，生産性上昇率に関する格差や賃金格差といった構造的要因が存在していることを踏まえたマクロ経済動学モデルを提示する。これは，近年の日本経済で観察された次のような状況にもみられるように重要な設定と考えられる。

　『労働経済の分析（2008年度版）』（厚生労働省）とそのポイントは，日本企業は，競争力強化のために進めた正規雇用の絞り込みと，賃金の節約を目的としたパート・派遣など非正規雇用の拡大が，生産性上昇率を停滞させていることを指摘している。それは，製造業など高生産性分野では人員が削減される一方，サービス業や小売り業では正規以外の従業員が増加し，生産性の低い産業分野に労働力が集中している傾向も指摘している。このような正規雇用者以外の者を活用する理由としては，賃金や労務コストの節約および削減が高い割合として回答されている。雇用者全体に占める非正規雇用者の割合は，30％を超えるに至っている。また，「平成24年賃金構造基本統計調査（全国）結果の概況」（厚生労働省）は，年齢別，産業別，企業規模別にみても，正規雇用の労働者とそれ以外の労働者の間には，賃金格差が存在すると報告している。すなわ

ち，正規雇用と非正規雇用への雇用形態の分断化と，前者から後者へのシフト，それに伴った生産性上昇率の全般的な低下，さらには賃金格差の拡大の同時進行状況がみてとれる。

　こうした労働市場の制度的構造の変化は，所得分配や需要形成といったマクロ経済パフォーマンスの安定性や特質に対して，どのような影響を及ぼすのであろうか。本章では，Raghavendra (2006)，佐々木 (2010), Sasaki et al. (2012) のモデルを援用しながら，この問題について理論的に検証する。これらのモデルの原型は，Rowthorn (1981) によって示された直接 (可変) 労働と間接 (固定) 労働の取り込みにある。そのモデルでは，産出量の変化に伴って増減する直接労働と，完全稼働産出量ベースで雇用される間接労働の2種類の雇用形態が踏まえられている。Raghavendra (2006) は，このモデルをさらに動学化し，所得分配率と稼働率の間にサイクリカルな関係が生じることを証明している。佐々木 (2010) と Sasaki et al. (2012) は，Raghavendra (2006) において間接労働を正規雇用，直接労働を非正規雇用と読み替え，コンフリクト・モデルによる所得分配率決定を取り入れたマクロ経済動学モデルを提示している。佐々木 (2010) では，停滞型レジームでは均衡は局所的に安定であるが，高揚型レジームにおけるそれは局所的に不安定の可能性が残り，またリミット・サイクルが生じうることを証明している。Sasaki et al. (2012) は，佐々木 (2010) の所得分配率決定に産業予備軍効果を導入したものである。これによって停滞型レジームにおいても，産業予備軍効果が強く生じる場合には，均衡は局所的に不安定になりうることを新しく証明している。

　このうち本章のモデルは，佐々木 (2010), Sasaki et al. (2012) とほとんど同じである。しかしながら，上記の事実を踏まえて，正規雇用と非正規雇用の間で労働生産性上昇率格差が存在するケースを新たに踏まえた分析を行う。こうした小さな拡張によっても，先行研究とは異なった含意を得ることができる。主要な点は次のとおりである。第1に，佐々木 (2010), Sasaki et al. (2012) のモデルでは，定常状態において労働生産性上昇率はゼロになり，時間を通じて正規雇用と非正規雇用の割合は一定になる。すなわち，このモデルでは，生産性上昇率格差の存在と雇用形態のシフトを説明することができない。それに対して，本章のモデルでは両者の生産性上昇率格差という事実を取り入れるこ

とで，正規から非正規への雇用形態のシフトが持続的に生じることを説明することができる。第2に，彼らのモデルでは，産業予備軍効果が強い場合には停滞型レジームの定常状態は不安定化するが，本章のモデルでは，生産性上昇率格差自体によって，その局所的不安定化が生じることが説明できる。第3に，上記の先行研究では，十分な比較静学が行われていないが，本章では，賃金交渉力の変化，賃金格差，正規・非正規雇用の比率の変化といった制度変化の効果がマクロ経済パフォーマンスに与える影響を，比較静学によって明らかにする。そして，経済全体での賃金分配率の上昇のためには，正規・非正規雇用間での賃金調整が必要になること，それらの雇用形態のシフトは，場合によっては良好なマクロ経済パフォーマンスに帰結しない可能性が提起される。これらは，社会的集団間のコーディネーションの必要性に関わる問題である。

本章の構成は次の通りである。第2.2節では，財市場と労働市場のダイナミクスについてモデルを設定する。第2.3節では，モデルの定常状態の性質と安定性の検証，および比較静学を行う。最後に，2.4節では，本章で得られた結論をまとめ含意を提示する。

2.2　モデル

本章で用いる主要な変数の表記は次のとおりである。X：産出量（総所得），X^*：潜在産出量，K；資本ストック，E：総雇用量，$1-\pi$：賃金分配率，π：利潤分配率，$X^*/K = \nu$：潜在産出量・資本比率（定数であるが，簡単化のために $\nu = 1$ とする），$u = X/K$：産出・資本比率（稼働率），$r = \pi u$：利潤率，I：投資，$g = I/K = \dot{K}/K$：資本蓄積率，w：名目賃金，p：物価水準，$a = X/E$：労働生産性。

労働者と資本家および企業の3つの経済主体を想定する。企業は労働と資本を雇用して，固定係数型の技術を使って万能財を生産する。生産水準は消費と投資から構成される有効需要によって規定され，それが実現することで，総所得が生み出される。なお，経済は1部門から構成され，閉鎖経済のもとで，国際貿易と政府部門の活動は捨象する。

2.2.1 財市場のダイナミクス

財市場に関する設定は，Bhaduri and Marglin (1990)，佐々木 (2010)，Sasaki et al. (2012) と同様のものである．このモデルを使って多様な需要レジームと成長レジームの導出を行う．

佐々木 (2010)，Sasaki et al. (2012) に倣って正規雇用者と非正規雇用者の2種類の労働者と，資本家が消費活動を行う経済を考える．労働者は賃金のみを収入とし，得た賃金を全て消費に回す．他方で，資本家を利潤の受け手とし，それは利潤の一定割合 s を貯蓄する．このとき，貯蓄関数は次のようになる．

$$S/K = s\pi u, \tag{2.1}$$

企業は生産と投資活動の主体である．その投資関数は利潤分配率（利潤効果）と稼働率（加速度効果）の増加関数として設定する．すなわち，

$$\dot{K}/K = I/K = g(\pi, u), \tag{2.2}$$

なお，変数上のドット・マークは，その変数の時間的変化分を表す．ここで，投資関数の稼働率に関する偏微分係数を g_u として表し，その利潤分配率に関する偏微分係数を g_π と表す．これらの符号はいずれも正と仮定する．

寡占的な財市場のもとで，市場の不均衡は数量によって調整されるケースを考える．そこで，稼働率は，財市場の超過需要によって上昇し，超過供給によって低下するものと仮定する．

$$\dot{u} = \phi(g(\pi, u) - s\pi u), \tag{2.3}$$

ここで ϕ は稼働率の調整速度を表す正のパラメーターである．

(2.3) 式について，稼働率の変化分に対する所得分配率の変化を考察しよう．$\dot{u}$ を π について偏微分すると次の結果を得ることができる．

$$\frac{\partial \dot{u}}{\partial \pi} = \phi(g_\pi - su), \tag{2.4}$$

すなわち，ある $u > 0$ に対して，$g_\pi - su > 0$ ならば，稼働率は利潤分配率の上昇に伴って上昇する．他方で，$g_\pi - su < 0$ ならば，稼働率は利潤分配率の

上昇に伴って低下する。このように，簡単なモデルにおいては，需要レジームは所得分配が投資と消費（貯蓄）の拡大に対して与える大小関係によって決まる。利潤分配率の上昇が投資の拡大をとりわけ強く引き起こす場合，稼働率は上昇する。これは，高揚型レジームと呼ばれる。他方で，利潤分配率の上昇が貯蓄の拡大をとりわけ強く引き起こす場合，稼働率は低下する。これは，停滞型レジームと呼ばれる。この需要レジームの分類に準じて，$g_\pi - su > 0$ の状態を高揚型レジーム，$g_\pi - su < 0$ の状態を停滞型レジームとして定義する。

2.2.2 労働市場のダイナミクス

労働市場に関する設定は，Raghavendra (2006)，佐々木 (2010) をベースに，正規雇用者と非正規雇用者の間の労働生産性上昇率格差を導入したものである。このモデルを使って，雇用形態の相違，賃金交渉と賃金格差といった労働市場の制度的構造を背景とした，所得分配率のダイナミクスを導出する。

正規雇用として雇われている労働者数を E_R とし，それを潜在産出量に比例するものと仮定する。非正規雇用として雇われている労働者数を E_N とおき，それは現実の産出量に比例すると仮定する。前者の労働投入係数を $1/\alpha > 0$ とおき，後者のそれを $1/\beta > 0$ とおく[1]。このとき，それぞれの雇用量は次のように表される。

$$E_R = \frac{X^*}{\alpha}, \tag{2.5}$$

$$E_N = \frac{X}{\beta}, \tag{2.6}$$

そして，両者の労働生産性上昇率には格差が存在することを仮定する。簡単化のために，非正規雇用者の労働生産性上昇率 $\hat{\beta}$ をゼロとおき，正規雇用者のそれを $\hat{\alpha} = \dot{\alpha}/\alpha > 0$ とし，これは外生変数とする。なお，変数上のハット・マークは，その変数の時間的変化率を表す。(2.5) 式と (2.6) 式を変形させるとこれらは，それぞれ $\hat{X^*} - \hat{E}_R = \hat{\alpha} > 0$ と $\hat{X} - \hat{E}_N = \hat{\beta} = 0$ として表される。

経済全体の平均労働生産性を $a = X/E$ とする。このとき，平均生産性の水

---

[1] 本章のモデルは，第 1 章と同じものであるが，労働投入係数の表記と定式化において異なる点に注意されたい。

準は具体的に次のように決まる。

$$a = \frac{X}{X^*/\alpha + X/\beta} = \frac{\alpha\beta u}{\alpha u + \beta}, \tag{2.7}$$

(2.7) 式から，労働生産性の変化率は次のように導かれる。

$$\frac{\dot{a}}{a} = \left(\frac{\beta}{\alpha u + \beta}\right)\left(\frac{\dot{\alpha}}{\alpha} + \frac{\dot{u}}{u}\right), \tag{2.8}$$

Raghavendra (2006), 佐々木 (2010), Sasaki et al. (2012) と同様に，移行動学においては，産出量成長率が生産性上昇率を加速させるカルドア・ヴェルドーン効果が存在する。以下で導く定常状態においては $\dot{u}=0$ となり，この効果は消滅する。しかし，本章のモデルでは正規雇用者と非正規雇用者の生産性上昇率格差が存在することで，経済全体での労働生産性の上昇は持続する。

続いて，雇用形態の違いに賃金格差が存在するものと仮定する。正規雇用者の名目賃金を w_R とし，それは非正規雇用者の名目賃金 w_N よりも $\gamma > 1$ だけ高いと仮定する。両者の賃金格差は次のように表される。

$$w_N = \frac{1}{\gamma} w_R, \tag{2.9}$$

これを用いて経済全体での平均賃金を計算すると，次のようになる。

$$\begin{aligned} w &= \frac{w_R E_R + w_N E_N}{E} = \frac{w_R X^*/\alpha + w_N X/\beta}{X^*/\alpha + X/\beta}, \\ &= \frac{\alpha u + \beta\gamma}{\gamma(\alpha u + \beta)} \cdot w_R, \end{aligned} \tag{2.10}$$

ここから，経済全体での平均賃金の変化率は次のように導かれる。

$$\frac{\dot{w}}{w} = \frac{\alpha\beta(1-\gamma)u}{(\alpha u + \beta)(\beta\gamma + \alpha u)}\left(\frac{\dot{\alpha}}{\alpha} + \frac{\dot{u}}{u}\right) + \frac{\dot{w}_R}{w_R}. \tag{2.11}$$

正規雇用者の賃金交渉と企業の物価決定に関する定式化を，コンフリクティング・クレーム・モデルを通じて定式化する。企業はその目標利潤分配率 $\pi_f \in (0,1)$ と現実の利潤分配率との格差を縮めるように物価を変化させる。他方で，正規

雇用者から構成される労働組合は，その目標とする賃金分配率 $1 - \pi_w \in (0,1)$ と実際の賃金分配率とのギャップを埋め合わせるように，正規雇用者の名目賃金の調整を試みる。これらを表す行動方程式は次のようになる。

$$\frac{\dot{p}}{p} = \theta(\pi_f - \pi), \tag{2.12}$$

$$\frac{\dot{w}_R}{w_R} = (1-\theta)(\pi - \pi_w), \tag{2.13}$$

ここで，$\theta \in (0,1)$ は企業の交渉力を，$1-\theta$ は労働組合の交渉力を表すパラメータである。また，企業は通常，利潤分配率の高さに目標をもち，労働者は賃金分配率の高さに目標をもつ。したがって，各主体の目標利潤分配率は，$\pi_f > \pi_w$ となるのが自然である。以下では，これを仮定する。

今，利潤分配率は定義によって，$\pi = 1 - (w/pa)$ である。利潤分配率の変化率は次のように導かれる。

$$\frac{\dot{\pi}}{1-\pi} = \frac{\dot{p}}{p} - \frac{\dot{w}}{w} + \frac{\dot{a}}{a}, \tag{2.14}$$

この式に (2.8) 式，(2.12) 式，(2.13) 式を代入すると，利潤分配率のダイナミクスを次のように得ることができる。

$$\dot{\pi} = (1-\pi)\left(\theta\pi_f + (1-\theta)\pi_w - \pi + \frac{\beta\gamma}{(\alpha u + \beta\gamma)u}\dot{u} + \frac{\beta\gamma}{(\alpha u + \beta\gamma)}\frac{\dot{\alpha}}{\alpha}\right), \tag{2.15}$$

ここで，$f(u) = \dfrac{\beta\gamma}{(\alpha u + \beta\gamma)u} > 0$，かつ $h(u) = \dfrac{\beta\gamma}{(\alpha u + \beta\gamma)} > 0$ とおけば，(2.15) 式は次のようにまとめることができる。

$$\dot{\pi} = (1-\pi)\left(\theta\pi_f + (1-\theta)\pi_w - \pi + f(u)\dot{u} + h(u)\frac{\dot{\alpha}}{\alpha}\right), \tag{2.16}$$

そして，$f'(u) = df(u)/du < 0$，かつ $h'(u) = dh(u)/du < 0$ である。また簡単な計算によって，稼働率を所与とした時，$h_\gamma(u) = dh(u)/d\gamma > 0$，および $h_{\alpha/\beta}(u) = dh(u)/d(\alpha/\beta) < 0$ が成り立つ。この結果は，次節においての比較

静学で用いる。

2.3 定常状態と安定性および比較静学

2.3.1 定常状態

この経済のダイナミクスは稼働率の変化を表す (2.3) 式と，利潤分配率の変化を表す (2.16) 式から構成される。定常状態は $\dot{u} = 0$ かつ $\dot{\pi} = 0$ となる状態である。それらは次のようにまとめられる。

$$g(\pi^*, u^*) = s\pi^* u^*, \tag{2.17}$$
$$\pi^* = \theta\pi_f + (1-\theta)\pi_w + h(u^*)\hat{\alpha}, \tag{2.18}$$

以下では，(2.17) 式と (2.18) 式を同時に満たす $u^* \in (0,1)$ かつ $\pi^* \in (0,1)$ という組み合わせが存在するものと仮定して議論を進める。

今，投資は資本ストックの拡大を実現するものと定義している。すなわち $g = I/K = \dot{K}/K$ である。定常状態では，産出・資本比率が一定になるために，産出量の成長率と資本蓄積率は一致する。産出量の成長率が利潤分配率の拡大によって生じる時，利潤主導型成長レジームが実現しているという。逆に産出量成長率が賃金分配率の拡大によって生じる時，賃金主導型成長レジームが実現しているという。その具体的な形成メカニズムについては，第 6 章で検討する。

定常状態での利潤分配率は，上に示した先行研究と同じく，労使間の交渉力と，それぞれの目標所得分配率に依存する。本章におけるこの定常値は，さらに関数 $h(u)$ が含む，労働投入係数，賃金率格差にも依存する。定常状態の稼働率の変化は，貯蓄率，投資関数の形状に依存する。ただし，これらの値は財市場の数量調整速度を表す ϕ からは独立している。

2.3.2 安定性

定常均衡の局所的安定性を考察するために，(2.3) 式と (2.16) 式に関するヤコビ行列 $\boldsymbol{J}_1$ の性質を検討する。このヤコビ行列について，定常値で評価した各要素とその符号は次のようになる。

第 2 章　労働市場の制度的構造と所得分配および需要レジームのマクロ経済分析　　41

$$j_{11} = \frac{\partial \dot{u}}{\partial u} = \phi(g_u - s\pi^*) < 0, \tag{2.19}$$

$$j_{12} = \frac{\partial \dot{u}}{\partial \pi} = \phi(g_\pi - su^*) \gtreqless 0, \tag{2.20}$$

$$j_{21} = \frac{\partial \dot{\pi}}{\partial u} = (1 - \pi^*)[f(u^*)j_{11} + h'(u^*)\hat{\alpha}] < 0, \tag{2.21}$$

$$j_{22} = \frac{\partial \dot{\pi}}{\partial \pi} = -(1 - \pi^*)[1 - f(u^*)j_{12}] \gtreqless 0, \tag{2.22}$$

仮定として，貯蓄の稼働率に対する反応は投資の稼働率に対する反応を上回るものとする。すなわち $g_u - s\pi^* < 0$ になり，これによって j_{11} の符号は負である。これはケインジアン安定条件として知られているものであり，カレツキアン・モデルにおいては一般的に仮定されている。

この条件のもとで，j_{12} の符号は需要レジームのタイプを規定する。(2.4) 式で定義したように，$g_\pi - su^*$ が正ならば，定常状態では高揚型レジームが形成され，それが負ならば停滞型レジームが形成される。

定常状態の局所的安定のための必要十分条件は，ヤコビ行列について，その対角要素の和が負かつ行列式が正となることである。これらは次のように導かれる。

$$\text{trace } \boldsymbol{J}_1 = j_{11} - (1 - \pi^*)[1 - f(u^*)j_{12}], \tag{2.23}$$

$$\det \boldsymbol{J}_1 = -(1 - \pi^*)[j_{11} + h'(u^*)\hat{\alpha}j_{12}], \tag{2.24}$$

これらの結果をもとに，需要レジームの定常状態の局所的安定性に関する命題を得ることができる。

命題 2.1. 定常状態が停滞型レジームであるとき，雇用形態が異なる労働者間の労働生産性上昇率格差の拡大によって，それは局所的に不安定になりうる。

証明. ケインジアン安定条件のもとで，停滞型レジームは $j_{12} < 0$ によって与えられる。このとき，$\text{trace } \boldsymbol{J}_1 < 0$ は容易に分かる。他方で，行列式の符号は $\det \boldsymbol{J}_1 = \underbrace{-(1 - \pi^*)}_{(-)}\underbrace{[j_{11} + h'(u^*)\hat{\alpha}j_{12}]}_{(-)+(+)}$ によって規定される。正規雇用労働者の生産性上昇率 $\hat{\alpha}$ が大きいと，この行列式を構成している角括弧部分の符号

は正になりうる。つまり，労働生産性格差の拡大によって，行列式の符号は負になりうる。このとき，サドル・パス不安定性が生じる。　　　　　　　　　　□

　停滞型レジームにおいて稼働率が低下した場合を考察しよう。ケインジアン安定条件によって，稼働率に対するネガティブ・フィードバックが生じ，それは稼働率の調整速度に応じて回復する。$j_{21} < 0$ という条件によって，当初の稼働率の低下は，利潤分配率の上昇を引き起こす。停滞型レジームのもとでは，これによって稼働率が停滞する。今，労働者間の労働生産性上昇率格差によって，稼働率の低下が利潤分配率を引き上げる効果は，それがない場合に比べて強化される。ここで大きく上昇した利潤分配率によって，稼働率がさらに大きく低下すれば，ケインジアン安定の効果を上回る稼働率の低下に帰結する。この場合，経済は利潤分配率が上昇しながら稼働率が低下していくというサドル・パスに乗る。

　次に高揚型レジームの定常状態の局所的安定性を検討しよう。

命題 2.2. 定常状態が高揚型レジームであるとき，それは局所的に不安定になりうる。

証明. ケインジアン安定条件のもとで，高揚型レジームは $j_{12} > 0$ によって与えられる。このとき，行列式の符号 $\det \boldsymbol{J}_1 > 0$ は容易に分かる。他方で，この対角要素の和の符号は，trace $\boldsymbol{J}_1 = \underbrace{j_{11}}_{(-)} - \underbrace{(1-\pi^*)(1-f(u^*)j_{12})}_{(\pm)}$ によって規定されている。したがって，trace $\boldsymbol{J}_1 > 0$ となりうるために，定常状態は局所的に不安定になる。　　　　　　　　　　　　　　　　　　　　　　　　　　　　　　　　　□

　高揚型レジームにおいても，稼働率が低下した場合を考察しよう。ケインジアン安定条件によって，稼働率に対するネガティブ・フィードバックが生じ，それは稼働率の調整速度に応じて回復する。$j_{21} < 0$ という条件によって，当初の稼働率の低下は，同時に利潤分配率の上昇を引き起こす。高揚型レジームのもとでは，$j_{12} > 0$ であり，これによって稼働率が上昇する。高揚型レジームのもとで，この利潤分配率の上昇が稼働率の上昇をもたらす効果が極めて強く働けば，ネガティブ・フィードバックを通じた稼働率の変化を相殺する以上の稼

働率の上昇をもたらす。高揚型レジームは，このような局所的不安定性を内包している。

　高揚型レジームの局所的安定性の性質は，佐々木 (2010) に類似するところがある。例えば，財市場における産出量の調整速度 ϕ がある範囲に存在する時，リミット・サイクルが生じることを説明できる。詳しい証明は，佐々木 (2010)を参照されたい。このサイクルにおいては，利潤分配率と稼働率がともに上昇・低下する局面と，一方が上昇し，他方が低下するという局面が交互に現れる。このことは，定常状態が高揚型レジームであったとしても，その近傍では，停滞型レジームの特質が現れることを意味する。循環的な成長が生じる場合，定常状態での需要レジームと，そこから外れた場合のレジームは異なることに注意が必要である。

2.3.3　比較静学

　佐々木 (2010) や Sasaki et al. (2012) では，賃金格差や正規・非正規雇用の割合を表すパラメーターは，稼働率と利潤分配率の定常状態に対して影響を及ぼさない。この性質を用いて，彼らは，これらが定常状態の局所的安定性に与える効果を検討している。他方で，本章では正規・非正規雇用者の間に労働生産性上昇率格差が存在するケースを取り入れたマクロ動学分析を展開している。このとき，以上のパラメーターは，定常状態の稼働率と利潤分配率に対して影響を及ぼすことになる。これらの効果を明確にするために，安定的なケースを念頭においた比較静学を行う。

　需要レジームと労働市場における制度的構造を表すパラメーターとの関係を明らかにするために，以下では労使間の交渉力 (θ)，正規雇用者の労働生産性上昇率 ($\hat{a}$)，正規・非正規雇用者間の賃金格差 (γ)，それらの代替の程度 (α/β) が，定常状態での稼働率と利潤分配率に与える影響を導出しよう[2]。

　以上の変数について，稼働率と利潤分配率の定常状態を構成する (2.17) 式と (2.18) 式を全微分し，ベクトル行列表現に直すと以下のようになる。

---

[2] 正規・非正規の雇用比率は厳密には $E_N/E_R = \alpha u/\beta$ となる。ここでは稼働率を所与として，技術的な変化による正規・非正規の雇用比率の変化を考察する。α/β の上昇は，正規雇用者に対して非正規雇用者の割合が上昇したことを表す。

$$\begin{pmatrix} g_u - s\pi^* & g_\pi - su^* \\ -h'(u^*)\hat{\alpha} & 1 \end{pmatrix} \begin{pmatrix} du \\ d\pi \end{pmatrix} =$$
$$\begin{pmatrix} 0 \\ \pi_f - \pi_w \end{pmatrix} d\theta + \begin{pmatrix} 0 \\ h(u^*) \end{pmatrix} d\hat{\alpha} + \begin{pmatrix} 0 \\ h_\gamma(u^*)\hat{\alpha} \end{pmatrix} d\hat{\gamma} + \begin{pmatrix} 0 \\ h_{\alpha/\beta}(u^*)\hat{\alpha} \end{pmatrix} d(\alpha/\beta), \tag{2.25}$$

ここで,

$$\boldsymbol{J}_2 = \begin{pmatrix} g_u - s\pi^* & g_\pi - su^* \\ -h'(u^*)\hat{\alpha} & 1 \end{pmatrix},$$

とおくと, $\det \boldsymbol{J}_2 = (j_{11} + h'(u^*)\hat{\alpha} j_{12})/\phi$ である。定常状態の局所的安定性が保証される場合, この符号は負である[3]。定常状態の局所的安定を前提にして, 比較静学の結果を提示する。

まず, 労使間の交渉力の程度が稼働率と利潤分配率に対して与える影響は, 次の通りである。

$$\frac{du^*}{d\theta} = -\frac{1}{\det \boldsymbol{J}_2}(g_\pi - su^*), \tag{2.26}$$

$$\frac{d\pi^*}{d\theta} = \frac{1}{\det \boldsymbol{J}_2}(g_u - s\pi^*)(\pi_f - \pi_w), \tag{2.27}$$

(2.26) 式が示すように, 労使間の交渉力の程度が稼働率に対して与える影響は, 需要レジームに応じて異なる。企業の交渉力が強く, 目標利潤率の実現のための価格設定力が強い場合を (すなわち θ の上昇を) 考えよう。高揚型レジームが形成されている場合は, これによって稼働率は上昇する。しかし, 停滞型レジームが形成されている場合には, これによって稼働率は低下する。企業の交渉力の上昇が, 利潤分配率に及ぼす影響は (2.27) 式によって表される。ケインジアン安定を仮定しているために, $g_u - s\pi^*$ の符号は負である。今, $\pi_f > \pi_w$ を仮定しているために, θ の上昇は, 需要レジームの状態に関わらず, 利潤分配率を引き上げる効果をもっている。

---

[3] より正確にいえば, 高揚型レジームでは, この符号は必ず負であり, 停滞型レジームでは, 正規雇用者の労働生産性上昇率が小さければこの符号は負である。

次に，正規雇用者の労働生産性上昇率の拡大が，稼働率と利潤分配率に対して与える影響を考察しよう．その効果は次の通りである．

$$\frac{du^*}{d\hat{\alpha}} = -\frac{1}{\det \bm{J}_2}(g_\pi - su^*)h(u^*), \tag{2.28}$$

$$\frac{d\pi^*}{d\hat{\alpha}} = \frac{1}{\det \bm{J}_2}(g_u - s\pi^*)h(u^*), \tag{2.29}$$

(2.28)式が示すように，正規雇用者の労働生産性上昇率の拡大が稼働率に対して与える影響も，需要レジームに応じて異なる．高揚型レジームが形成されている場合は，労働生産性上昇の効果によって稼働率は上昇する．しかし，停滞型レジームが形成されている場合には，これによって稼働率は低下する．この利潤分配率に対する影響は(2.29)式によって表される．$\hat{\alpha}$の上昇は，需要レジームの状態に関わらず，利潤分配率を引き上げる効果をもっている．

正規雇用者と非正規雇用者の間の賃金格差の拡大は，稼働率と利潤分配率に対してややパラドキシカルな結果をもたらす．その効果は次の通りである．

$$\frac{du^*}{d\gamma} = -\frac{1}{\det \bm{J}_2}(g_\pi - su^*)h_\gamma(u^*)\hat{\alpha}, \tag{2.30}$$

$$\frac{d\pi^*}{d\gamma} = \frac{1}{\det \bm{J}_2}(g_u - s\pi^*)h_\gamma(u^*)\hat{\alpha}, \tag{2.31}$$

今，$h_\gamma(u^*) > 0$に注意しよう．(2.30)式は賃金格差の拡大が稼働率に与える影響を示している．正規・非正規雇用者間の賃金格差が拡大すると，停滞型レジームでは稼働率が低下し，高揚型レジームでは逆に稼働率が上昇する．(2.31)式は，正規雇用者の賃金を相対的に引き上げると，利潤分配率が上昇することが示される．すなわち，賃金格差の拡大は，賃金分配率を引き下げ，労働者全体の分け前からみれば望ましくない効果を有する．ここでは，同じ労働者であったとしても，名目賃金の相対的な上昇の恩恵を受ける正規雇用者と，それを受けられない非正規雇用者が存在する．さらに，名目賃金の上昇の恩恵を受ける正規雇用者と，利潤分配率の上昇の恩恵を受ける企業および資本家との利害関係が一致する．すなわち，所得分配に関する利害関係において労働者間の分断が生じる可能性がある．

最後に，正規雇用者と非正規雇用者の代替の変化が，稼働率と利潤分配率に

対してもたらす効果を検討する。

$$\frac{du^*}{d(\alpha/\beta)} = -\frac{1}{\det \boldsymbol{J}_2}(g_\pi - su^*)h_{\alpha/\beta}(u^*)\hat{\alpha}, \tag{2.32}$$

$$\frac{d\pi^*}{d(\alpha/\beta)} = \frac{1}{\det \boldsymbol{J}_2}(g_u - s\pi^*)h_{\alpha/\beta}(u^*)\hat{\alpha}, \tag{2.33}$$

α/βの上昇は，稼働率を所与とした時，正規雇用者に対して非正規雇用者の割合が相対的に上昇したことを表す。(2.32)式は，正規・非正規の代替の効果は需要レジームに応じて異なることを示している。需要レジームが停滞型レジームである場合には，α/βの上昇は稼働率の上昇をもたらす。すなわち，正規雇用者から非正規雇用者への代替が総需要の拡大につながる。逆に，高揚型レジームである場合には，α/βの上昇は，稼働率の低下を招く。この場合には，非正規雇用者から正規雇用者への代替が総需要の拡大につながる。この変化が利潤分配率に対して与える効果は，(2.33)式によって示される。α/βの上昇は利潤分配率の低下をもたらす。すなわち，正規雇用者から非正規雇用者へのシフトによって利潤分配率は低下し，賃金分配率は上昇する。

以上の比較静学に関する分析結果を，表2.1にまとめておく。

表 2.1 比較静学の結果

需要レジーム	θ 停滞 高揚	$\hat{\alpha}$ 停滞 高揚	γ 停滞 高揚	α/β 停滞 高揚
稼働率 u^*	− +	− +	− +	+ −
利潤分配率 π^*	+	+	+	−

注：それぞれの外生変数が上昇した時の結果を表す。

最後に，本章のモデルでは，定常状態において雇用形態のシフトが持続的に生じることを示そう。この原因は，労働生産性上昇率格差にある。正規雇用者数と非正規雇用者数の比率E_N/E_Rについて，その変化率を求めると次のようになる。

$$\hat{E}_N - \hat{E}_R = \hat{\alpha} + \hat{u}, \tag{2.34}$$

移行動学では稼働率の上昇によって，非正規雇用者数が相対的に拡大する。しかしながら，定常状態では $\hat{u}=0$ となるために，時間を通じた雇用形態のシフトは，正規雇用者の労働生産性上昇率に規定される。(2.34) 式と，経済全体での労働生産性上昇率を表す (2.8) 式から，定常状態における労働需要の上昇率は次のようになる。

$$\hat{E} = g(u^*, \pi^*) - \frac{\beta\hat{\alpha}}{\alpha u^* + \beta}$$
$$= g(u^*, \pi^*) - \frac{\beta}{\alpha u^* + \beta}(\hat{E}_N - \hat{E}_R), \qquad (2.35)$$

このモデルは，正規雇用から非正規雇用への雇用のシフトと労働需要の持続的な低下は，需要要因のみならず，技術的な要因によっても生じることを明らかにしている。(2.34) 式は，非正規雇用は，労働生産性上昇率格差が拡大したり，稼働率が上昇する局面においては，雇用の受け皿になる役割も担うことを表す。しかし，(2.35) 式が示すように，定常状態において，十分な経済成長がない場合には，労働生産性上昇率格差は，労働需要の持続的な低下を招き，失業の発生をもたらす要因になる。

2.4 むすび

本章では，佐々木 (2010)，Sasaki et al. (2012) によって提示された正規雇用と非正規雇用という 2 つのタイプの労働者が存在するカレツキアン・モデルに，正規雇用における高い労働生産性上昇率という事実を新しく取り込んだモデルを提示した。そして，停滞型および高揚型といった需要レジームの形成条件と，その定常状態の局所的安定性について検証してきた。さらに，労使間の賃金価格設定の交渉力，正規・非正規雇用者間の労働生産性上昇率格差と賃金格差および，その代替の変化が，稼働率と利潤率に対して及ぼす影響を検討した。

定常状態の局所的安定性に関する分析結果は，次の通りである。まず停滞型レジームの場合には，とりわけ正規雇用者の労働生産性上昇率の拡大によって定常状態は，サドル・パス不安定になりうる。このことは停滞型レジームを安定としてみる佐々木 (2010) とも，産業予備軍効果を通じて不安定となりうる

ことを明らかにした Sasaki et al. (2012) とも異なった不安定化のメカニズムである。次に，高揚型レジームの場合には，利潤分配率の上昇が稼働率を引き上げる効果が強すぎると，不安定化が生じる。また，佐々木 (2010) や Sasaki et al. (2012) と同じく，このレジームにおいて，産出量調整の速度が一定の範囲に存在する場合には，リミット・サイクルが生じる。したがって，高揚型レジームと停滞型レジームの間で内生的なレジーム転換が生じる。

比較静学についての結果は，以下の通りである。企業の目標所得分配率を念頭においた価格設定力の上昇や正規雇用者の労働生産性上昇率の拡大は，利潤分配率を引き上げる。そして，高揚型レジームのもとでは稼働率は上昇し，停滞型レジームのもとでは稼働率は低下する。非正規雇用者の賃金に対して正規雇用者の賃金が上昇すると，利潤分配率が上昇する。したがって，賃金格差の拡大は高揚型レジームでは稼働率を引き上げるが，停滞型レジームではその低下を招く。また，正規雇用から非正規雇用への技術的なシフトが進むと，賃金分配率が上昇する。これによって停滞型レジームでは稼働率は上昇するが，高揚型レジームでは稼働率が低下する。

佐々木 (2010) や Sasaki et al. (2012) は，これらのパラメーターが引き起こす移行動学上の変化を明らかにしているが，本章のモデルでは，その定常状態に対する影響を明らかにしている。利潤分配率や稼働率についてのマクロ的結果は，需要レジームと，労働市場の制度的構造を具現化するパラメーターの変化がもたらす複合的効果によって決まる。さらに，労働生産性上昇率格差を踏まえることによって，本章のモデルは，技術的な要因によっても，雇用形態の非正規化が生じることを示している。景気拡大の局面では，非正規雇用者への労働需要の拡大が生じる。しかし，定常状態においては稼働率が一定になり，十分な経済成長がない場合には，労働生産性上昇率格差は，労働需要の持続的な低下を招く。

雇用形態の二分化や，その間での賃金格差および生産性上昇率格差といった事実を踏まえたモデルを用いると，社会的集団間での所得分配の公平性と，効率的なマクロ経済パフォーマンスの実現は容易ではないことが明らかになる。比較静学で示したように，賃金格差の拡大は，所得分配に関する社会的集団間の利害関係を顕在化させる。正規雇用者の相対的な賃上げは，労働者全体の所得

分配率の拡大に貢献せず，それは正規雇用者の名目賃金と利潤分配率を引き上げる。また，これらの変化は，高揚型レジームにおいて総需要を拡大させ，稼働率，利潤分配率，利潤率の上昇をもたらす。この結果，正規雇用者と企業および資本家の所得改善とマクロ経済成長の実現は可能になる。非正規雇用の割合が高い経済では，多くの労働者が賃金上昇の恩恵を受けることができず，いわゆる実感なき景気回復を生み出すことになる。こうした状況では，企業と正規雇用者にとって，成長の実現と労働者全体の所得改善の両立を試みるインセンティブは生じにくいであろう。利害関係の対立化や不安定化を緩和するためにも，それを抑制する社会的調整が必要となる。

また，正規雇用から非正規雇用へのシフトは，賃金分配率を上昇させ，停滞型レジームにおいて稼働率を引き上げる。しかしながら，高揚型レジームにおいては，稼働率に対してマイナスの影響をもたらす。高揚型レジームにおいては，産出量調整の速度に応じてリミット・サイクルが生じ，その過程では産出量のアップ・ダウンが発生する。非正規雇用は現実の産出量に対して大きく変化するため，景気循環は雇用の大きな変動をもたらす。雇用が循環的な不安定性を伴う場合には，現実的にみると，長期的な労働者の技能形成も困難であろうし，需要形成の面からみれば，安定的な消費の実現も難しいであろう。

本章では労働市場の制度的構造を踏まえたマクロ動学分析を行ってきた。近年みられる資本主義経済の大きな構造的変化として，金融市場の役割の拡大および経済のグローバル化といった問題が指摘されている。こうした変化に伴って，借り入れを通じた労働者の消費支出の拡大や企業金融の不安定化，債券や株式といった金融資産の選択，さらには国際貿易の規模の拡大が生じている。金融市場の変化や経済のグローバル化は，需要レジームや成長レジームの特質に大きな影響を及ぼし，したがって，マクロ経済パフォーマンスを規定する要因になりうる。次章以降では，モデルを拡張し，金融や国際経済活動を取り入れたマクロ動学分析を行っていく。

第3章
労働者の負債蓄積，動学的安定性および需要レジームの転換

3.1 はじめに

　本章では，労働者の借り入れが拡大した経済の動学的特質と，需要レジームの性質についての理論分析を行う。経済成長と所得分配に関するポスト・ケインジアンの理論モデルでは，古典派経済学の仮説に基づき「労働者は得たものを全て支出し，資本家はその一部を貯蓄する」と仮定されることが多い (Lavoie (1992))。つまり，労働者は賃金収入を受け取ってそれを支出するが，資金を借り入れることはできない。言い換えれば，彼らは究極的な信用の利用制約に直面している。しかしながら，近年の米国経済の経験から明らかなように (Barba and Pivetti (2009))，この仮説は現代の経済において有効な仮定とはいえない。

　そこで，Dutt (2005, 2006b) は，労働者の借り入れを伴った所得分配と経済成長のカレツキ・シュタインドル・モデルを提示した。しかしながら，このモデルでは，労働者は一定の金利のもとで望むだけの借り入れを行うことができる。したがって，ダットのモデルは，借り入れの制約の影響がほどんどないような状況を想定したものといえる。この理由の1つは，ダットのモデルが資金の貸し手の態度を考慮に入れていないためである。

　本章では，ダットのモデルを拡張し，労働者の信用度に応じて資金の貸し手が貸出条件を変更していくモデルを設定する[1]。具体的には，金利の変化を通じ

---

[1] Setterfield (2004) もまた，金融不安定性仮説の観点を踏まえたモデルを提起している。セッターフィールドは，労働者と企業の負債資金調達を通じた支出を導入し，名目国内総生産の拡張経路や収縮経路に転換点が存在することを示している。しかし，このモデルでは，企業の負債と労働者の負債がまとめられているので，両者の負債の相違をみることができない。ほかに Dutt and Amadeo (1993) や Taylor (2004) も，労働者の預金や資産からの利子収入によって，その信用の利用可能性が緩和されることを想定したモデルを考えている。そして，金利の上昇が利子収入の増加をもたらし，消費需要を刺激する可能性を指摘している。

て借り入れに制約が生じるモデルを設定する。こうした考え方はカレツキのいう「リスク（危険）逓増の原理」に着想を得ている。この原理は，経済主体が，その保有する資金を超えて借り入れを行う時，債務不履行が生じるリスクが上昇し，その信用度が悪化することをいう。このとき，金融機関といった貸し手は，その貸出のリスクの上昇を予想し，リスクの高い借り手に対する貸出金利をより高く設定する。これによって，借り手の信用の利用可能性は影響を被る (Kalecki (1937))。このように，金利の変化を通じて，借り手の信用の利用可能性は制約されるのである。

リスク逓増の原理は，これまでに企業の設備投資に伴う資金調達という文脈でモデル化されてきた（Asada (2004)；Lavoie (2004)）。他方で，労働者の借り入れに関しては，十分な研究の蓄積を欠いている。企業と同様，労働者もまた借り入れを申請する際，その信用度に応じて異なった金利を支払わなければならない。昨今，世界金融危機の起点となったサブプライム・ローンに関しても，例えば，2年間といった一定期間は，金利は低い水準に固定されているものの，それ以降は変動金利が適応され，金利が大きく変動するというシステムがとられていた。このような金利の変動は，労働者の信用の利用可能性や利払いを大きく規定する要因であった。

あわせて本章では，所得分配率の変化が総需要や経済成長率に対して与える影響も合わせて考察する。Barbosa-Filho et al. (2008) は，米国における労働者の借り入れと，高揚型レジームとの関係を議論している。その論証は統計的分析によるものであり，理論的な説明を欠いている。また，Barba and Pivetti (2009) は，米国における労働者の借り入れの増大を背景に，低賃金と高い総需要との両立の原因を検証している。賃金が低い水準に維持されたにも関わらず，高い総需要が実現したのは，労働者の借り入れからの支出の増大による。しかしながら，その説明は，静学的なものである。労働者の借り入れは，その負債の増大をもたらし，次いで，この増大は元本の償還や利払いを通じて労働者の可処分所得の水準に影響していく。その結果，労働者の消費需要の水準も変化を受ける。このように，労働者の借り入れとそれに伴う負債の蓄積，そしてこれらをもとに実現する消費といった経済活動は，本来，動学的な問題である。そこで，本章では上記の先行研究とは対照的に，動学的なアプローチに基づくマ

クロ経済分析を行う．これを通じて，労働者の借り入れの拡大といった金融面の変化が，いかに需要レジームや経済成長レジームの形成，およびその転換と結び付いているのかを明らかにする．

　本章の構成は次の通りである．第 3.2 節では，産出・資本比率，労働者の負債，そして金利の変化から構成されるマクロ経済動学モデルを設定する．第 3.3 節では，まず，定常状態の安定性を検討する．続いて，所得分配の変化が総需要や経済成長率に与える影響について比較静学を行う．第 3.4 節では，結論を提示する．

3.2　モデル

　以下で用いる主要な標記は次の通りである．X：産出量（総所得），X^*：潜在産出量，K：資本ストック，E：実効雇用水準，$1-\pi$：賃金分配率，π：利潤分配率，$u = X/K$：産出・資本比率（稼働率），$X^*/K = \nu$：潜在産出量・資本比率（一定かつ簡単化のために 1 とする），$r = \pi u$：利潤率，C：総消費量，I：総投資量，$g = I/K = \dot{K}/K$：資本蓄積率，w：名目賃金率，p：物価水準，i：名目金利，$\lambda_w = D_w/K$：労働者の負債・資本比率（負債比率と略する）[2]．

3.2.1　財市場のダイナミクス

　労働者と資本家は消費活動を行い，企業は生産を行う．そして，銀行が労働者への貸し出しを行う経済を考える．経済は 1 部門から構成され，企業は労働と資本を雇用して，固定係数型の技術を使って万能財を生産する．生産水準は消費と投資から構成される有効需要によって規定され，それが実現することで，総所得が生み出される．なお，閉鎖経済を想定し，政府支出や国際貿易は捨象

---

[2] 本章では，λ_w を単に「負債比率」と呼ぶ．この変数は，正確には企業の資本に対する労働者の負債の比率である．λ_w は，ある経済における労働者が保有する負債の深化の度合いを表す変数である．今，潜在産出・資本比率は $X^*/K = \nu$ として一定である．また，$\lambda_w = D_w/K = (D_w/X^*)(X^*/K)$ であることに注意すると，$d\lambda_w = \left(\dfrac{dD_w X^* - D_w dX^*}{X^{*2}}\right)\dfrac{X^*}{K} + \left(\dfrac{dX^* K - dK X^*}{K^2}\right)\dfrac{D_w}{X^*}$ を得ることができる．今，$X^* = \nu K$ かつ $dX^* = \nu dK$ が成り立っていることを用いると，$dX^* K - dK X^*$ は常にゼロである．したがって，負債比率 λ_w の変化は，労働者の負債・潜在産出量比率 D_w/X^* の変化を表す．

する。

　総所得は労働者の賃金と資本家の利潤として分配される。ここで所得分配率は，寡占経済のもとで，次のマークアップ価格設定によって決定されるものと仮定する。

$$p = (1+z)wE/X,$$

ここで $z > 0$ はマークアップ率を表す正の変数である。この式によって，需要水準に関わらず，賃金分配率は，$1 - \pi = wE/pX = 1/(1+z)$，そして利潤分配率は，$\pi = rpK/pX = z/(1+z)$ として，それぞれ一定になる。

　消費需要の一部は借り入れによって賄われるものとする。さらに借り入れ需要は，労働者の可処分所得と正比例する形で定式化する。労働者は受け取った賃金所得の一部を借り入れに対する利払いに充てる。そして可処分所得に応じて借り入れを行う。労働者による借り入れはマクロ経済レベルで2つの効果を有する。第1に，借り入れは消費の原資になり，総需要を刺激する。第2に，借り入れは負債の蓄積をもたらし，労働者の利払い負担を重くする。

　まず，労働者の金融機関からの借り入れを定式化しよう。労働者は，その可処分所得に応じて所望の借り入れ需要を決定する。

$$\dot{D}_w = \alpha K + \gamma[(1-\pi)X - iD_w], \quad \alpha > 0, \quad \gamma > 0, \quad (3.1)$$

ここでドット・マークは，変数の時間に関する微分を表す。この式において，α は，一定の借り入れ需要を表し，γ は，可処分所得を基準とした借り入れ性向を表す[3]。これらは外生変数であるが，その水準は資金の貸し手と借り手の態度に左右されて決まるものと解釈できる。例えば，仮に借り手の信用度が貸し手の要求する水準に見合わなければ，α や γ の値は，ゼロに近い状態と考えることができる。

　労働者は，その可処分所得と借り入れを全て支出するものと仮定する。このとき，経済の総消費 C は次式によって与えられる。

---

　[3] (3.1) 式は，労働者が企業の資本を保有しているという意味ではないことに注意されたい。α は資本ストック K で正規化した労働者の借り入れ需要を表す。

$$C = (1-\pi)X - iD_w + [\alpha K + \gamma((1-\pi)X - iD_w)]$$
$$= (1+\gamma)[(1-\pi)X - iD_w] + \alpha K, \tag{3.2}$$

本章では，マクロ経済パフォーマンスに対する労働者の借り入れの拡大の影響を考察するために，資本家の利潤からの消費は捨象する。

企業は投資の主体であり，投資需要は利潤率に応じて決まるシンプルなケースを想定する。そこで，カレツキアン・モデルに則して，投資は利潤率に応じて決まるものと仮定しよう。

$$\dot{K}/K = I/K = g_0 + g_1 r, \tag{3.3}$$

ここで g_0 は正の定数であり，この値の上昇はポスト・ケインジアンでいう，いわゆる期待の楽観化やアニマル・スピリッツの活性化を受けて生じるものと考える。そして利潤率に対する投資の感応性は g_1 で測り，この符号も正とする。

需要レジームは，産出・資本比率の変化と所得分配，負債比率の変化との関係によって定義される。この動学は，次式によって与えられる。

$$\dot{u} = \phi\left[\frac{C+I-X}{K}\right]$$
$$= \phi[u(\delta(1-\pi) + g_1\pi - 1) + g_0 + \alpha - \delta\lambda_w i], \tag{3.4}$$

ここで $\delta = 1 + \gamma > 0$ であり，ϕ は財市場の不均衡に対する産出・資本比率の調整の速度を表す正の定数である。(3.4) 式は，超過需要（超過供給）が生じた時に，企業は，産出・資本比率を引き上げる（引き下げる）形で調整を行うことを表している。

3.2.2 金融市場のダイナミクス

貸出金利は，ポスト・ケインジアンの内生的貨幣供給の理論に着想を得て定式化される。ここでは，内生的貨幣供給の理論に関する簡単なレヴューを行っておこう。

Moore (2001) は，内生的貨幣供給の理論に関するポスト・ケインジアンの3つの共有事項を紹介している。第1に，信用貨幣は信用によって誘発され，需

要によって決定される。第2に,銀行貸出が最初に行われ,それが預金を創造し,結果としてハイパワード・マネーが供給される。第3に,金利は中央銀行の政策変数として外生的に決定される。

ここで,3点目については2つの異なった立場が存在する。第1の立場は「ホリゾンタリスト」と呼ばれる。この立場は,外生的な金利のもとで,銀行貸出は借り入れ需要に対して完全に受動的とみるものである。もう一方の立場は,「ストラクチュラリスト」と呼ばれる。この立場は,銀行貸出の増減に応じて金利の変化が生じることを強調する。これらについて詳細は,Fontana (2004) や内藤 (2011) を参照されたい。このような相違が生じるものの,両方の立場は,経済主体の借り入れ需要は,必ずその支出計画と結びついて生じるという認識を共有している。

本章では,借り手の信用度に応じて金利が変化することを認める点で,ストラクチュラリストのモデルに近い定式化を行う。ここで,金利の変化は,カレツキ的なリスク逓増の原理に基づいて生じるように,次のような定式化を行う。

$$\dot{i} = \theta[i^B(\lambda_w) - i], \tag{3.5}$$

ここで,$i^B(\lambda_w)$ は金融機関が設定する目標金利を表し,θ は金利の調整速度を表す正の定数である。(3.5) 式は,借り手の信用度の変化に応じて金融機関が目標金利を変更し,実際の貸出金利は,それに適応的な形で決まっていくことを表している。貸出金利が決定されると,(3.1) 式で表された借り入れ需要に応じて,金融機関から労働者へ貸し出しが行われる。

労働者への資金提供は,金融機関によって行われるものと仮定し,それが決定する貸出金利の変化に注目する。金融機関はベース・レートに沿って,その貸出金利を設定する。ここでベース・レートは中央銀行の政策によって外生的に設定されるものと仮定する。これを所与として金融機関は,借り手の信用度に応じてその貸出金利を変化させる。そこで,目標金利を表す関数 $i^B(\lambda_w)$ の性質として,$i^B_{\lambda_w} = di^B(\lambda_w)/d\lambda_w \geq 0$ と,$i^B(0) > 0$ を仮定する。また,関数 $i^B(\lambda_w)$ についての2階微分はゼロと仮定する。

(3.5) 式では,借り手の信用度を表すものとして,その負債比率を用いている。負債比率が高く信用度が低い時,金融機関は,債務不履行のリスクをカバーす

るように，より高い金利で貸出を行う[4]。また，$i^B(0) > 0$ は，目標貸出金利は中央銀行の設定するベース・レートに依存することを表す。最後に，金融機関が設定する目標金利の変化の幅は，金融市場における規制や監視の程度に依存するものと解釈する。例えば，金利に関する規制や監視が緩く，金融市場における民間金融機関の自由な金利設定が支配的な場合には，$i^B_{\lambda_w}$ の値は大きくなるものと考える。逆に，規制や監視が厳しく，金利の設定幅に政策的な制約が課される場合には，$i^B_{\lambda_w}$ の値は小さくなるものと解釈する[5]。

負債比率の時間的変化は，それ自身の時間に関する微分として導出される。そこで，(3.1) 式と (3.3) 式を代入すれば，次のように，負債比率の動学方程式を得ることができる。

$$\dot{\lambda}_w = \dot{D}_w/K - \lambda_w \dot{K}/K \\ = \alpha + \gamma(1-\pi)u - \gamma i \lambda_w - \lambda_w(g_0 + g_1 \pi u). \quad (3.6)$$

3.3 定常状態と安定性および比較静学

3.3.1 定常状態

労働者の借り入れと負債蓄積を伴う経済の動学体系は，(3.4) 式，(3.5) 式，(3.6) 式から構成される。この体系の定常状態は，産出・資本比率，負債比率そして名目金利が全て一定になる状態として定義される。ここでは，定常状態の性質について検討する。

第1に，(3.4) 式から，$\dot{u} = 0$ を表す曲線の方程式を次のように導くことができる。

---

[4] 賃金所得の上昇は利払いの原資を増やすために，金融機関の目標金利は，所得分配率の関数として，$i^B(\pi, \lambda_w)$ そして，i^B_π の符号を負のように定式化することもできよう。こうした定式化は安定性分析にとって大きな変更をもたらさないが，これによって，需要レジームの考察は極めて複雑になる。そこで，本章では，借り手の信用度はその所得分配から独立している場合を考察する。

[5] ベース・レートと金融機関の金利設定との関連を踏まえたマクロ経済動学モデルを構築したものとして，Lima and Meirelles (2003) がある。このモデルでは，中央銀行が政策的に決定するベース・レートにマークアップをかける形で金融機関は名目貸出金利を設定する。こうした金利設定のパターンに応じて，彼らは賃金と金利の定常状態に複数均衡が生じることを示している。

$$u = \frac{g_0 + \alpha - \delta\lambda_w i}{1 - \delta(1-\pi) - g_1\pi}, \tag{3.7}$$

この式は産出・資本比率の定常状態を表す。これに対してケインジアン安定条件を課し，分母の符号は正とする。この条件は，産出・資本比率の変化に対して総需要量よりも総供給量の方が大きく変化することを意味する。また経済的に意味のある均衡値を得るために，(3.7) 式の分子の符号も正とする。

第2に，(3.6) 式から，$\dot{\lambda}_w = 0$ を表す曲線の方程式を次のように導くことができる。

$$u = \frac{-\alpha + (g_0 + \gamma i)\lambda_w}{\gamma(1-\pi) - \lambda_w g_1\pi}, \tag{3.8}$$

ここで分母の符号は正と仮定する。つまり，産出・資本比率の上昇に伴って，労働者の借り入れ需要が上昇し，その結果，負債比率は上昇する局面を念頭におく。

最後に，(3.5) 式から，$\dot{i} = 0$ を表す曲線の方程式は，次のように導かれる[6]。

$$i = i^B(\lambda_w), \tag{3.9}$$

この式を (3.7) 式と (3.8) 式に代入すれば，3 本の方程式体系を以下の 2 本の方程式体系に縮約することができる。そこで，動学体系の定常状態を導くために次の関数を定義する。

$$\mathcal{H}(\lambda_w) = \frac{g_0 + \alpha - \delta\lambda_w i^B(\lambda_w)}{1 - \delta(1-\pi) - g_1\pi}, \tag{3.10}$$

$$\mathcal{G}(\lambda_w) = \frac{-\alpha + (g_0 + \gamma i^B(\lambda_w))\lambda_w}{\gamma(1-\pi) - \lambda_w g_1\pi}, \tag{3.11}$$

---

[6] (3.5) 式を関数とみなし，それを $\mathcal{F}$ として記述すると，

$$\mathcal{F}(i, \lambda_w) = \theta[i^B(\lambda_w) - i], \quad \mathcal{F}_i < 0, \ \mathcal{F}_{\lambda_w} \geq 0.$$

この関数に対して次の条件を課すことで，正の金利の定常状態が存在することが保証される。すなわち，

$$\forall \lambda_w \geq 0 : \lim_{i \to 0} \mathcal{F}(i, \lambda_w) > 0, \ \lim_{i \to \infty} \mathcal{F}(i, \lambda_w) < 0.$$

この条件によって金融機関の目標金利 $i^B(\lambda_w)$ は，常に正の符号をとり，その値は有限になる。

簡単な微分によって，(λ_w, u) 平面の第 1 象限において $\dot{u} = 0$ 線は右下がり，$\dot{\lambda}_w = 0$ 線は右上がりの形状を示すことが分かる．

この動学体系には，λ_w, u, i についての一意の定常状態が存在する．このことを証明しよう．今，(3.7) 式の分子は常に正の値と仮定している．したがって，λ_w の定義域は次のように限定される．

$$0 \leq \lambda_w < \frac{g_0 + \alpha}{\delta i^B(\bar{\lambda}_w)} = \bar{\lambda}_w.$$

この定義域に対して，次の関数を定義する．

$$\mathcal{J}(\lambda_w) = \mathcal{H}(\lambda_w) - \mathcal{G}(\lambda_w),$$

これまでの設定から，この関数は，$d\mathcal{J}(\lambda_w)/d\lambda_w < 0$, $\lim_{\lambda_w \to 0} \mathcal{J}(\lambda_w) > 0$, さらに $\lim_{\lambda_w \to \bar{\lambda}_w} \mathcal{J}(\lambda_w) < 0$ という性質をもつ．それゆえ，$\mathcal{J}(\lambda_w) = 0$ となる一意の λ_w^* が存在する．この負債比率の定常値 λ_w^* を (3.7) 式，(3.8) 式，(3.9) 式に代入すれば，産出・資本比率の定常値 u^*, 貸出金利の定常値 i^* をそれぞれ得ることができる．

3.3.2 安定性

定常状態の局所的安定性を検討しよう．以下では，主要な結果を紹介し，証明については補論で行う．そして，結果の経済学的解釈については，次節で行うことにする．

命題 3.1. それぞれの状態変数の，それ自らへのネガティブ・フィードバックは弱いものとしよう．このとき，金利が負債比率の変化に対して大きく変化し，かつ産出・資本比率も金利の変化に対して大きく変化し，さらに負債比率も産出・資本比率の変化に対して大きく変化する場合には，定常状態は局所的に不安定になる．

命題 3.1 を証明することで，次の系を得ることができる．

系 3.1 (命題 3.1 の系)．負債比率の変化に対して金利が変化しないように政策

的に，金利設定に対してコントロールを加えることで，定常状態は局所的に安定になる。

命題 3.1 は，負債比率の変化に対して，貸出金利が大きく反応する場合に（つまり，$\partial \dot{i}/\partial \lambda_w$ の絶対値が大きい），そして産出・資本比率が金利の変化に大きく反応する時，(つまり，$\partial \dot{u}/\partial i$ の絶対値が大きい)，さらに負債比率が産出・資本比率の変化に対して大きく反応する場合（つまり，$\partial \dot{\lambda}_w/\partial u$ の絶対値が大きい），この経済の定常状態は局所的に不安定になることを述べている。この不安定性は，それぞれの状態変数が，それ自らに弱いネガティブ・フィードバックを有する時に顕在化する。

この場合の不安定ダイナミクスは次のような様子を描く。今，なんらかの需要ショックにより産出・資本比率が上昇したものとする。総所得の増加に伴い，労働者の可処分所得が増え，これに比例して労働者は借り入れを増やしていく。労働者の負債が蓄積されていき，これに伴って労働者への貸出リスクが上昇する。そこで金融機関は，貸出金利を引き上げる。これは労働者の可処分所得を低下させる。ここで信用の利用可能性もあわせて低下し，労働者の消費支出も低下する。これによって総需要は低下し，負債比率の低下が始まる。続いて貸出に伴うリスクが低下し，金融機関は金利を引き下げる。これによって，労働者の可処分所得は上昇し，さらに彼らに対する信用の制約も緩和される。労働者は，可処分所得と借り入れに基づいて消費支出を増やし，総需要は再び拡大し，新しい循環が生み出される。不安定な場合には，この循環の振幅が拡大していく。

貸出リスクの変動に伴って金利の変動する状態は，経済の安定性にとって望ましい状態ではない。安定性の観点からすれば，労働者の信用度の変化に対して，金利が急騰したり急落したりしないように，政策的に金利をコントロールする必要がある。系 3.1 は，こうした金利の規制が，経済の安定化をもたらすことを述べている。

3.3.3 比較静学

続いて，所得分配の変化が需要レジームや成長レジームの実現に与える影響

を考察しよう．本節では，安定化が保証されている場合を念頭に，負債比率の変化に対して金利の変化が独立である状態，すなわち $i^B = i$，$i^B_{\lambda_w} = 0$ を仮定して分析を行う．なお，より厳密な証明は補論で行い，ここではグラフを用いた直感的な解釈を提示する．

まずは，労働者の借り入れが拡大する経済において，停滞型あるいは高揚型のどちらの需要レジームがより実現しやすくなるのかについての分析を行う．今，金利は常に一定と仮定しているので，定常状態の変化は，(3.7) 式と (3.8) 式を使って考察することができる．これらの式を利潤分配率 π で微分すると，(λ_w, u) 平面において，2 つの変数の定常状態を表す曲線が，どのようにシフトするのかを明らかにすることができる．

$$\left.\frac{\partial u}{\partial \pi}\right|_{\dot\lambda_w = 0} = \underbrace{\left\{\frac{-\alpha + (g_0 + \gamma i)\lambda_w}{[\gamma(1-\pi) - \lambda_w g_1 \pi]^2}\right\} \times (\gamma + \lambda_w g_1)}_{(+) \times (+)}, \tag{3.12}$$

$$\left.\frac{\partial u}{\partial \pi}\right|_{\dot u = 0} = \underbrace{\left\{\frac{g_0 + \alpha - \delta \lambda_w i}{[1 - \delta(1-\pi) - g_1 \pi]^2}\right\} \times (g_1 - \delta)}_{(+) \times (-)}. \tag{3.13}$$

(3.12) 式が示す符号は正である．すなわち，利潤分配率が上昇（低下）した時に，$\dot\lambda_w = 0$ 曲線は上方（下方）シフトすることを表している．これは次の理由による．利潤分配率の上昇によって労働者の可処分所得は減少し，それに伴って借り入れ需要が低下する．労働者の借り入れ需要の低下によって，所与の稼働率のもとで，その保有する負債比率も低下する．このようなメカニズムを通じて $\dot\lambda_w = 0$ 曲線のシフトが生じる．

他方で，$\dot u = 0$ 曲線のシフトは，(3.13) 式において需要レジームを規定する $(g_1 - \delta)$ の符号に依存する．この項は，所得分配の変化が直接的に産出・資本比率に与える影響を示し，この符号は負である．なぜならば，今，ケインジアン安定条件より，

$$1 - \delta(1-\pi) - g_1\pi = 1 - \delta + (\delta - g_1)\pi > 0,$$

である．ここで $1 - \delta < 0$ であるため，ケインジアン安定条件が満たされるた

めには，$\delta - g_1 > 0$でなければならない。これは，停滞型需要レジームの形成条件に対応する。言い換えると，労働者がその可処分所得を超えるほどの消費を実現するために借り入れを行う経済では，高揚型需要レジームは形成されない[7]。

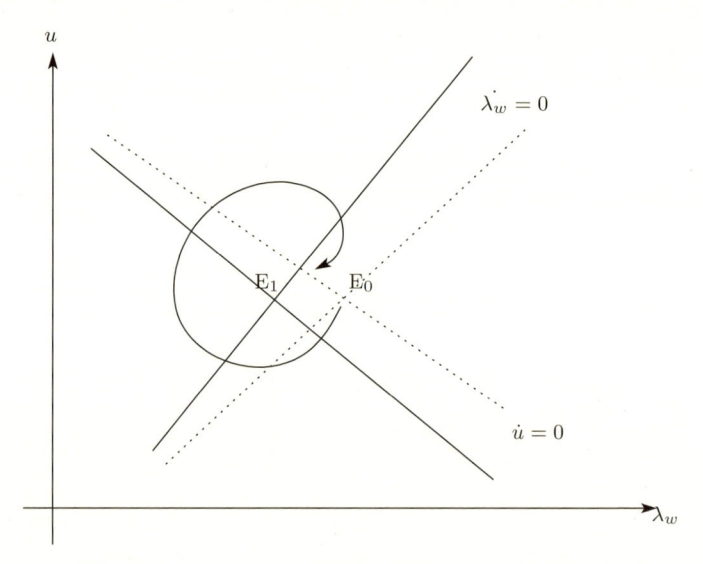

図 3.1　停滞型需要レジームにおける利潤分配率の上昇（賃金分配率の低下）

停滞型需要レジームでは，利潤分配率の上昇に伴って$\dot{u} = 0$曲線は，下方にシフトする。他方で，この変化によって，$\dot{\lambda}_w = 0$曲線が上方にシフトする。両曲線のシフトの結果，稼働率と負債比率の新しい定常状態が得られる。図 3.1 は，この様子を描く。利潤分配率の上昇に伴って，定常状態はE_0からE_1へと移動する。ここで点線は初期の曲線を，そして実線は所得分配率の変化後の曲線をそれぞれ表す。この結果，負債比率が低下することは明確であるが，稼働率の変化は不明である。

---

[7] 本章は，Nishi (2012) を下敷きに作成している。Nishi (2012) では，ケインジアン安定条件と高揚型需要レジームは整合的なものとして議論を進めているが，これはあきらかな誤りである。正しくは，本章の結果が示すようにケインジアン安定は，停滞型需要レジームとのみ整合的である。

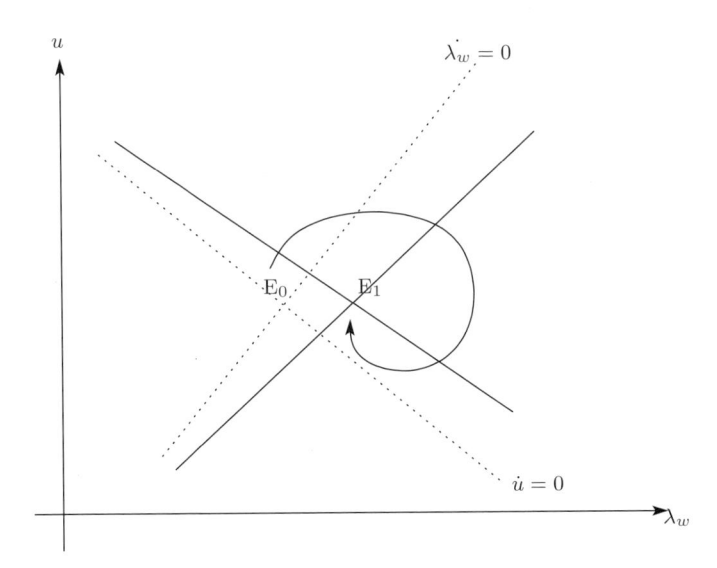

第 3 章 労働者の負債蓄積，動学的安定性および需要レジームの転換　63

図 3.2 停滞型需要レジームにおける利潤分配率の低下（賃金分配率の上昇）

　同じようにして，停滞型需要レジームにおける，利潤分配率の低下を考察したものが，図 3.2 である。利潤分配率の低下に伴って $\dot{u} = 0$ 曲線が上方にシフトする。他方で，$\dot{\lambda}_w = 0$ 曲線は，下方にシフトする。その結果，定常状態は E_0 から E_1 へと移動する。ここでは，負債比率が上昇することは明確であるが，稼働率の変化は不明である。

　これまでに得られた結果に基づき，所得分配率の変化が，経済成長率に与える影響を検討しよう。今，定常状態において稼働率は一定になるために，産出量の成長率は資本ストックの成長率と同率になる。また，稼働率の定常値 u^* は所得分配率に依存して決まることに注意すれば，(3.3) 式を用いると，定常状態における経済成長率は次のようになる。

$$g^*(\pi) = \dot{K}/K = g_0 + g_1 \pi u^*(\pi),$$

これに関して次の不等式が満たされる限り，利潤分配率の上昇（賃金分配率の低下）は，経済成長率を上昇させる。

$$\frac{du^*(\pi)}{d\pi} > -\frac{u}{\pi}. \qquad (3.14)$$

この不等式は利潤主導型成長レジームの実現条件（$dg^*/d\pi > 0$）である。労働者の借り入れとそれに伴う負債の蓄積がない場合には，$\dot{\lambda}_w = 0$ 線は存在せず，利潤分配率の上昇に伴って $\dot{u} = 0$ 線が下方にシフトするのみである。この場合には，利潤分配率の上昇に伴って稼働率が低下する。$du^*(\pi)/d\pi$ の符号は負になり，$0 > du^*(\pi)/d\pi > -u/\pi$ という条件のもとでのみ，利潤主導型成長は実現する。

しかしながら，労働者の借り入れとそれに伴う負債の蓄積がある場合には，$\dot{\lambda}_w = 0$ 線の上方シフトを伴い，負債比率と稼働率の双方の変化の結果，$du^*(\pi)/d\pi$ の符号が決定する。この場合には，以下に説明するように，$du^*(\pi)/d\pi$ の符号は一意に決まらないものの，正に傾く。まず，賃金分配率の低下に伴って，労働者の借り入れ需要は減少する。このため消費支出は減少し，負債比率も低下する。かくして低下した負債比率は，労働者の可処分所得を増大させ，新しい借り入れ需要を引き起こす。この借り入れを元手にした消費支出の増大によって，総需要が拡大する。こうしたメカニズムが働くために，労働者の借り入れが進む経済では，それがない場合に比べて，$du^*(\pi)/d\pi$ の符号がより正に傾く。他方で，$-u/\pi$ の符号は必ず負であるために，$du^*(\pi)/d\pi > 0 > -u/\pi$ という条件のもとでも，(3.14) 式が満たされる。このように，労働者の借り入れが存在しない場合に比べて，利潤主導型成長レジームの実現領域が拡大する。

他方で，

$$\frac{du^*(\pi)}{d\pi} < -\frac{u}{\pi}, \qquad (3.15)$$

この不等式は，賃金主導型成長レジームの実現条件（$dg^*/d\pi < 0$）である。上述のように，労働者の借り入れとそれに伴う負債の蓄積がない場合には，$du^*(\pi)/d\pi$ の符号は必ず負になり，その絶対値もより大きい。

しかしながら，労働者の借り入れが進んだ経済においては，(3.13) 式から $du^*(\pi)/d\pi$ の符号は一意に決まらないものの，より正の値に傾くために，労働者の借り入れが存在しない場合に比べて，(3.15) 式の条件は満たされにくくなる。これは，直感的には次のように説明できる。今，賃金分配率が上昇した時，

労働者の借り入れ需要は増大する。上昇した賃金分配率と借り入れをもとに，労働者は支出を拡大させる。労働者による借り入れの増大は，その負債の蓄積を招く。増大した負債の利払いのために，労働者の可処分所得が圧縮され，これによって労働者の消費支出が一部削減されてしまう。初期の賃金分配率の上昇は，需要拡大効果を有するが，借り入れに伴う負債比率の上昇が消費を削減する分だけ低下する。利潤分配率は低下するものの，稼働率はそれほど変化しない。このため，利潤圧縮型の停滞が生じやすくなる。言い換えれば，賃金主導型成長レジームの実現は，労働者による借り入れがない場合に比べて困難になる。

最後に他のパラメーターの変化が産出・資本比率と負債比率に対して与える影響をまとめておこう。詳しい証明は行わないが，その結果は表 3.1 に示されている。

表 3.1 他のパラメーターに関する比較静学

	産出・資本比率 u^*	負債比率 λ_w^*
α	±	+
γ	±	+
g_0	+	±

注：外生変数が上昇した時の結果を表す。± の符号は，その効果が両義的であることを表す。これは，$i_{\lambda_h}^B = 0$ と仮定した局所的安定の場合の結果である。

期待の楽観化に伴う定数項や借り入れ性向の上昇の産出・資本比率に対する影響は，一意に決まらない。すなわち動学的にみると，資金の借り入れは，必ずしも総需要を拡大させる効果を有しているわけではないことが理解できる。こうしたことが生じるのは，例え借り入れを通じて消費が拡大しようとも，それと同時に上昇する負債比率が労働者の可処分所得を低下させてしまい，消費需要の拡大にブレーキがかかるためである。他方で，企業の投資活動において，アニマル・スピリッツに火が付けば，労働者の所得にとって望ましい状況が生じる。この場合，一方で産出・資本比率が上昇し，他方で負債比率は低下する。このため，労働者の可処分所得はもとの状態と比較して上昇することになる。

3.4 むすび

　本章では，労働者の借り入れが行われる中でのマクロ経済の動学的特質を検討してきた。産出・資本比率，負債比率，金利の変化を通じた労働者の借り入れ制約が全て内生的に決まるマクロ経済動学モデルを設定し，この経済の定常状態の安定性や需要形成パターンを明らかにしてきた。むすびとして，本章で得られた結果と，その主要な含意を提示しておこう。

　本章のモデルでは，負債比率によって代理される借り手の信用度に応じて金融機関は貸出金利を変更する。この状況下で，産出・資本比率，負債比率，金利のそれぞれについて，自らに対するネガティブ・フィードバックが弱く，他方で相互の変化の波及効果が強い場合には，定常状態は局所的に不安定となる。このことは命題3.1が示す。経済の安定化のためには，金融市場における民間金融機関の自由な金利設定に調整を任すのではなく，政策的に貸出金利を規制することが望まれる。このことは，命題3.1の系が示すところである。

　労働者が借り入れを行い，その負債が蓄積されていく経済においては，停滞型需要レジームのみが形成される。しかしながら停滞型需要レジームであっても，賃金分配率の低下は，逆説的に必ずしも稼働率の低下をもたらさない。賃金分配率の低下は労働者の借り入れ需要の低下をもたらし，その消費需要をいったん低下させる。同時にこれは，負債の蓄積を抑制するために，可処分所得の低下を防ぐ。これによって消費需要が下支えされるため，総需要が維持される。

　他方で，利潤分配率が圧縮された時には，停滞に結び付きやすい。賃金分配率の上昇は，労働者の借り入れ需要を増大させ，その消費需要を拡大させるものの，その負債の蓄積が進み，利払い負担が大きくなる。かくして可処分所得が圧縮されることで，需要の停滞が進む。利潤分配率が圧縮されるなか，稼働率の伸びも抑えられることで，利潤率と経済成長率の停滞につながる。言い換えれば，需要レジームが停滞型の性質を有していても，賃金主導型成長レジームの実現条件は厳しくなる。

　ポスト・ケインジアンの分配と成長の理論では，需要レジームや経済成長レジームの形成と実現要因は，主として IS バランスにおいて，所得分配の変化に対する投資と貯蓄の感応性の相違として定式化されてきた。しかしながら，本

章の結果は，成長レジームの決定要因は，純粋に IS バランスにおける所得分配に対する投資と貯蓄の感応度に帰することができないことを示している。この他に，労働者の借り入れといった金融的要因もまた所得分配・成長レジームの決定や実現に関わっている。労働者の借り入れの拡大は経済の金融化が示す1つの特徴（Hein (2012)）とされていることを踏まえると，需要レジームの変化は，経済の金融化とも密接に関わっているともいえる。

本章では，労働者の借り入れによって消費支出と総需要が規定されていく需要形成に注目した。借り入れ主体となりうるのは労働者のみならず，投資を実現する企業もまた重要な借り入れ主体である。そこで，以下の章では，企業による負債資金調達や負債蓄積がマクロ経済パフォーマンスに与える影響を，理論的および実証的に考察していく。

補論：命題の証明と比較静学

命題 3.1 の証明. (3.4) 式，(3.5) 式，(3.6) 式から構成される動学体系の，定常状態の局所的安定性を判別する。これらの方程式の定常状態で評価したヤコビ行列を，J^* とおく。このとき，ヤコビ行列の各要素は次のようになる。

$$j_{11} = \frac{\partial \dot{u}}{\partial u} = -\phi[1 - \delta(1-\pi) - g_1\pi] < 0,$$

$$j_{12} = \frac{\partial \dot{u}}{\partial \lambda_w} = -\phi\delta i^* < 0,$$

$$j_{13} = \frac{\partial \dot{u}}{\partial i} = -\phi\delta\lambda_w^* < 0,$$

$$j_{21} = \frac{\partial \dot{\lambda_w}}{\partial u} = \gamma(1-\pi) - \lambda_w^* g_1\pi > 0,$$

$$j_{22} = \frac{\partial \dot{\lambda_w}}{\partial \lambda_w} = -(\gamma i^* + g_0 + g_1\pi u^*) < 0,$$

$$j_{23} = \frac{\partial \dot{\lambda_w}}{\partial i} = -\gamma\lambda_w^* < 0,$$

$$j_{31} = \frac{\partial \dot{i}}{\partial u} = 0,$$

$$j_{32} = \frac{\partial \dot{i}}{\partial \lambda_w} = \theta(di^B/d\lambda_w) \geq 0,$$

$$j_{33} = \frac{\partial \dot{i}}{\partial i} = -\theta < 0.$$

この体系の定常状態が局所的に安定であるための必要十分条件は，次の特性方程式の全ての根の実数部分が負になることである．

$$F(x) \equiv \begin{vmatrix} x - j_{11} & -j_{12} & -j_{13} \\ -j_{21} & x - j_{22} & -j_{23} \\ -j_{31} & -j_{32} & x - j_{33} \end{vmatrix} \equiv x^3 + a_1 x^2 + a_2 x + a_3. \quad (3.16)$$

ここで，$j_{31} = 0$ である．この特性方程式の係数は，ヤコビ行列 $\boldsymbol{J}^*$ の要素と次の対応関係をもつ．

$$a_1 \equiv -\mathrm{trace}\,\boldsymbol{J}^* = -(j_{11} + j_{22} + j_{33}), \quad (3.17)$$

$$a_2 \equiv \begin{vmatrix} j_{22} & j_{23} \\ j_{32} & j_{33} \end{vmatrix} + \begin{vmatrix} j_{11} & j_{13} \\ 0 & j_{33} \end{vmatrix} + \begin{vmatrix} j_{11} & j_{12} \\ j_{21} & j_{22} \end{vmatrix}, \quad (3.18)$$

$$a_3 \equiv -\det \boldsymbol{J}^* = -(j_{11}j_{22}j_{33} + j_{13}j_{21}j_{32} - j_{23}j_{32}j_{11} - j_{33}j_{21}j_{12}), \quad (3.19)$$

定常状態の局所的安定の必要十分条件は，ルース・ハーヴィッツ条件から次の条件と同値である．

$$a_1 > 0, \ a_2 > 0, \ a_3 > 0, \ a_1 a_2 - a_3 > 0. \quad (3.20)$$

それぞれの係数の符号を検証すれば，まず，

$$a_1 \equiv -\mathrm{trace}\,\boldsymbol{J}^* = -(j_{11} + j_{22} + j_{33}) > 0, \quad (3.21)$$

j_{11}, j_{22}, j_{33} の符号は負であるため，$a_1 > 0$ は満たされる．

続いて，ヤコビ行列 $\boldsymbol{J}^*$ の要素の符号と照らし合わせれば，

$$a_2 \equiv \underbrace{(j_{11}j_{22} + j_{22}j_{33} + j_{33}j_{11})}_{(+)+(+)+(+)} - \underbrace{(j_{12}j_{21} + j_{23}j_{32})}_{(-)+(-)} > 0, \quad (3.22)$$

が導かれる。したがって，$a_2 > 0$ も満たされる。

さらに，$a_3 \equiv -\det \bm{J}^*$ に関して，

$$a_3 \equiv -\det \bm{J}^* = -(\underbrace{j_{11}j_{22}j_{33}}_{(-)} + \underbrace{j_{13}j_{21}j_{32}}_{(-)} - \underbrace{j_{23}j_{32}j_{11}}_{(+)} - \underbrace{j_{33}j_{21}j_{12}}_{(+)}) > 0 \tag{3.23}$$

したがって，$a_3 > 0$ も満たされる。

最後に，$a_1 a_2 - a_3$ は一部を展開した形で次のように表現できる。

$$a_1 a_2 - a_3 \equiv \underbrace{a_1 a_2}_{(+)} + \underbrace{j_{11}j_{22}j_{33}}_{(-)} + \underbrace{j_{13}j_{21}j_{32}}_{(-)} - \underbrace{j_{23}j_{32}j_{11}}_{(+)} - \underbrace{j_{33}j_{21}j_{12}}_{(+)} \tag{3.24}$$

ここで，それぞれの状態変数の自らへのネガティブ・フィードバックの効果が小さい場合を想定しよう。すると，$j_{ii}; i = 1, 2, 3$ の絶対値は小さくなり，$|a_1 a_2|$，$|j_{11}j_{22}j_{33}|$，$|j_{23}j_{32}j_{11}|$，$|j_{33}j_{21}j_{12}|$ の値はゼロに近づく。しかしながら，$j_{13}j_{21}j_{32}$ は，これから独立であり負の符号をもつ項である。この項を解釈すると，j_{13} は金利が産出・資本比率に与える影響，j_{21} は，産出・資本比率が負債比率に与える影響，j_{32} は負債比率の変化が金利に与える影響（リスク逓増の原理の効果）をそれぞれ表す。すなわち，状態変数の自らへのネガティブ・フィードバックの効果が弱い時，これら相互間の影響が強く働くと，$a_1 a_2 - a_3 < 0$ となる可能性が残る。この時には，定常状態は局所的に不安定である。 □

系 3.1 の証明. 貸し手の金利が負債比率の変化に対して大幅な変化を示さないように，規制がかけられる場合を考えよう。モデルにおいてこれは，$\theta(di^B/d\lambda_w) = 0$ によって表現され，このとき，$j_{32} = 0$ になる。ルース・ハーヴィッツ条件において，まず $a_1 > 0$，$a_2 > 0$，$a_3 > 0$ は必ず満たされる。そして，$a_1 a_2 - a_3$ において，$j_{13}j_{21}j_{32}$ の項はゼロになる。したがって，$a_1 a_2 - a_3 > 0$ も必ず満たされる。それゆえ，このような金利規制は，定常状態の局所的安定性をもたらす効果を有する。 □

労働者の借り入れと需要レジームの実現 動学体系を u，λ_w，i そして π で微

分し，定常状態で評価したものは，次のようにまとめられる。

$$\boldsymbol{J}^* \begin{pmatrix} du^* \\ d\lambda_w^* \\ di^* \end{pmatrix} + \begin{pmatrix} \phi u^*(g_1 - \delta) \\ -u^*(\gamma + \lambda_w^* g_1) \\ 0 \end{pmatrix} d\pi = \begin{pmatrix} 0 \\ 0 \\ 0 \end{pmatrix}, \quad (3.25)$$

ここで $\boldsymbol{J}^*$ は，上で与えられたヤコビ行列である。ただし，負債比率から金利にかかるフィードバックがカットされた安定状態をもとに比較静学を行うため，$j_{32} = 0$ とおく。定常状態が局所的に安定であるとき，(3.23) 式から，$\det \boldsymbol{J}^*$ の符号は負であることに注意しよう。クラメールの公式を使って展開すれば，次式を得る。

$$\frac{du^*}{d\pi} = \frac{1}{\det \boldsymbol{J}^*} \cdot \det \begin{pmatrix} \phi u^*(\delta - g_1) & j_{12} & j_{13} \\ u^*(\gamma + \lambda_w^* g_1) & j_{22} & j_{23} \\ 0 & 0 & j_{33} \end{pmatrix}, \quad (3.26)$$

ここで $j_{ij} : i, j = 1, 2, 3$ は，行列 $\boldsymbol{J}^*$ の各要素である。今，$\delta - g_1$ の符号は正であり，このモデルでは停滞型需要レジームのみが形成される。この点に注意して (3.26) 式を展開すると，所得分配と需要レジームの実現に関して，次式が得られる。

$$\frac{du^*}{d\pi} = \underbrace{\frac{u^* j_{33}}{\det \boldsymbol{J}^*}}_{(+)} \cdot (\underbrace{\phi(\delta - g_1) j_{22}}_{(+)(-)} - \underbrace{j_{12}(\gamma + \lambda_w^* g_1)}_{(-)(+)}), \quad (3.27)$$

労働者の借り入れがない場合には，$\delta - g_1$ の符号のみで停滞型需要レジームの実現が決まる。すなわち，必ず $du^*/d\pi < 0$ となる。しかしながら，労働者の借り入れが進む経済においては，負債の需要形成に対する影響によって（括弧内の第2項によって），$du^*/d\pi$ の符号は正に傾く。それゆえ，停滞型需要レジームが形成されていても，それが必ず実現されるとは限らない。逆に，高揚型需要レジームは形成されなくとも，実現される可能性がある。

同じようにして，(3.25) 式から，所得分配の変化が負債比率の変化に対して与える影響は，次式によって表現される。

$$\frac{d\lambda_w^*}{d\pi} = \underbrace{\frac{u^* j_{33}}{\det \boldsymbol{J}^*}}_{(+)} \cdot (\underbrace{(\gamma + \lambda_w^* g_1) j_{11}}_{(+)(-)} - \underbrace{\phi(\delta - g_1) j_{21}}_{(+)(+)}) < 0, \tag{3.28}$$

$d\lambda_w^*/d\pi$ の符号は，必ず負である。したがって，労働者の借り入れが進む経済においては，賃金分配率の上昇によって負債比率は上昇する。

第4章
負債・成長レジームと
ミンスキー型の金融構造

4.1 はじめに

　本章の目的は，長期の経済成長と企業の資金調達および金融構造との動学的な関連を検討することである．本章では負債・成長レジームを，負債主導型と負債荷重型として定式化し，ミンスキー型の金融構造をヘッジ金融，投機的金融，そしてポンジ型金融として定式化する．

　ミンスキー（Minsky (1975, 1982, 1986)）もまた，ポスト・ケインジアンの経済理論の知的源泉である．ミンスキーは資本主義経済における投資の変動を，所得分配のみならず，企業の負債資金調達に注目して説明する．とりわけその「金融不安定性仮説」は有名である．投資は，企業家のキャッシュ・フローへの期待に左右される．ある経済において好況が続き，企業家の期待が楽観的になれば，投資の拡大とともにブームが起こる．しかしながら，その拡大とともに，企業はより外部資金調達に依存していく．その結果，企業の負債比率は次第に上昇し，その金融構造が脆弱化していく．ミンスキーは，金融不安定性を資本主義経済の内在的な欠陥として指摘する．

　負債蓄積を伴ったミンスキアン・モデルやカレツキアン・モデルは，経済成長とミンスキー型の金融構造との関連を明らかにしようと試みてきた．成長理論の枠組みでミンスキーの金融構造の分類を検討した Foley (2003) は，その嚆矢である．この研究では，Taylor and O'connell (1985) の成長モデルを用いて，低い成長と利潤率に陥った場合，企業の金融構造はポンジ金融に近づくことを説明している．次いで，Lima and Meirelles (2007) は Foley (2003) における仮定を緩め，ミンスキー型の金融構造のもとでの負債比率と金利の安定性を検討している．彼らは，成長率に比べて金利が低い場合には，ヘッジ金融のもと，

銀行のカウンター・サイクリカルな金利マークアップ政策を通じて，長期均衡は安定的になることを示した。また，ポンジ金融のもとでは，逆に，いかなる金利政策によっても経済は不安定になることを示している。Charles (2008b) も，ミンスキー型の金融構造を分類するパラメーターを導入し，定常状態の不安定化のメカニズムを説明している。

金融面に注目した経済成長モデルからは，負債主導型や負債荷重型といった経済成長のメカニズムが定式化されてきた。負債・資本比率（負債比率）や金利の上昇が経済成長の拡大をもたらす場合，経済成長は負債主導型と呼ばれる。逆に負債比率や金利の上昇が経済の停滞を招く時，経済成長は負債荷重型と呼ばれる。

負債・成長レジームの形成メカニズムと，ミンスキー型の金融構造の分類に関する研究は，近年のポスト・ケインズ派の経済学の研究の大きな成果である。しかしながら，この2つの研究の間には，依然として明らかにすべき以下のような問題が残されている。

ミンスキー型の金融構造に注目した既存研究は，経済成長との関連に注目しつつも，実際に，両方の負債・成長レジームとの関連を十分に踏まえていない。例えば，Lima and Meirelles (2007) は，金融資本家と生産的資本家の貯蓄率を同一と仮定し，負債・成長レジームのマクロ的動学を分析している。しかしながら，この仮定のもとでは，負債比率の変化は経済成長に対して影響を及ぼさない。したがって，彼らのモデルは，負債主導型，負債荷重型の双方とミンスキー型の金融構造との関連を十分に捉えていない。また，Foley (2003) のモデルは，金利の上昇と資本流入を通じて経済成長が抑制される負債荷重型成長の局面を捉えたものである。さらに，Charles (2008a,b) のモデルでは，負債荷重型のみが持続可能な負債・成長レジームである。このように，これらの研究は，負債・成長レジームの一局面を捉えたものであり，負債・成長レジームの両局面を捉えることができない。

対照的に，Hein (2006, 2007) は負債主導型と負債荷重型の両面を考察するモデルを提示している。負債比率の変化が生じる長期において，負債主導型は常に安定であるものの，負債荷重型は不安定である。しかしながら，これらの結果は実証的観点からいくつかの疑問が残る。もし負債荷重型成長レジームが実

際に不安定である場合，負債比率は永続的な上昇を示すことになる。だが，こういったことは現実の経済において起こり得ない。Hein and Schoder (2011) は米国やドイツにおいて，負債荷重型成長が確立していたことを実証しているが，そこでの負債比率は時間を通じて一定の範囲に収まっている（Hein and Schoder (2011)：表1）。この問題を踏まえて，Sasaki and Fujita (2012) は，負債主導型と負債荷重型成長レジームの双方が安定を示すモデルを提示している。彼らは，Hein (2006, 2007) における企業の内部留保率が1であるという仮定を緩め，両方の負債・成長レジームにおいて，負債比率の長期均衡値が，もっともらしい金利の範囲で正かつ安定することを示した。しかしながら，これらのモデルは負債主導と負債荷重型の双方を説明する一般的なモデルであったとしても，経済成長とミンスキー型の金融構造との関連の検証にまでは至っていない。同様のことは近年，盛んに検討されているストック・フロー・コンシステント・モデルに対してもいえる（Lavoie and Godley (2001); Dos Santos and Zezza (2008); Treeck (2009)）。

以上をまとめると，既存研究においては，負債主導と負債荷重型成長レジームおよびミンスキー型の金融構造との関連についての一般的な検討が十分ではない。ある研究は，負債・成長レジームの成長のメカニズムを明らかにしているものの，ミンスキー型の金融構造と，その関連についての考察を欠いている（Hein (2006, 2007); Sasaki and Fujita (2012)）。他の研究はミンスキー型の金融構造の安定性について検討しているものの，それと負債・成長レジームとの関連を十分に明らかにしていない（Foley (2003); Lima and Meirelles (2007); Charles (2008b)）。したがって，負債主導と負債荷重型成長レジームとミンスキー型の金融構造との関連についてより明確な分析が求められる。

そこで本章では，新たに負債・成長レジームとミンスキー型の金融構造との関連を，ポスト・ケインジアン・モデルを使って明示的に説明する。負債主導型と負債荷重型成長レジームの双方を定式化することで，負債・成長レジームをより一般的に捉える。さらに負債・成長レジームと，ヘッジ金融，投機的金融，そしてポンジ金融といったミンスキー型の金融構造との関連を明らかにする。以上を通じて，経済成長において，企業の金融構造が健全なものかどうかを検証する。

本章の第2節では，モデルの基本的構造を提示し，負債・成長レジームとミンスキー型の金融構造についての分類を行う．第3節では，負債主導型と負債荷重型の経済成長レジームの動学的特質を検証する．その上で，負債・経済成長レジームとミンスキー型の金融構造との関連に注目した分析を行う．第4節では結論を提示する．

4.2 モデル

本章では，以下のノーテーションのもとでモデルを組み立てる．X：産出量（総所得），X^*：潜在産出量，K：資本ストック，E：実効雇用水準，$1-\pi$：賃金分配率，π：利潤分配率，$X^*/K = \nu$：潜在産出量・資本比率（一定と仮定し1とおく），$u = X/K$：産出・資本比率，$r = \pi u$：利潤率，S：総貯蓄，I：投資需要，g：短期の資本蓄積率，g_L：長期の資本蓄積の実現率（長期の経済成長率），w：名目賃金，p：物価水準，R：利潤，i：名目金利，λ：負債比率，t：時間．

閉鎖経済を想定し，政府支出も捨象する．労働者，企業，銀行（中央銀行を含む），そして金利生活者の4つの経済主体の活動を考える．企業は資本と労働を雇用し，固定係数型の生産技術を使って1つの万能財を生産する．生産における技術変化もない．金利生活者は銀行を通じて企業に資金を提供する．彼らは企業によって発行される株式と負債を購入し，それに応じた利子と配当を収入として得る．銀行の活動はモデルにおいて明示的に定式化しないため，この存在は暗黙的なものとして仮定する．

労働者は労働を提供し，その対価として賃金を得る．賃金総額は wE であり，企業は利潤 R を受け取る．このとき，所得分配は以下のように与えられる．

$$pX = wE + R, \qquad (4.1)$$

ここで pX は名目総所得を示す．カレツキアンのマークアップ価格設定，$p = (1+z)wE/X$ において，z は一定のマークアップ率を表す．時間を通じて価格の変化はないものと仮定すれば，賃金分配率と利潤分配率は一定の割合で，それぞれ $1-\pi = 1/(1+z)$ と $\pi = z/(1+z)$ として表される．

(4.1) 式から利潤分配率と稼働率そして利潤率との関係は，次のように表現される。

$$r = \pi u, \qquad (4.2)$$

ここで利潤率は，利潤を資本ストックで割ったものとして定義される。

企業は一定の金利 i のもとで借り入れを行い，その資金は銀行を介して金利生活者から供給される。企業は，毎期，金利生活者に対して配当の支払いと負債に対する利払いを行う。配当の割合を $(1-s_f)$ とし，企業の内部留保率を s_f とすれば，企業の利払い後の利潤は $R-iD$ であり，金利生活者の金融的収入は $(1-s_f)(R-iD)+iD$ である。

Lima and Meirelles (2007) や Foley (2003) は，経済活動水準や経済成長率に応じて金利が内生的に変化するモデルを展開している。本章では対照的に，ホリゾンタリスト・レジーム（Moore (2001)；Rochon (2001)）のもとでの金融政策によって，金利はベースレートを通じて外生的にコントロールされるものと仮定する。このレジームでは，金利は資本蓄積過程に対して外生的であり，他方で信用量や貨幣量は経済活動に応じて内生的に決定される。ホリゾンタリスト・レジームのモデルを用いることにより，企業の金融構造の健全性にとって適切な金利政策が必要になることを明確に理解することができる。

3つの経済主体は異なった貯蓄性向をもつものと仮定する。企業は利払い後の利潤の s_f の割合を内部留保に回し，金利生活者はその所得の一定割合 s_c を貯蓄に回す。他方で労働者は賃金所得を全て支出するものとしよう。マクロ経済レベルでの貯蓄は S とすれば，資本ストックで正規化した貯蓄は次のように与えられる。

$$S/K = s_c[(1-s_f)(r-i\lambda)+i\lambda] + s_f(r-i\lambda). \qquad (4.3)$$

他方で，企業の投資 I は，次の所望の投資関数によって与えられるものとする。

$$I/K = \alpha + \beta r - \gamma i\lambda, \qquad (4.4)$$

ここで α, β, γ は正のパラメーターであり，g は短期の資本蓄積率を表し，既存

の物的資本ストックに対する比率として与えられている。α はアニマル・スピリッツによって影響を受ける投資モチベーションとして解釈し，β は利潤率の上昇も投資にプラスの影響を与えることを示している。他方で $i\lambda$ は，利払いの上昇が投資に対して負荷となることを表している。本章のモデルでは，利払いの変化が資本蓄積にネガティブな影響を与えるのに対して，Lima and Meirelles (2007) のモデルでは金利の変化が資本蓄積にネガティブな影響を与えるという違いが存在する[1]。

4.2.1 短期モデル

短期を，負債・資本比率が一定にとどまる期間として想定する。貯蓄と投資の不均衡は稼働率を通じて調整される。稼働率の短期均衡値は (4.3) 式と (4.4) 式から，次のように求まる。

$$u = \frac{\alpha + \{s_f(1-s_c) - \gamma\}i\lambda}{\pi(\delta - \beta)}, \tag{4.5}$$

ここで $\delta = s_f(1-s_c) + s_c$ である。稼働率の定常状態は，(4.5) 式の分母が正である限り安定である。今 $\pi \in (0,1)$ であるため，短期均衡の安定のための必要十分条件は，$\delta - \beta > 0$ である。このケインジアン安定条件が満たされるものとして議論を進める。また，(4.5) 式の分子の値も正と仮定し，正の均衡稼働率が得られる場合を考察対象とする。

短期の均衡稼働率のもとで実現する利潤率と資本蓄積率は，次のように求められる。

---

[1] 実証分析によると利払いと利潤率はそれぞれ資本蓄積率に対して異なったインパクトをもつ。とりわけ米国においては，これらの係数は異なり，それぞれが有意である（Ndikumana (1999); Hein and Schoder (2011))。また理論的拡張の可能性として，$\beta = \gamma = s_f$ とすれば，投資関数は内部資金の利用可能性を特殊ケースに取り込むことができる。この修正をした場合，企業の内部留保率のもう一方の側面は配当性向率に当たるので，配当支出の投資に対するネガティブなインパクトを分析することができる。Treeck (2008) は米国において，配当支出の投資に対するインパクトは大きくかつネガティブであったことを示している。本章では (4.7) 式が示すように，この修正を行うと，負債荷重型成長レジームのみが形成されることになる。これは，負債荷重型のみならず負債主導型成長レジームにおける成長と企業の金融構造との関連を明らかにする目的と反する。こうした実証的および理論的理由からも，本章では (4.4) 式で与えられる投資関数のタイプを用いる。

$$r = \frac{\alpha + \{s_f(1-s_c) - \gamma\}i\lambda}{(\delta - \beta)}, \qquad (4.6)$$

$$g = A + Bi\lambda, \qquad (4.7)$$

ここで $A = \dfrac{\alpha\delta}{\delta - \beta}$ かつ $B = \dfrac{s_f(1-s_c)(\beta - \gamma) - \gamma s_c}{(\delta - \beta)}$ である。

所得分配率と，短期における均衡稼働率，利潤率そして資本蓄積率との関係を考察しておこう[2]。本章のモデルでは，利潤分配率の上昇は稼働率の低下をもたらす。これは，利潤分配率の上昇によって労働者よりも低い消費性向をもつ企業に対して所得が再分配されるため，消費需要が低下し，これによって稼働率が低下することになるためである。こうしたケースは，ポスト・ケインジアンの研究において停滞型レジームと呼ばれている。しかしながら，所得分配率の変化は，利潤率や資本蓄積率に対していかなる影響も与えない。これは所得分配率の上昇は，ちょうど同じ分だけの稼働率の低下をもたらすためである。

他方で，負債比率の変化が短期の稼働率や資本蓄積率に対して与える影響は，両義的である。

$$\frac{\partial u}{\partial \lambda} = \left[\frac{s_f(1-s_c) - \gamma}{\pi(\delta - \beta)}\right]i, \qquad (4.8)$$

$$\frac{\partial g}{\partial \lambda} = Bi = \left[\frac{s_f(1-s_c)(\beta - \gamma) - \gamma s_c}{\delta - \beta}\right]i. \qquad (4.9)$$

このように負債比率の変化は，有効需要水準に影響を与える。もし，利払いに対する投資の反応係数 γ が企業の内部留保率と金利生活者の消費性向との積 $s_f(1-s_c)$ よりも大きいならば，負債比率の上昇は稼働率を低下させる。逆のケースにおいては，負債比率の上昇は稼働率を上昇させる。

短期の負債・成長レジームは，投資に対する利潤率と利払いの効果そして貯蓄パラメーターの状態に依存する。もし $s_f(1-s_c)(\beta - \gamma) - \gamma s_c > 0$ ならば，短期の負債・成長レジームは負債主導型成長レジームである。この場合，負債比率の上昇は資本蓄積率を引き上げる。逆に，$s_f(1-s_c)(\beta - \gamma) - \gamma s_c < 0$ ならば，短期の負債・成長レジームは負債荷重型成長レジームである。この場合，

---

[2] これらの結果は Lima and Meirelles (2007) で示された結果とほとんど同様のものである。

負債比率の上昇は資本蓄積率を引き下げる。

4.2.2 長期モデル

短期においては，稼働率の変化を通じて財市場の不均衡が解消される。その結果，短期の資本蓄積率は $g = A + Bi\lambda$ となる。長期においては，短期において決まった稼働率と利潤率をもとに，資本ストック K と負債ストック D の変化が生じるものとする。これら双方の変化によって，長期の資本蓄積率と負債比率もまた変化することになる。本章では両期間を，変数の調整メカニズムの相違として明確に区分する。

長期の資本蓄積率 g_L の変化と負債比率 λ の変化を考察しよう。Foley (2003) に倣い，長期の資本蓄積率は，短期の資本蓄積率を決定する負債比率の変化に影響される形で導かれるものと仮定する[3]。これは (4.7) 式を時間について微分することで導かれる。

$$\dot{g_L} = Bi\dot{\lambda}. \tag{4.10}$$

企業の毎期の新しい借り入れ $\dot{D} = dD/dt$ は，以下で説明するように，長期の資本蓄積率と企業の利払い後の利潤との差に等しいものとする。すなわち，$\dot{D} = g_L K - (rK - iD)$ である。ここで，$\lambda = D/K$ なので次式を得る。

$$\dot{\lambda} = g_L - r + i\lambda - g_L\lambda. \tag{4.11}$$

(4.10) 式と (4.11) 式は，この経済の長期のダイナミクスを構成する。この2つの式は，ヤコビ行列の固有値の1つがゼロとなる，いわゆる「ゼロ・ルート・システム」である。2次元のモデルでは，もう一方の固有値はヤコビ行列のトレースに当たる[4]。長期の定常状態は $\dot{g_L} = \dot{\lambda} = 0$ によって定義される。このと

---

[3] Foley (2003) では，短期の資本蓄積率は，所与の金利と確信の状態によって決定される。長期の資本蓄積率は，短期の資本蓄積率から導かれるダイナミクスに影響を受けながら，最終的に外生的な資本蓄積率によって決定される。

[4] Giavazzi and Wyplosz (1985) はゼロ・ルート・システムの解法について説明している。ポスト・ケインジアンの研究においてこのシステムを使った動学分析としては，Bhaduri (2007)，Dutt (2006a)，Lavoie (2010) が挙げられる。これらは全て分配と成長を考察したものであり，金融面の分析は明示的に扱っていない。

き，次式を得る．

$$g_L^* = \frac{r - i\lambda}{1 - \lambda}. \tag{4.12}$$

利潤率 r は，短期において決定された (4.6) 式によって与えられるものとしよう．すると，長期の定常状態は次のように書き換えられる．

$$g_L^* = \frac{1}{(1-\lambda)(\delta-\beta)}\left[\alpha - (s_c + \gamma - \beta)i\lambda\right], \tag{4.13}$$

経済学的に意味のある解を得るために，$s_c + \gamma - \beta > 0$ を仮定する．この式を使って，この経済の定常状態を表す曲線を (λ, g_L) 平面に記述することができる．そこで (4.13) 式を λ について微分すると，定常状態を表す曲線の特徴を把握できる．

$$\frac{\partial g_L^*}{\partial \lambda} = \frac{1}{(1-\lambda)^2(\delta-\beta)}\left[\alpha - (s_c + \gamma - \beta)i\right], \tag{4.14}$$

(4.13) 式が表す曲線上の全ての点が，長期の定常状態である．

次に，移行動学を規定する条件を考察しよう．(4.10) 式から $\dot{g_L} = Bi\dot{\lambda}$ である．したがって移行動学における成長率と負債比率との関係は，この式を時間について積分することで求められる．

$$g_L(t) = Bi\lambda(t) + g_L(0) - Bi\lambda(0), \tag{4.15}$$

B の符号は負債・成長レジームのタイプを決定する．このシステムにおいて，長期の定常状態は (4.15) 式の g_L と λ の初期値に依存している．それゆえ，経済成長率の長期の定常状態は経路依存性をもつ．後でみるように，企業の金融構造もまた経路依存性をもつ．

ダイナミック・システムを構成する (4.10) 式と (4.11) 式の定常状態は，ヤコビ行列についてのルーティーン的計算を行えばよい．ここでは，定常状態の大域的な安定性に注目し，その安定性を検討するために次のスカラー関数を設定する．

$$V(t) = \frac{1}{2}(g_L - g_L^*)^2. \tag{4.16}$$

このスカラー関数は，リヤプノフの第2の方法を使うための条件を満たしている[5]。よって，定義域における大域的安定性はこの方法によって検証される。

(4.13)式と(4.15)式を(4.16)式に代入し，(4.16)式を時間に関して微分すると，次式を得る。

$$\dot{V}(t) = \left(\frac{1}{1-\lambda}\right)(g_L - r + i\lambda - g_L\lambda)^2 \left[Bi - \frac{\alpha - (s_c + \gamma - \beta)i}{(1-\lambda)^2(\delta - \beta)}\right]. \quad (4.17)$$

それゆえ $\lambda \in (0,1)$ に対して，大域的安定性は $Bi - \frac{\alpha - (s_c + \gamma - \beta)i}{(1-\lambda)^2(\delta - \beta)} < 0$ が成り立つ場合に保証される。この第1項 B は負債荷重型あるいは負債主導型のどちらかを決めるパラメーターであり，第2項は長期定常状態の曲線の傾きを示す (4.14) 式に対応する。言い換えると，負債・成長レジームのタイプと長期定常状態を表す曲線の傾きの組み合わせに応じて，定常状態の大域的安定性は異なってくる。$\alpha - (s_c + \gamma - \beta)i$ については，ミンスキー型の金融構造の類型に応じて正または負になることを後に示す。ここまでの議論から，次の命題を得ることができる。

命題 4.1. Bi の値が $\frac{\alpha - (s_c + \gamma - \beta)i}{(1-\lambda)^2(\delta - \beta)}$ の値よりも小さい場合には，定常状態の大域的安定性が保証される。

本節では，負債・成長レジームの長期の定常状態が経路依存性をもつことを示した。また定常状態の大域的安定性条件も提示した。次節では，長期定常状態はミンスキー型の金融構造によっても影響を受け，このこともまた定常状態の大域的安定性に関連があることを示す。

4.2.3 ミンスキー型の金融構造

Foley (2003) や Lima and Meirelles (2007) は，ミンスキーが金融不安定性について述べたことを数学的なモデルによって定式化した。彼らは，ヘッジ金融，投機的金融，そしてポンジ金融という3つのタイプを分類し，それぞれの状態

---

[5] この関数は Gandolfo (1997) の定理 23.1 を満たす。実際，$\lambda \in (0,1)$ に対して，$g_L - g_L^*$ は連続かつ微分可能，加えて $V(t)$ は正定値である。

の動学的な安定性を検討している。

これらの研究に倣い，キャッシュ・フロー恒等式を設定する。ここでは，簡単化のために配当への支払いはこの式に含めないことにする。この恒等式では，企業の利潤 R と新規借り入れ $\dot{D}$ は，投資の実行 $g_L K$ と利払い iD の合計に等しい。したがって，$R + \dot{D} = g_L K + iD$ となり，ここから負債の変化分は次のように表現できる。

$$\dot{D} = g_L K - R + iD, \tag{4.18}$$

この関係式をもとに，ミンスキー型の金融構造を次のように定義する。

ヘッジ金融構造 ヘッジ金融の状態にある企業は，短期の経済活動を通じて得られた利潤によって，長期的な契約上の支払い債務の返済を行うことができる。新規の借り入れと利払いを契約上の支払い債務と考えれば，ヘッジ金融の状態は次式によって表現することができる。

$$R \geq \dot{D} + iD. \tag{4.19}$$

資本ストックで正規化した時の条件について検討しよう。(4.19)式の両辺を正の K によって割ると次式を得る。

$$R/K \geq \dot{D}/K + iD/K, \tag{4.20}$$

(4.6)式と(4.18)式を使い，次式を詳しく検討しよう。

$$\begin{aligned} R/K - (\dot{D}/K + iD/K) &= r - (g_L - r + i\lambda + i\lambda) \\ &= \frac{(\alpha - (s_c + \gamma - \beta)i\lambda)}{(\delta - \beta)(1 - \lambda)}(1 - 2\lambda). \end{aligned} \tag{4.21}$$

$\alpha - (s_c + \gamma - \beta)i\lambda > 0$ に対して $0 < \lambda \leq 1/2$ であれば，企業の金融構造はヘッジ金融にあり，$\lambda > 1/2$ であればヘッジ金融ではない。この結果はヘッジ金融を維持するためには，企業の負債比率は50パーセント以下でなければな

らないことを示唆している[6]。

投機的金融構造　ミンスキーの特徴づけによると，投機的金融の状態にある企業は，例えその利潤をもって負債の元本を返済することはできないにしても，その利払い分は満たすことができる。本章では投機的金融を，企業の利潤は利払いをカバーすることはできるが，負債比率は50パーセントを超える状態として定式化する。すなわち投機的金融の状態では，$R/K < \dot{D}/K + iD/K$ かつ次の条件が満たされる。

$$R \geq iD. \tag{4.22}$$

(4.22) 式の両辺を正の K で割ると，投機的金融の条件を得ることができる。

$$R/K \geq iD/K, \tag{4.23}$$

この式を変形させ，(4.6) 式を使うと，投機的金融の境界線を得ることができる。

$$\begin{aligned} R/K - iD/K &= r - i\lambda \\ &= \frac{1}{(\delta - \beta)(1 - \lambda)}(\alpha - (s_c + \gamma - \beta)i\lambda), \end{aligned} \tag{4.24}$$

---

[6] ミンスキアンの研究はミンスキー型の金融構造類型において，異なった数学的定式化を行っている（Foley (2003)；Lima and Meirelles (2007)；Charles (2008b)）。ここでのヘッジ金融の定式化は，Foley (2003) や Lima and Meirelles (2007) とは異なる。これらのモデルにおいてヘッジ金融構造をもつ企業は新規の借り入れを行わないにも関わらず（つまり $\dot{D} < 0$），投資に対する利払いのネガティブな影響は残ったままである。対照的に，本章のモデルではヘッジ金融にある企業であっても新規借り入れを行う可能性を残す。こうした修正は，投資に対する利払いのネガティブな影響を導入したモデルにおいては説得的であろう。このことは，実証研究からも正当化される。もっとも，モデルの基準をもとにヘッジ金融と投機的金融の明確な境界線を現実面において特定化することは，金融構造が経済的な条件によって左右されるために，容易ではない。しかし，(4.21) 式から，企業の負債比率が半分以下であれば，その金融構造はヘッジ金融とみることができる。このマクロ経済的な事実は，とりわけ米国において観察されている。Hein and Schoder (2011) によると，マクロ経済レベルでの米国の負債比率は 1960 年から 2007 年にかけて 50 パーセントを切っている。また Orhangazi (2008b) は，負債比率は 1980 年代から米国において上昇していることを示している。さらに，Hein and Schoder (2011)，Orhangazi (2008b) そして Treeck (2008) の研究によると，米国において利払いは資本蓄積にネガティブな影響を与えている。これらの事実は，ヘッジ金融の状態にある企業でも借り入れを行い，その投資活動は利払いによってネガティブな影響を受けていることを示している。

したがって，$\lambda > 1/2$ に対して，$\alpha - (s_c + \gamma - \beta)i\lambda \geq 0$ が満たされるならば，企業の金融構造は投機的金融にある．

ポンジ金融構造　ミンスキーのオリジナルの議論においては，ポンジ金融にある企業はその利潤をもって負債の元本のみならず，利払いも不可能な状態にある．言い換えると，ポンジ金融にある企業は，その利払いの一部を返済するために長期的な借り入れを行っている．すなわち，企業の利潤は，利払いをカバーすることができない．ポンジ金融構造についての定式化は次のようになる．

$$R < iD. \tag{4.25}$$

(4.24) 式を参照するとポンジ金融構造の境界は，次の式によって判別される．

$$\begin{aligned}R/K - iD/K &= r - i\lambda \\ &= \frac{1}{(\delta - \beta)(1 - \lambda)}(\alpha - (s_c + \gamma - \beta)i\lambda),\end{aligned} \tag{4.26}$$

したがって，$\lambda > 1/2$ に対して $\alpha - (s_c + \gamma - \beta)i\lambda < 0$ が満たされる時，企業の金融構造はポンジ金融となる．

このように，企業の金融構造を，負債比率と金利の状態に応じて分類することができる．もし $0 < \lambda \leq 1/2$ ならば，企業の金融構造はヘッジ金融である．もし $1/2 < \lambda \leq \alpha/(s_c + \gamma - \beta)i$ ならば，それは投機的金融である．もし $1/2 < \alpha/(s_c + \gamma - \beta)i < \lambda$ ならば，それはポンジ金融である．

4.2.4　成長の軌道と金融構造

本章のモデルは，ミンスキー型の金融構造の内生的な転換を説明することができる．$\dfrac{\alpha}{(s_c + \gamma - \beta)i}$ は，投機的金融とポンジ金融との境界線を示す負債比率に当たり，これを λ_{SP} と表記する．さらに，λ_{SP} と 1 との大小関係が，ミンスキー型の金融構造の内生的な転換と経済成長において重要な役割を果たす[7]．

正かつ一定の α を所与として，長期の定常状態を表す曲線，ミンスキー型の

---

[7] この大小関係は 2 つの理由から重要である．第 1 に，この関係は金融構造の類型の存在に関わる．図 4.2 で示すように，λ_{SP} の値が 1 を超えると，経済はヘッジ金融あるいは投機的金融の

金融構造の類型，そして経済成長との関係を図 4.1 に示すことができる。この図において，関数 $R_j(\lambda) = \alpha - (s_c + \gamma - \beta)i\lambda$ を定義しよう。これは定常状態を表す (4.13) 式と金融構造に関する (4.21) 式，(4.24) 式，(4.25) 式に関係する。この関数を使うと，成長の軌道と金融構造の変化を統一的に考察することができる。定常状態 $g_L = \dot{\lambda} = 0$ を表す曲線の傾きは $\lambda = 1$ において $R_j(\lambda)$ の符号を判別することで求まる。もし $R_j(1) > 0$ ならば傾きは右上がりで，$R_j(1) < 0$ ならばそれは右下がりである。

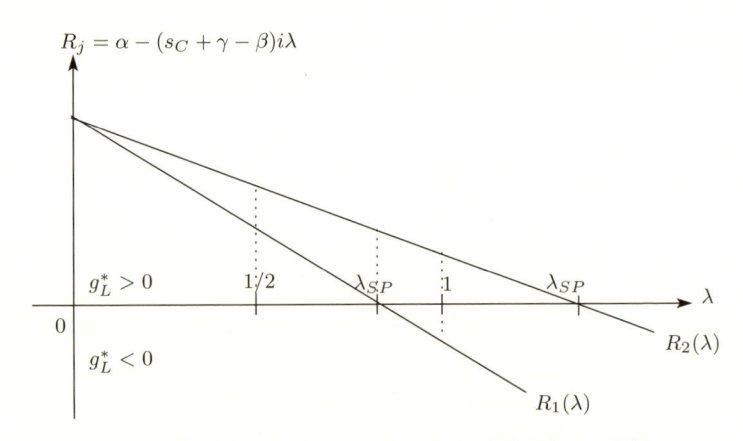

図 4.1 定常状態を表す曲線の傾きと経済成長率との関係

注：$R_j(\lambda) : i = 1, 2$ は $\alpha - (s_c + \gamma - \beta)i\lambda$ をもとに定義されている。また $\lambda_{SP} = \alpha/(s_c + \gamma - \beta)i$ である。

関数 $R_j(\lambda)$ を使って，2 つのケースを分類しよう。第 1 のケースは非ポンジ・レジームである。もし $\lambda_{SP} > 1$ ならば，$\alpha - (s_c + \gamma - \beta)i > 0$ であり，(4.14) 式から定常状態を表す曲線の傾きは常に正である。このケースは図 4.1 において $R_2(\lambda)$ に対応し，$\lambda_{SP} > 1$ であるためにポンジ金融は発生しない。企業の金融構造は $0 < \lambda \leq 1/2$ に対してヘッジ金融，$1/2 < \lambda < 1$ に対して投機的金融

み有することになる。逆に λ_{SP} の値が 1 より小さい時には，負債の長期均衡値に応じて，経済はヘッジ金融あるいは投機的金融のみならず，ポンジ金融も有することになる。第 2 に，この関係は長期の経済成長率を規定する。図 4.1 で説明するように，λ_{SP} の値が 1 を超える場合，経済成長率は正になるが，λ_{SP} の値が 1 より小さい場合には，経済成長率は負にもなりうる。

となる。このケースでは企業のポンジ金融は生じず，長期の経済成長率は常に正である。

第2のケースはポンジ・レジームである。もし $\lambda_{SP} < 1$ ならば，$\alpha - (s_c + \gamma - \beta)i < 0$ であり，(4.14) 式から定常状態を表す曲線の傾きは，常に負である。このケースは図4.1において $R_1(\lambda)$ に対応し，3つのミンスキー型の金融構造の類型が生じる。$0 < \lambda \leq 1/2$ に対しては企業の金融構造はヘッジ金融である。$1/2 < \lambda \leq \lambda_{SP}$ に対してそれは投機的金融である。これら2つの金融構造に対して，(4.13) 式から定常状態における経済成長率は正である。しかしながら，$\lambda_{SP} < \lambda$ に対しては，金融構造はポンジ金融となり，定常状態での経済成長率は負になる。このケースは企業のポンジ金融を伴い，経済成長率は金融構造に応じて正または負になる。

興味深いことに，金融構造のタイプは長期の定常状態における経済成長率に影響している。非ポンジ・レジームのもとでは，ヘッジ金融と投機的金融の条件

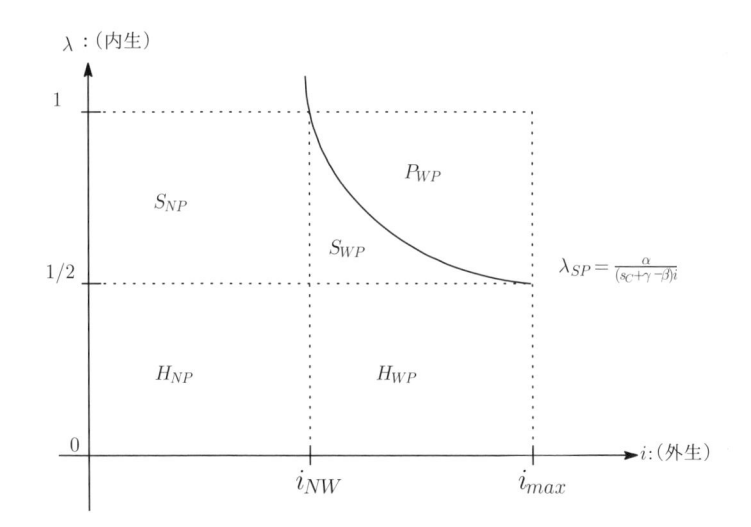

図 4.2 ミンスキー型の金融構造の諸条件

注：H はヘッジ金融の領域を指し，S は投機的金融の領域を指し，P はポンジ金融の領域を指す。下付き文字の NP は非ポンジ・レジームを表し，WP はポンジ・レジームを指す。

は，常に $\alpha - (s_c + \gamma - \beta)i\lambda > 0$ を満たし，長期の経済成長率は (4.13) 式から常に正である。他方で，ポンジ・レジームのもとでは，$\alpha - (s_c + \gamma - \beta)i\lambda < 0$ の可能性を有し，長期の経済成長率は (4.13) 式から負にもなりうる。この意味で，長期の経済成長率は，金融構造から独立したものではない。また次節で説明するように，逆に長期の金融構造も経済成長率から独立したものではない。

金融構造の転換は，図 4.2 が示すように金利と負債比率からも説明することができる。ここで金融構造の境界を表す金利を $i_{NW} = \dfrac{\alpha}{(s_c + \gamma - \beta)}$ と $i_{\max} = \dfrac{2\alpha}{(s_c + \gamma - \beta)}$ と表記しよう。もし実際の金利が i_{NW} より低ければ，負債比率の状態に関わらず企業はポンジ金融に陥ることはない。この場合，$\lambda \in (0,1)$ に対して，実際の λ は，ポンジ金融への突入領域を示す λ_{SP} よりも常に小さい。ある金利のもとで金融構造は，負債に応じてヘッジ金融と投機的金融との間のみで変化する。

他方で，実際の金利が i_{NW} と $i_{\max}$ との間にある場合，経済はポンジ金融を含む状態に陥る。このとき，$\lambda \leq 1/2$ に対して，金融構造は常にヘッジ金融である。もし $1/2 < \lambda \leq \lambda_{SP}$ ならば，金融構造は投機的金融であるが，$1/2 < \lambda_{SP} < \lambda$ の場合にはポンジ金融に陥る。

このように，金利が比較的低い時には，負債比率の上昇は，投機的金融のみへの転換をもたらす。しかしながら，金利が比較的高く設定された場合，つまり $i \in (i_{NW}, i_{\max})$ のとき，負債比率の変化とともに，金融構造はヘッジ，投機的金融，ポンジ金融の間で転換する。

以上を踏まえて次節では，ミンスキー型のそれぞれの金融構造と負債主導型成長レジーム，負債荷重型成長レジームの動学的特質について検討しよう。

4.3 負債・成長レジームと金融構造の内生的な転換

4.3.1 負債・成長レジームのダイナミクス：非ポンジ・レジーム

非ポンジ・ケースの形成条件は，$\lambda_{SP} > 1$，あるいは金利からみた場合には，$\dfrac{\alpha}{(s_c + \gamma - \beta)} > i$ である。この場合，(4.14) 式から $g_L = \dot{\lambda} = 0$ を表す曲線の

傾きは常に正である。これらの条件のもとで，負債・成長レジームは $B>0$ の場合に負債主導型となり，$B<0$ の場合には負債荷重型となる。それぞれの場合における定常状態の大域的安定性について考察しよう。

まず，次の命題を証明することができる。

命題 4.2. 負債主導型成長の長期定常状態は，条件付きで大域的安定となる。

証明． 負債主導型成長レジームのもとでは Bi の符号は正であり，他方で $\dot{g}_L = \dot{\lambda} = 0$ を表す曲線の傾きも常に正である。したがって，Bi の絶対値が $\dot{g}_L = \dot{\lambda} = 0$ を表す曲線の傾きの絶対値よりも小さいときに限ってのみ，定常状態の大域的安定が保証される。 □

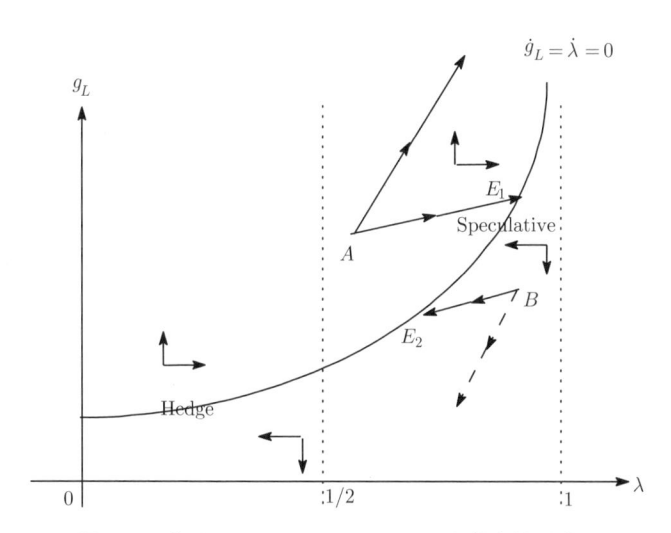

図 4.3 非ポンジ・レジームにおける負債主導型成長

注：ヘッジ金融は $\lambda \in (0, 1/2]$ において定義された定常状態を表す曲線上に当たる。他方で，投機的金融は $\lambda \in (1/2, 1)$ において定義された定常状態を表す曲線上に当たる。実線は定常状態に向かう安定的な経路を表し，破線は不安定な経路を表す。

図 4.3 は，非ポンジ・レジームにおける負債主導型成長のダイナミクスを示している。まず，大域的安定が保証される場合を想定しよう。図 4.3 の矢印が

示すように，初期状態Aから経済が出発する時に，移行動学は(4.15)式に沿った実線をたどる。大域的安定が保証される場合，移行動学がたどる経路は，それと $g_L = \dot{\lambda} = 0$ を表す曲線の交点 E_1 に到達する可能性がある。逆に，初期状態Bから経済が出発する時，大域的安定が保証される場合には，移行動学がたどる経路と，$g_L = \dot{\lambda} = 0$ を表す曲線の交点 E_2 に到達する可能性がある。このように，長期定常状態は，初期条件に応じて異なってくる。したがってダイナミクスは経路依存性を有している。

しかしながら，命題4.2が述べるように，収束は必ずしも保証されるわけではない。もし移行動学を表す経路の傾きが，$g_L = \dot{\lambda} = 0$ を表す曲線の傾きよりも大きい場合には，経済成長率と負債比率がともに縮小していく状態に陥る。例えば，経済がB点から出発し，かつ Bi の絶対値が大きい場合には，破線が示す不安定な経路にのる。この経路は $g_L = \dot{\lambda} = 0$ を表す曲線との交点をもたない。したがって，経済成長率と負債比率の双方は累積的に低下していく。

Bi の絶対値が大きい場合でも，定常状態への収束は起こりうる。これは $g_L = \dot{\lambda} = 0$ を表す曲線の傾きが負債比率の上昇に伴って大きくなるためである。A点から出発するもう1つの実線が示すように，経済成長率と負債比率が上昇するにつれて，移行動学の経路は $g_L = \dot{\lambda} = 0$ を表す曲線と交わる。これは次のように証明できる。今，$g_L = \dot{\lambda} = 0$ を表す曲線の式(4.14)において，$\lim_{\lambda \to 1} \partial g_L / \partial \lambda = \infty$ を得る。他方で Bi の値は $\lambda = 1$ の近傍でも常に有限かつ一定である。したがって(4.17)式において $V(t) < 0$ が得られ，安定条件が満たされる。このような負債主導型の経済成長が，高い負債比率に依存する場合は，ヘッジ金融への回復は極めて困難である。

続いて，非ポンジ・レジームにおける負債荷重型経済成長レジームの大域的安定について考察しよう。

命題 4.3. 非ポンジ・レジームにおける負債荷重型経済成長レジームの長期定常状態は，大域的に安定である。

証明． 負債荷重型成長レジームにおいて，Bi の符号は負である。他方で今，$g_L = \dot{\lambda} = 0$ を表す曲線の傾きは正である。したがって，(4.17)式において $V(t) < 0$ が成り立つ。 □

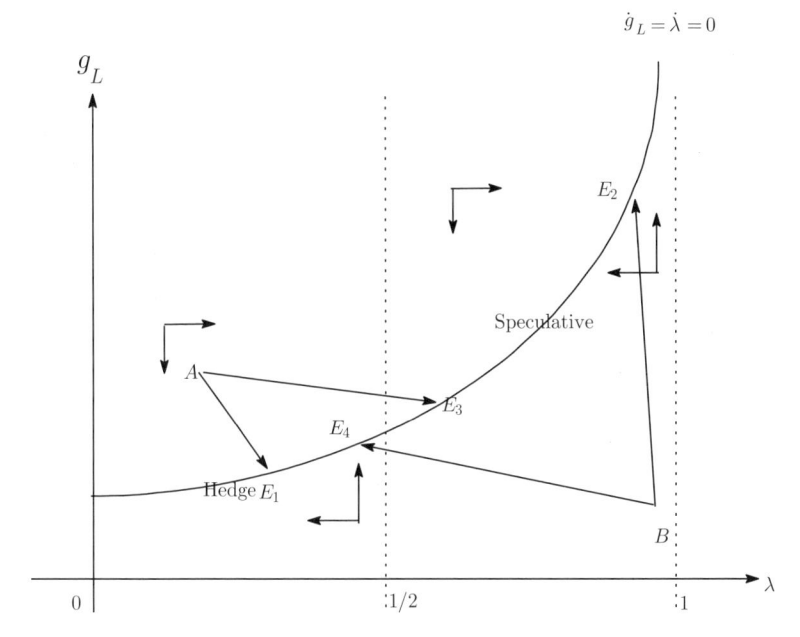

図 4.4　非ポンジ・レジームにおける負債荷重型成長

注：ヘッジ金融は $\lambda \in (0, 1/2]$ において定義された定常状態を表す曲線上に当たる。他方で、投機的金融は $\lambda \in (1/2, 1)$ において定義された定常状態を表す曲線上に当たる。実線は定常状態に向かう安定的な経路を表す。

非ポンジ・レジームにおける負債荷重型経済成長レジームに関して、いくつかの可能なケースが図 4.4 の位相図に示されている。移行動学の方向は長期の経済成長率と負債比率の初期値に依存し、そのスピードは負債比率が経済成長率に与えるインパクトに依存する。ここで 4 つのケースを考察しよう。第 1 に、初期状態がヘッジ金融の近傍に位置する場合であり、このとき、負債が経済成長に対して与える荷重効果が強ければ（すなわち Bi の絶対値が大きい場合）、経済はヘッジ金融の領域にとどまる。このケースは点 A から点 E_1 への経路として描写されている。第 2 は、初期条件はヘッジ金融の近傍にあるものの、負債が経済成長に対して与える荷重効果が弱いために（すなわち Bi の絶対値が小さい場合）、投機的金融の状態に突入する場合である。このケースは点 A か

ら点 E_3 への経路として描写され，金融構造はヘッジ金融の近傍から投機的金融の状態へと内生的に変化する．

初期状態において負債比率は高く経済成長率は低い場合を想定しよう．このとき，第3に，負債が経済成長に対して与える荷重効果が強いために，投機的金融が生じる場合が挙げられる．このケースは点Bから点 E_2 への経路として描写されている．第4は，第3のケースと同じ初期状態からの出発であっても，負債が経済成長に対して与える荷重効果が弱いために，ヘッジ金融へと近づいていく場合である．このケースは点Bから点 E_4 への経路として描写されている．この移行動学は，投機的金融に近い状態からヘッジ金融へと内生的な転換を伴っている．

4.3.2 負債・成長レジームのダイナミクス：ポンジ・レジーム

既に明らかにしたように，金利が高く設定される場合，企業の金融構造はヘッジ金融からポンジ金融への内生的な変化を引き起こす可能性がある．$\lambda_{SP} < 1$，あるいは金利が $\frac{\alpha}{(s_c + \gamma - \beta)} < i$ に設定される場合，経済においてポンジ金融にある企業が存在する．このとき，(4.14) 式から $\dot{g_L} = \dot{\lambda} = 0$ を表す曲線の傾きは常に負である．また，負債主導型 ($B > 0$) と負債荷重型 ($B < 0$) の双方の負債・成長レジームが形成される．

前節と同様に，それぞれの成長レジームにおける定常状態の大域的安定性について考察しよう．図4.5は，ポンジ・レジームにおける負債主導型成長の位相図を示したものである．このレジームにおける安定性について次の命題を得ることができる．

命題 4.4. ポンジ・レジームにおける負債主導型成長の長期定常状態は，大域的に不安定である．

証明． 負債主導型成長において，Bi の符号は正である．他方で $\dot{g_L} = \dot{\lambda} = 0$ を表す曲線の傾きは常に負である．したがって，Bi の値は常に $\dot{g_L} = \dot{\lambda} = 0$ を表す曲線の傾きの値よりも大きい．それゆえ，この経済の長期定常状態は大域的に不安定である． □

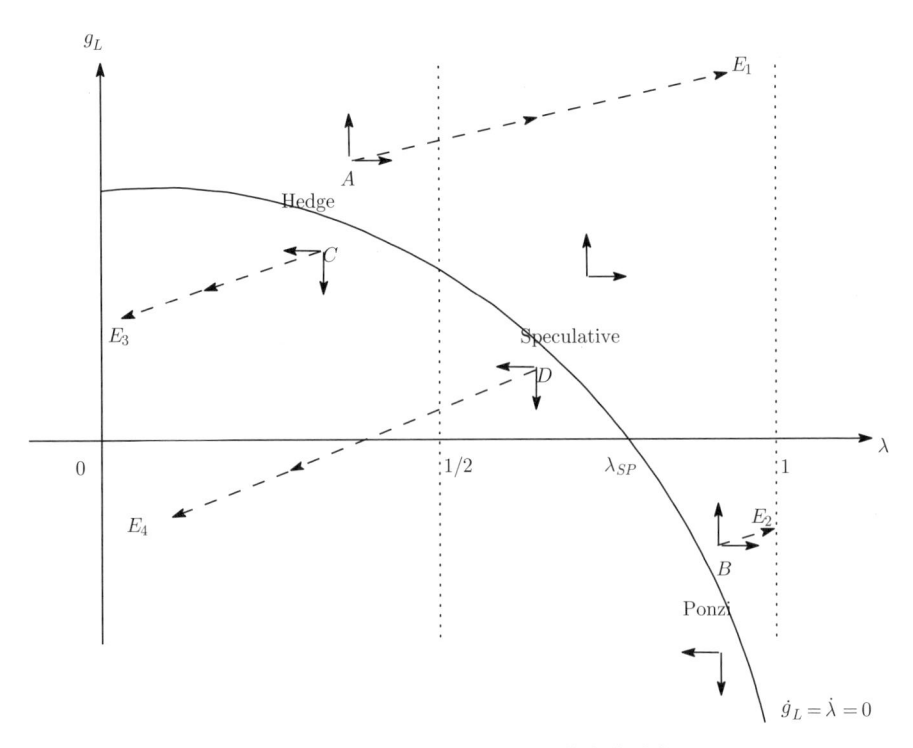

図 4.5　ポンジ・レジームにおける負債主導型成長

注：ヘッジ金融は $\lambda \in (0, 1/2]$ において定義された定常状態を表す曲線上に当たる。他方で，投機的金融は $\lambda \in (1/2, \lambda_{SP}]$ において定義された定常状態を表す曲線上に当たる。さらにポンジ金融は $\lambda \in (\lambda_{SP}, 1)$ で定義された定常状態を表す曲線上に当たる。破線は不安定な経路を表す。

図 4.5 を使って経済の動学的特質について考察しよう。ポンジ・レジームにおける移行動学も長期定常状態も経路依存性を有する。しかしながら，命題 4.4 が示すように，この場合，収束は生じない。経済が初期状態 A から出発する場合には，(4.15) 式をもとに描写される破線に沿ったダイナミクスが生じる。この定常状態は大域的に不安定であるために，点 A から出発する移行動学は定常状態を表す曲線との交点をもたない。その結果，必ずそれは E_1 へと向かい，そこで負債比率 λ の値は 1 に近づく。この経路ではヘッジ金融に近い状態から出

発し，高い経済成長率と高い負債比率を実現することになる。このような経路は，長期の資本蓄積や経済成長が負債比率の上昇を伴いつつ不安定化を引き起こすというミンスキー的な景気循環の一局面に対応すると解釈できる。経済がポンジ金融に近い状態から出発した場合（点B），点E_2への経路が示すように，負の経済成長率が実現する。両方のケースとも，企業の負債比率が極めて高い状態，すなわち自己資本比率が極めて圧縮された状態に陥っており，企業の金融構造は健全ではない。

逆に，経済が点Cの初期状態から出発する場合，移行動学は点E_3へと続く不安定経路をたどる。さらに，投機的金融の状態に近い（Dの近傍）場合には，この移行動学の経路は点E_4へとつながる。上述の通り，各経路の方向はBiの値に依存する。したがって，Biのインパクトが比較的強い場合，すなわち移行動学を表す曲線の傾きが急であれば，経済は負の経済成長率に陥ることになる。

最後に，ポンジ・レジームにおける負債荷重型成長の動学的特質について考察しよう。この位相図は図4.6に示されている。

命題 4.5. ポンジ・レジームにおける負債荷重型成長レジームの長期定常状態は，条件付きで大域的安定となる。

証明. 負債荷重型成長においてBiの符号は負である。他方で，ポンジ・レジームでは$g_L = \dot{\lambda} = 0$を表す曲線の傾きは常に負である。したがって，Biの絶対値が$g_L = \dot{\lambda} = 0$のそれよりも大きいときに限ってのみ，定常状態の大域的安定が保証される。 □

これまでの議論と同様に，動学的特質はBiと$g_L = \dot{\lambda} = 0$を表す曲線の傾きの絶対値の大小関係によって判別できる。点Aを初期状態とする経済の移行動学は，例えば，Biの絶対値が大きく安定的な場合にはE_1に収束する。対照的に，Biの絶対値が小さく不安定的な場合には，点Aから出発する移行動学を示す経路は$g_L = \dot{\lambda} = 0$を表す曲線と交点をもたず，E_2の方向に向かっていく。

経済がポンジ金融の状態に近い時，企業の金融構造はポンジ金融へとさらに近づき続ける可能性がある。例えば，経済が点Bの初期状態から出発する時，その移行動学は破線が描写する不安定的な経路に乗る。この過程では負債比率は1に近づいていき，(4.14)式によって記述される$g_L = \dot{\lambda} = 0$を表す曲線の

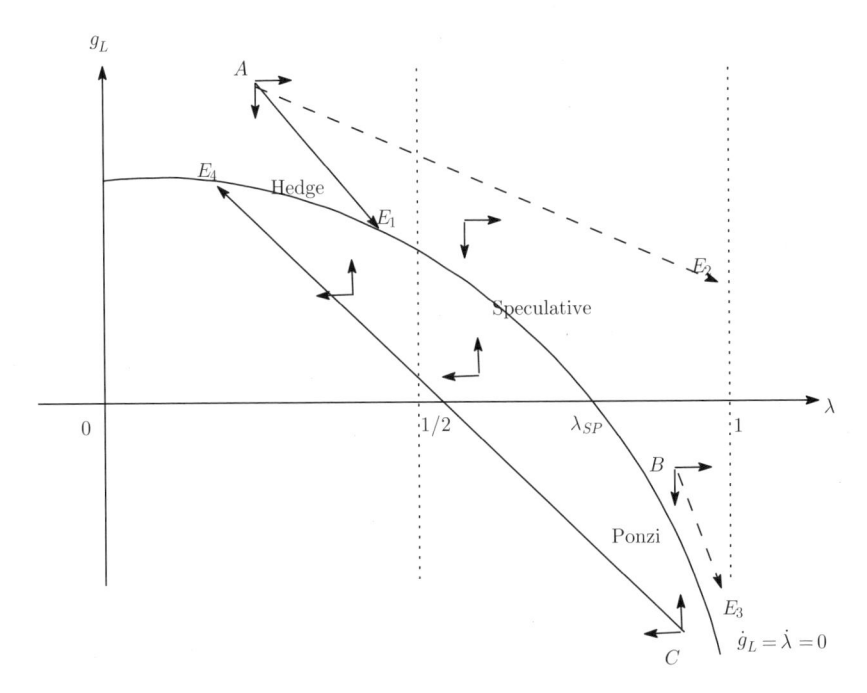

図 4.6 ポンジ・レジームにおける負債荷重型成長

注：ヘッジ金融は $\lambda \in (0, 1/2]$ において定義された定常状態を表す曲線上に当たる。他方で、投機的金融は $\lambda \in (1/2, \lambda_{SP}]$ において定義された定常状態を表す曲線上に当たる。さらにポンジ金融は $\lambda \in (\lambda_{SP}, 1)$ で定義された定常状態を表す曲線上に当たる。破線は不安定な経路を表す。

傾きの値は，負かつ絶対値が無限に大きくなる。他方で，Bi の値は $\lambda = 1$ の近傍で負かつ有限にとどまる。したがって (4.17) 式から $\dot{V}(t) > 0$ が得られ，安定条件は満たされない。この場合，移行動学の経路は，E_3 の方向に向かい，高い負債比率と負の経済成長率が累積的に実現する。つまり，そもそも高い負債比率をもつ経済は，不況過程から脱却することができない可能性がある。

しかしながら，この経済は経路依存性を有するので，例え高い負債比率を有する状態から出発したとしても，企業の金融構造の健全化をもたらす経路に乗る可能性もなお残されている。その一例が，図 4.6 において点 C から出発する

実線が示すケースである．このケースでは，初期の負債比率が高くとも，経済は負債の削減を実現しつつ拡張していくことができる．その結果，経済は定常状態 E_4 に収束し，ヘッジ金融の金融構造が実現する[8]．

4.4 むすび

これまでのミンスキアンや負債蓄積を伴うカレツキアン・モデルは，負債主導型と負債荷重型レジームおよびミンスキー型の金融構造についての統一的な検討を欠いてきた．このため，負債・成長レジームとミンスキー型の金融構造との相互関連は曖昧なままであった．そこで，本章ではこれらの相互関連を明確に取り入れたマクロ経済動学モデルを構築した．本章の動学モデルは，企業の金融構造からみて，それぞれの経済成長レジームが健全なものかどうかを明らかにするものである．

表4.1は，負債・成長レジームとミンスキー型の金融構造との相互連関についての分析結果をまとめたものである．主要な結果は次の3点にまとめられる．第1に，IS バランスにおけるパラメーターを所与とした場合，ポンジ・レジームおよび非ポンジ・レジームのそれぞれにおいて，金利の水準がミンスキー型の金融構造を決定する．つまり金利政策は，企業の金融構造の悪化を防ぐ上で重要な役割を担っている．金利が比較的低い水準に設定される場合には，ヘッジ金融と投機的金融のみが生じる．金利が高い水準に設定されると，これらだ

---

[8] 本章の結果は，例えば Lima and Meirelles (2007) と比較してみると，より一般的で示唆的なものであることが分かる．Lima and Meirelles (2007) においては負債荷重型成長のもとでは，ポンジ・レジームの定常状態は不安定になることが説明される．これに対して本章のモデルでは，ポンジ・レジームのもとでも負債荷重型成長の定常状態は必ずしも不安定なものではないことが説明される．負債荷重型成長は，Hein and Schoder (2011) や本書において実証されるものであり，本章のモデルはその存在の理論的根拠を与えるものである．また，重要な政策的含意をモデルから導くこともできる．Lima and Meirelles (2007) では，ポンジ領域は銀行の金利政策のタイプに関わらず常に不安定であり，金融の脆弱化やダイナミクスの不安定化を抱えている．すなわち，経済を安定させる有効な政策がないことを意味する．この結果は，ひとたび経済が，ポンジ・レジームを有していれば，不安定から回避することができないことを意味するため，非常に強い結果である．対照的に，本章のモデルは経済がポンジ・レジームを潜在的に内包していても，この状態に陥るのを防ぐ政策があることを示唆する．例えば，図4.2 が示すように金融当局が予防策として金利をコントロールすることが挙げられる．このように，本章のモデルは，Lima and Meirelles (2007) によって得られたいくつかの極端な結果を回避することができる．

表 4.1 ミンスキー型の金融構造の分類と経済成長の安定性

		非ポンジ・レジーム	ポンジ・レジーム
金利		$0 < i < i_{NW}$	$i_{NW} < i < i_{\max}$
負債比率	ヘッジ金融	$0 < \lambda \leq 1/2$	$0 < \lambda \leq 1/2$
	投機的金融	$1/2 < \lambda < 1$	$1/2 < \lambda \leq \lambda_{SP}$
	ポンジ金融	―	$\lambda_{SP} < \lambda < 1$
安定性	負債主導型成長	条件付き安定	不安定
	負債荷重型成長	安定	条件付き安定

注：$\lambda_{SP} = \frac{\alpha}{(s_c+\gamma-\beta)i}$, $i_{NW} = \frac{\alpha}{(s_c+\gamma-\beta)}$ そして $i_{\max} = \frac{2\alpha}{(s_c+\gamma-\beta)}$ をそれぞれ表す。

けでなくポンジ金融も発生する。第2に，負債比率と経済成長率は長期に変化し，その過程において負債・成長レジームのタイプがこれらの変化の方向，すなわち移行動学を規定している。そして，定常状態において決まる負債比率に応じて，その経済にある企業の金融構造が決定される。第3に，定常状態に関して，負債主導型成長は一定の条件がなければ不安定化するが，負債荷重型成長は一定の条件があれば安定である。また，ポンジ・レジームのもとでは，両方の負債・成長レジームにおいて，無条件の安定性は保証されないのである。

マクロ経済動学モデルにミンスキー型の金融構造類型を導入することによって，経済成長のプロセスにおいて，企業の金融構造が健全かどうかを検証することができる。例え経済が高い成長率を実現したとしても，財務体質の脆弱化を内包する限り，それは望ましい成長プロセスとはいえないのである。

第5章

金融化とグローバル化:
制度階層性によるアプローチ

5.1 はじめに

　2008年米国を起源に始まった深刻な金融危機は米国経済にとどまらず,その影響は世界中に波及した。外国に依存した経済のパフォーマンスは輸出の大幅な減少や資産価値の低下といった形で深刻な影響を受けた。実際,世界経済は,過去30年間で大きな転換を経験してきた。国内の経済取引だけでなく,国際経済取引も大きく増加してきたのである。Epstein (2005) は,このような大きな転換を,新自由主義の台頭,グローバル化や金融化として特徴づけている。グローバル化の時代において,国民経済単位のみで経済パフォーマンスを評価することは,ますます困難になってきた。経済成長において,一段と重要な役割を担ってきている国際貿易や金融取引の影響を踏まえた再検討が必要である。

　Blecker (2005) に倣って,金融化とグローバル化の過程とその帰結を再考してみよう。金融化は,1970年代前半において始まった。とりわけ,固定為替相場制度や資本規制を確立したブレトン・ウッズ・システムの崩壊は,国際金融の自由化の起源の一つである。変動為替相場制度や金融の自由化,いわゆる金融ビッグバンへの移行によって,為替レートのボラティリティの増大,資本移動の活発化,慢性的な貿易不均衡,および国際金融危機といった新しい現象が現れるようになった。情報通信技術の劇的な向上も国際金融取引の拡大を促した。

　これらを考慮し,本章では,経済のグローバル化を伝統的な意味として使用したい。すなわち,それは金融イノベーションおよび情報技術に基づき,資金,人,そして商品の国境を越えた移動が起こり,その結果,国家間の経済的相互依存が深化することを指すものである。そして,山田 (2008) が指摘する通り,グローバル化が,国際貿易や金融取引が国内の制度諸形態の機能に影響を及ぼ

してきたことを考慮することも重要である。

金融取引の拡大は、いわゆる金融主導型成長レジームや資産的蓄積レジームの出現をもたらした (Boyer (2000); Aglietta (2006))。山田 (2008) は、この時代の特性を次の4つにまとめている。第1に、金融資産の証券化、第2に、機関投資家の躍進、第3に、家計所得の金融化、第4に、証券投資の世界的拡大である。また、Crotty (2005) は、金融化について以下の2つの主要な特性を指摘する。まず、金融面では、国内総生産に対する金融資産価値や金融の収入の比率が、多くの国において有意に増加している。そして、実体面では、商品市場での競争がグローバル・レベルで激化し、非金融機関は、株主価値の最大化や「縮小して（株主に）分配する」といった短期的な戦略を採用することを強いられている。「縮小して（株主に）分配する」とは、Lazonick and O'Sullivan (2000) が導入した概念である。これは、株主利益率を増加させるために、経営者が経営する企業をとりわけ雇用の削減を通じて縮小することを指す。言い換えれば、金融面の拡大が企業組織内の雇用制度にまで影響を及ぼすことを指している。

他方で、国際的な金融市場の拡大や、商品市場での競争の激化を背景に、マクロ経済パフォーマンスを決定する上で、労働者と資本家・企業間の妥協の弱体化が指摘されてきた。レギュラシオン理論でいう賃労働関係の機能の低下である。制度諸形態におけるこうした変化は、経済成長やその安定性にいかなる影響を与えるだろうか。

本章では、ポスト・ケインジアン・モデルに制度階層性を導入することを試みる。これはマクロ経済パフォーマンスと制度的構造との関係を明らかにするものである。そして、ミンスキアンの金融不安定性仮説やレギュラシオン理論の制度的マクロ経済学をさらに拡張する試みでもある。

これまでに、ミンスキーの「金融不安定性仮説」は、経済の金融面を強調してきた。ミンスキアンが行ってきた研究において、金融不安定性のメカニズムは、主に企業の金融構造、金利および資本蓄積に注目したものである (Foley (2003); Lima and Meirelles (2006, 2007); Charles (2008b,c))。これらや第4章での研究は、ミンスキー的な金融構造、すなわち、ヘッジ、投機的、およびポンジ金融構造の変化を明らかにした。このように、ミンスキアンは、マク

ロ経済のダイナミクスと企業の負債資金調達および金融構造の変化に焦点を当ててきた。もう1つの重要な貢献として，Taylor and O'connell (1985) は，多様な金融資産によって構成されるポートフォリオの変化を通じて，ミンスキー的な危機が生じることを示した。Taylor and O'connell (1985) のモデルは，金融制度が高度に発展した経済の特質を検討するのに有益である。複数の金融資産の活発な取引を可能にする制度が金融市場において整備されると，経済の実体面に対する金融面の影響が高くなる。ポスト・ケインジアン・モデルに制度階層性を統合することによって，経済成長が制度的構造から影響を受けるメカニズムを理解することができる。

加えて，このような統合は，ケインジアンのみならず，制度経済学に関する研究の双方に対する貢献をなす。ポスト・ケインジアンは，これまでに，理論的にも実証的にも，経済の開放化に伴って，賃金主導型成長の実現が困難になる可能性を示してきた（Blecker (2002)；Bowles and Boyer (1995)；Storm and Naastepad (2012)）。言い換えれば，賃金の上昇は必ずしも高い経済成長をもたらさない。これは第1に，利潤変数の上昇が輸出を刺激する，あるいは賃金上昇が有効需要の原資ではなく，企業の費用として強く機能することに基づいている。ここで，ポスト・ケインジアンは，所得分配の変化を経済成長の説明変数として考えることで，そのメカニズムを分析してきた。しかしながら，所得分配は常に成長や停滞の原因ではなく，それは成長の結果にもなりうる。これまでに，ポスト・ケインジアンの視点から所得分配と経済成長間のこうした逆の因果関係の可能性に対する研究は，ほどんどなかった[1]。制度階層性を踏まえることで，本章では，所得分配と成長の規定関係に転換が生じることを示す。

ところで，経済パフォーマンスと制度に関する研究は，国民国家レベルでの制度補完性に注目してきた。ある領域内での制度によって制度の存在やその特定の形態が，他の領域内での他の制度の存在，機能，効率性を強化する時に，制度補完性が存在すると言われる。この概念は，なぜ，いかにして資本主義が異

---

[1] Marglin (1984) が示したようなネオ・ケインジアン・モデルは名目賃金率と経済成長率との相反関係を描く1つのモデルである。しかしながら，そのモデルは仮定として完全稼働を想定しているため需要不足が存在するケインズ的状況を念頭においたものではない。本章のモデルは，完全稼働以下で需要不足が存在するケインズ的状況を踏まえた賃金と成長との関係を説明する。

なるのかを説明するのに採用されてきた（Boyer (2005)）。しかしながら，制度階層性に関する議論は，これまでに記述的あるいは静学的なものにとどまっており，それが経済パフォーマンスに与える影響は，はっきりしないままである。制度階層性によると，競争形態（Petit (2005)），国際体制（Boyer (2004)），および貨幣・金融レジーム（Boyer (2000)；Aglietta (2006)）がマクロ経済全体において強い規定力をもつように，制度諸形態の構造が変化する。上位に位置する制度については見解が異なるが，賃労働関係の機能が弱体化したことに関しては共通している。そして国際価格競争の激化と活発な金融取引を伴う制度階層性の転換を理解するためには，開放経済レベルでの包括的なマクロ経済分析が必要である。

　本章は，以下のように構成されている。第5.2節では制度階層性が経済成長にとって，重要であることを述べる。第5.3節では，制度的構造に焦点を当てる。第5.4節と第5.5節では，モデルによってマクロ経済パフォーマンスを検討する。あわせて第5.5節では，いくつかの結果についての議論も行う。第5.6節では本章の結論を述べる。

5.2　制度階層性とマクロ経済パフォーマンス

　制度階層性は，フランスのレギュラシオン派による近年の研究から提起されたものである。Boyer (2005) によると，制度階層性とは，特定の制度が制度的構造の全体に対してその機能を強く課す，すなわち支配的な調整様式を発揮する状況として記述できる。Amable (2003) は，制度階層性を，制度の補完性の構造に対して1つあるいは若干の制度が相対的な重要性をもち，これによって制度的構造設計が動態性をもつ状態を指すものとして用いている。こうした制度的構造のもとで経済主体は取引活動を行う。このために，制度階層性とは，制度は経済主体の特定の活動を誘発しつつも，その中で強く経済主体の活動を規定するものと，そうでないものがあるという，制度の機能に関する強弱関係があることを意味する。

　こうした理解に基づけば，制度階層性はマクロ経済パフォーマンスの考察において，制度的構造における支配的な制度に注目した分析を行うことの重要性

を提起するものともいえる。例えば，いわゆるフォーディズムの時代においてはとりわけ賃労働関係という制度領域が重要であった。そこで労使間の妥協が成立し，この妥協が実質賃金の上昇と生産性上昇とのマクロ経済的リンクを実現させ，その結果，大量生産と大量消費に基づく良好なマクロ経済パフォーマンスが生み出されたのである。

しかしながら，1970年代以降，証券化，株主価値革命，そして国際的な資産選択の拡大といった大きな変化が生じた。はじめに言及したように，こうした変化は「金融化」と呼ばれている[2]。Boyer (2000) や Aglietta (2006) は，金融化によって実物投資の変化や，労働者から株主への所得の再分配が生じることで株式市場のブームが生み出され，このブームによって消費支出が刺激されることを指摘している。この状況では賃金に代わって金融変数が経済成長の決定要因として重要な役割を担う。かくして，新しく金融主導型への成長レジームの転換が生じる。このレジームでは，国内外での金融取引に関する変数がマクロ経済パフォーマンスの決定の上で重要な役割を担い，この取引が十分に実現するように，賃金や雇用は従属的かつ柔軟な変化を迫られる。言い換えれば，制度的構造は，国際的あるいは国内的な金融取引が支配的な形でその論理を賃金や雇用の決定に対して課し，これに応じたマクロ経済パフォーマンスが実現するのである。制度階層性とは，このようにマクロ経済パフォーマンスは歴史的に変化するものであることを示す。

ここで，次の理由から制度階層性とは必ずしも良好なマクロ経済パフォーマンスを実現するものではないことに注意する必要がある。繰り返しになるが，制度階層性は，従属的な制度の機能に影響を及ぼす支配的な制度が存在することを意味する。こうした制度間の規定関係は，経営者と労働者，あるいは経営者と株主といった社会的グループの利害にとって，重要な制度的構造が形成さ

---

[2] 金融化の全般的影響としては，Epstein (2005),Orhangazi (2008a,b) および Stockhammer (2008) を参照されたい。その特徴としては，新しい金融商品の創造，国際資金移動の自由化，変動為替相場の不安定性が指摘されており，本章のモデルはこれらを踏まえたモデルを設定する。また Stockhammer (2008) は，金融化はヨーロッパ諸国と米国との間で幾分異なった様相を示すことを示している。金融化のもとでのマクロ経済パフォーマンスを理論モデルで検討したものには Skott and Ryoo (2008) が挙げられるが，そのモデルは基本的に閉鎖経済モデルである。本書の第10章では日本経済の金融化の程度について考察を行う。

れるように定義される（Amable and Palombarini (2009)）．言い換えると，それぞれの制度は，アプリオリには，より優れたマクロ経済パフォーマンスを導き出すように設計されたものではない。したがって，制度の機能の間に齟齬が生じた場合には，低いあるいは不安定なマクロ経済成長が実現するかもしれない。さらに重要なことに，マクロ経済パフォーマンスの改善のために，ある1つの制度領域の改革を試みようとも，必ずしもそれは期待された結果につながらず，予期せぬ結果をもたらすことさえありうる。

このような議論を踏まえて，以下ではマクロ経済動学モデルを設定する。そして，特定の制度階層性のもとで持続的なマクロ経済パフォーマンスが形成されるための諸条件について検討する。

5.3 開放経済における制度階層性のモデル化

本節では，本章で注目する制度諸形態について説明する。レギュラシオン理論の専門用語を用いて，次のように4つの制度諸形態とそのもとで想定する経済活動についてまとめることにしよう。

(a) 競争形態：国内企業間および海外の企業との間での商品価格競争の激化を想定する。
(b) 国際体制：変動為替相場制度のもとで実物および金融資産の取引を想定する。
(c) 貨幣・金融形態：多様な金融資産の存在とその国内および国際レベルでの取引を想定する。
(d) 賃労働関係：弱体化した雇用保障のもとでの雇用の調整を想定する。

以上4つの制度領域を定義するが，各領域は独立したものではないことに注意する必要がある。例えば金融資産取引は，主として貨幣・金融形態の制度領域での取引であるが，それは国際体制のもとでの活動でもある。このように，ある領域における活動は他の領域における活動と重複する。開放経済における制度的構造は，図5.1のように描写される。

図5.1では，国内企業，労働者そして金利生活者および外国が経済主体として想定されている。国内企業は労働と資本を雇用し，固定係数型の技術を使っ

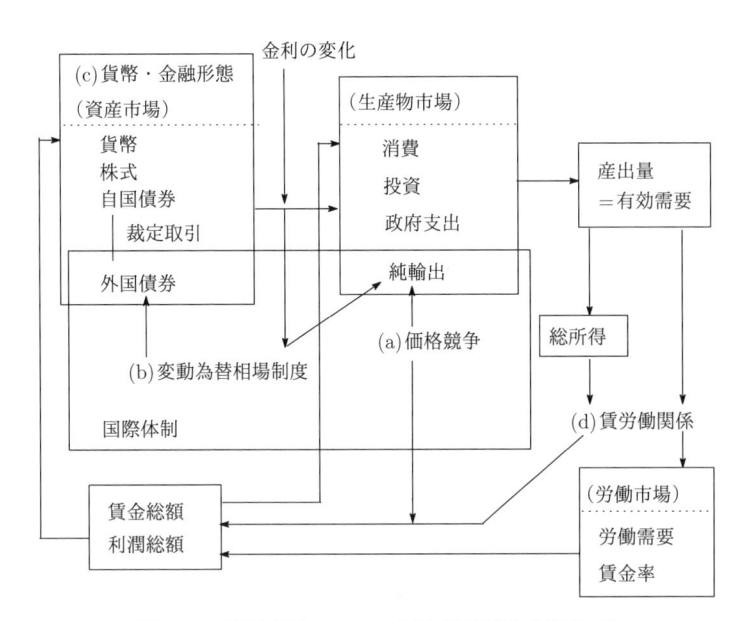

第 5 章 金融化とグローバル化：制度階層性によるアプローチ 105

図 5.1 開放経済における制度的構造と経済取引

て単一の財を生産する。この財は国内向けにも国外向けにも利用され，外国の商品と競合関係にある。国内の企業は有効需要の変化に反応する形で産出量調整を行い，さらに現行の利潤率や金利に応じて実物投資を行う。純輸出は総需要の重要な一部であり，それは国内の需要水準，外国の需要（外生）および為替レートに応じて決定する。有効需要によって総所得が決まると，それは労働者と金利生活者に分配される。労働者と金利生活者はその所得の一部を消費支出に回す。金利生活者はさらに金融資産を保有するものと仮定する。最後に，労働供給は外生的に増加し，総雇用は完全雇用水準以下にある状況を想定する。

国際的な価格競争によって国内の企業も外国の企業も財の価格を所与として受けとるものと仮定する。ポイント (a) が示す競争形態は，国際価格競争の激化によって国内の寡占経済体制が崩壊し，国内企業はその裁量で財の価格を設定することができない状況を描くものである。所与の価格のもとで企業は利潤マージンと単位労働費用をカバーするように行動する。

ポイント (b) が示す変動為替相場制度は，国際体制における主要な制度である。しかしながら，この制度領域は独立した領域ではなく，貨幣・金融形態や競争形態といった他の制度領域の一部を含み，そのもとでの経済活動に影響を及ぼす。変動為替相場制度のもとで自国の通貨価値は，中期的に資産の収益率と購買力平価に応じて変化する様子をモデル化する。この制度のもとでは，国際的な金利差と為替リスクが現行の為替レートを左右し，これが純輸出を規定することによって企業の売上高も影響を受ける。したがって，金融資産の取引を支える制度は純輸出や経済成長の安定性も左右する。

また近年，金融化という資本主義経済の特質の大転換において，市場主導型の金融システムの台頭が指摘されてきた (Epstein (2005)；Skott and Ryoo (2008))。これを踏まえて貨幣・金融形態における調整の様式として，この市場主導型の金融システムの特徴の１つを取り入れる。宇仁 (2009) は，この特徴として，資金配分における金利や株価といった価格による調整が支配的であることを指摘している。加えて，金融市場がグローバルに発展する中で，さまざまな金融資産の取引が可能になっていることも踏まえて，モデルを設定する。そこで，国際金融市場において，国内の貨幣，株式，債券と外国の債券といった４つの資産の取引をモデル化する。金利生活者は，利潤率や金利といった収益指標を踏まえて資産選択を行い，これらの資産の需要と供給は，金利や株価を通じて調整される状況を考える。ポイント (c) は，これらの金融資産の選択を描写する。

最後にポイント (d) は雇用調整の様子を描写する。ここでは雇用保障の弱体化を念頭においた分析を行い，この機能の程度を，産出量に対する雇用の弾力性を通じて測る。上述の通り，金融主導型の経済においては，国内および国外における金融取引が支配的な経済活動となり，賃金や雇用はその実現のために従属的な変化を強いられる。そして制度階層性において賃労働関係の制度の機能が弱体化したもとで雇用の柔軟化を試みる改革の効果も検証する。

以上から，国際体制 ≥ 貨幣・金融形態 ≥ 競争形態 > 賃労働関係という制度階層性のもとでモデルを組み立てる。ここで不等号は，階層的関係を指し示す。この仮説を具現化するための手段の１つとして，「閉じ方 (closure)」の概念を

用いる[3]。閉じ方とは，モデルに因果性を導入するものであり，マクロ経済パフォーマンスの決定要因の1つである。閉じ方は各国あるいは各時代に特有のものとして選択され，制度に対応した閉じ方に応じて経済主体の活動の機会は拡張あるいは制約されるものと考えられる。マクロ経済パフォーマンスは，この結果として生み出される。制度階層性によって，ある領域の制度が支配的，主導的な位置につき，自らの機能が他の制度の機能に対して影響を及ぼす。これを表現するために閉じ方を利用する。そして，本章のモデルでは，マクロ経済パフォーマンスの決定において，国際体制あるいは金融資産取引に関わる経済変数が主要な役割を担い，それらはさらに階層的に下位にある制度（賃労働関係）のもとで決まる賃金や雇用を支配する様子を考察する。

5.4 制度階層性を伴うマクロ経済動学モデル

以下で用いる主要な標記は次の通りである。X：産出量（総所得），X^*：潜在産出量，K：資本ストック，E：実効雇用水準，$1-\pi$：賃金分配率，π：利潤分配率，$u=X/K$：産出・資本比率（稼働率），$X^*/K=\nu$：潜在産出量・資本比率（一定かつ簡単化のために1とする），$r=\pi u$：利潤率，C：総消費量，I：総投資量，G：政府支出，$g=I/K=\dot{K}/K$：資本蓄積率，w：名目賃金率，p：物価水準，e：名目為替レート，i：名目金利，z：自国と外国との相対物価比率，そしてtは時間を表す。

5.4.1 競争的市場における価格と所得分配

まず，価格決定と所得分配との関連についての定式化を行う。競争的な市場のもとで，国内，国外の企業は財の価格を所与として受け取るものと仮定する。その上で，それぞれの国の企業は，利潤マージン，賃金および雇用の決定について次の価格設定式に基づいて計画を行う。

$$p = \Phi\left(\frac{wE}{X}\right), \tag{5.1}$$

---

[3] 閉じ方と制度諸形態との対応関係に関する解釈や制度の存在を閉じ方によって解釈することの正当化に関しては，本書の第1章，Taylor (1991), Pasinetti (2005) を参照のこと。

$$p_F = \Phi_F \left(\frac{w_F E_F}{X_F} \right), \tag{5.2}$$

ここで，各国の粗利潤マージンについて$\Phi > 1$かつ$\Phi_F > 1$と仮定する。下付き文字のFは，外国の経済変数を表す。各経済において，総所得は労働者への賃金所得と金利生活者への利潤所得として分配される。マークアップ価格設定に基づくと，自国の賃金分配率は$wE/pX = 1/\Phi$，利潤分配率は$rpK/pX = 1 - 1/\Phi$で与えられ，前者を$1-\pi$，後者をπとして表記する。

各国の価格水準は所与であるため，毎期，両国の財の相対物価$z = p_F/p$も各国の企業は所与として受け取る。競争的市場環境のもとで物価の変化率もまた外生としそれを$\hat{p}^*$として記す（ハット記号は変化率を表す）。この定式化は，国際価格競争によって，財の価格の変化率もまた両国の企業にとって所与とされることを表している。この設定は，以下の (5.3) 式における最初の「閉じ方」をなす。そのもとで，自国の企業は金利生活者の所得分配要求に応えるため，そして競争的環境における生き残りのために，一定の利潤分配率を確保するものと仮定する。このとき，(5.1) 式は，動学的表現として次のように記述することができる。

$$\hat{w} + \hat{E} = \hat{p}^* + \hat{X}, \tag{5.3}$$

後において，この式から，いわゆるフィリップス曲線を導く。

5.4.2 有効需要と産出量調整の動学

労働者は賃金所得を得，その全てを支出するものと仮定する。他方で金利生活者は利潤所得を得，その一部を支出に回す。このとき，国内の消費需要は次のように記述できる。

$$C = C_w + C_c = (1-\pi)X + (1-s_c)\pi X, \tag{5.4}$$

ここでC_wとC_cはそれぞれ労働者の賃金からの消費と，金利生活者の利潤からの消費を表す。$s_c \in (0,1)$は，金利生活者の利潤所得からの貯蓄性向を表す。

次に，利潤率と金利に依存して投資が決まることを，線形の投資関数を用い

第 5 章 金融化とグローバル化：制度階層性によるアプローチ

て表現する。

$$\dot{K} = I = (g_0 + g_1 r - g_2 i)K, \tag{5.5}$$

ここで g_0 は定数であり，g_1 は投資に対する利潤率の上昇効果を表す。そして，名目金利が投資に与えるマイナスの影響を $-g_2 i$ によって捉える[4]。

政府支出は，経済政策として，カウンターサイクリカルに実行されるものとする。例えば，Stockhammer (2008) は，近年の新自由主義の台頭にもかかわらず，GDP に占める政府支出の割合は多くの国で高い水準を維持しており，それが経済の安定化にある程度寄与していることを述べている。こうした政府支出の決定を次のように表す。

$$G = (\alpha + \beta_G(u_G - u))K, \tag{5.6}$$

ここで α は正の定数とし，政府支出は，まず資本ストックの規模に応じて変化するものと仮定する。また u_G は政府の目標産出・資本比率であり，これは外生変数として扱う。β_G を正として，(5.6) 式の括弧内の第 2 項は，政府はその目標産出・資本比率に比べて経済活動水準が低い場合には支出を増やすことを表す。

続いて，開放経済における純輸出の決定を挿入する。純輸出 NX は次のように定式化される。

$$NX = (\varepsilon_0 + \varepsilon_1 ez - \varepsilon_2 u)K, \tag{5.7}$$

ここで ε_0 は正の定数であり外需の状態を表す。また，ez は名目為替レートと一定の相対物価との積を表す。中長期的にマーシャル・ラーナー条件が満たされるものとして，その係数 ε_1 の符号を正とする。そして $\varepsilon_1 ez$ は，自国通貨の減価によって純輸出が刺激されることを表す。最後に，$-\varepsilon_2 u$ は，自国が好景気にあるときに輸入が増加し，純輸出が減少することを表す。

以上をもとに産出量のダイナミクスを次の式によって表現する。

---

[4] 本章のモデルでは物価上昇率は外生かつ一定である。そこで簡単化のために実質金利に代わって名目金利の投資に対するネガティブな影響を考える。

$$\dot{u} = \phi \left[\frac{C+I+G+NX}{K} - \frac{X}{K} \right], \tag{5.8}$$

ここで，ϕ は数量調整の速度を表す正の定数である．産出・資本比率は超過需要に応じて変化する．(5.4)-(5.7) 式を (5.8) 式に代入すれば，次のように変動相場制度のもとでの産出・資本比率の動学方程式を得ることができる．

$$\dot{u} = \phi[-u\{\delta + \beta_G\} + \alpha + \varepsilon_0 - g_2 i + \beta_G u_G + \varepsilon_1 ez], \tag{5.9}$$

ここで，$\delta = \pi(s_c - g_1) + \varepsilon_2$ として変数をまとめる．δ の符号は正・負の両方をとりうるが，$\delta + \beta_G$ の符号は正であると仮定する．

5.4.3 変動為替相場制度のもとでの金融資産取引

本節では，国際金融市場のもとでの金融取引を考える．自国の経済主体は，自国の貨幣，債券，株式および外国の債券の4つの資産を保有する場合を考える．なお，外国の経済成長率や他の外国の金融資産についてのリスク・プレミアムを一定と仮定すれば，外国の債券は全ての外国資産の代理変数になることが示される（吉川 (2009b)）．この仮定の下で，Taylor and O'connell (1985) と吉川 (2009b) を統合する形で，資産市場の均衡条件を導出する．

第1に，国内資産市場の均衡を考察しよう．政府の負債 F は貨幣 M と債券 B からなると仮定する．また，企業の既発株式を Q とおき，その価格を p_q とする．これらは金利生活者によって保有されると仮定する．このとき，金利生活者の総資産の名目価値 A は次のように示される．

$$A = M + B + p_q Q, \tag{5.10}$$

簡単化のために新株発行はないものとし，貨幣および債券の増加分は金利生活者の貯蓄によって購入されるものと仮定する．このとき，資産の変化は次のように示される．

$$\dot{A} = \dot{M} + \dot{B} + \dot{p_q} Q + p_q \dot{Q} = \dot{p_q} Q + s_c \pi X, \tag{5.11}$$

すなわち，金利生活者の資産は貯蓄による債券と貨幣の購入またはキャピタル・

ゲインによって増大する。

金利生活者はその資産選択において，利潤率と金利という2つの変数を基準にする。このとき，貨幣，株式，自国の債券のそれぞれに対する需給均衡式は次のように示される。

$$\mu(i,r)A - M = 0, \quad \mu_i < 0, \quad \mu_r < 0, \tag{5.12}$$

$$\varepsilon(i,r)A - p_q Q = 0, \quad \varepsilon_i < 0, \quad \varepsilon_r > 0, \tag{5.13}$$

$$\omega(i,r)A - B = 0, \quad \omega_i > 0, \quad \omega_r < 0, \tag{5.14}$$

ここでそれぞれの資産に対する資産選択の割合（需要割合）は $\mu + \varepsilon + \omega = 1$ を満たさなければならない。それぞれの需要割合に関する下付き文字は，金利と利潤率に関する偏微分を表し，この符号と絶対値がそれぞれの資産に対する選好の状態を表す。例えば，利潤率の上昇は株式に対する資産需要を高めるが，貨幣や自国の債券に対する需要を抑制する。また，債券の金利（債券収益率）の上昇は債券に対する資産需要を増加させるが，株式に対する資産需要を抑制する。すなわち株式や債券については，その収益率の増加はそれ自身の需要を増加させるが，もう一方の資産に対する需要を低下させる。貨幣に対する需要は金利と利潤率の上昇に伴って低下する。

(5.12)，(5.13)，(5.14) 式のうち2本のみが独立である。そこで貨幣の需給に関する (5.12) 式と株式の需給に関する (5.13) 式を用いる。このとき，金利 i と株価 p_q がこれら2つの資産の需要と供給の調整変数となる。両資産の需要と供給が一致している時には，(5.14) 式が示す債券に対する超過需要はゼロとなる。(5.12) 式から，貨幣に対する超過需要方程式は次のように書きなおすことができる。

$$\mu(i,r) - [1 - \varepsilon(i,r)]\lambda = 0, \tag{5.15}$$

ここで $\lambda = M/F \in (0,1)$ は政府の負債に含まれる貨幣量の割合であり，一定とする。(5.15) 式はいわゆる LM 曲線であり，u の変化に伴う r の変化によって，資産に対する超過需要の解消のために金利 i による調整が起こることを示す。今，$r = \pi u$ に注意して，(5.15) 式を全微分すれば次式を得ることができる。

$$\eta_i di + \eta_r du = (1-\varepsilon)d\lambda, \tag{5.16}$$

ここで,

$$\eta_i = \underbrace{\mu_i + \varepsilon_i \lambda}_{(-)+(-)} < 0, \tag{5.17}$$

$$\eta_r = \underbrace{(\mu_r + \varepsilon_r \lambda)}_{(-)+(+)} \pi \lessgtr 0, \tag{5.18}$$

金利の上昇は貨幣と株式に対する資産需要を低下させるために, η_i の符号は負となる。しかしながら, η_r の符号は, 貨幣と株式の代替の程度に応じて正にも負にもなりうる。資産に対する選好において, 貨幣と株式の代替の程度が低い状態を $\varepsilon_r > |\mu_r|$ として表現する。さらに負債に占める貨幣の割合 λ が大きい場合を想定しよう。このとき, 産出・資本比率と金利は資産市場の均衡のために次の条件を満たさなければならない。

$$\frac{di}{du} = -\frac{\eta_r}{\eta_i} > 0, \tag{5.19}$$

貨幣と株式の代替の程度が低い時には, LM 曲線は右上がりになる。

他方で, 金利生活者にとって貨幣と株式の代替の程度が高い時, 利潤率に対する貨幣と株式の需要の変化の大きさは, ほぼ同程度で生じる。したがって, 両方の偏導関数の大きさは互いにほぼ等しく, $\varepsilon_r \simeq |\mu_r|$ となる。今 $\lambda < 1$ だから, このとき, μ_r の符号は負となる。つまり,

$$\frac{di}{du} = -\frac{\eta_r}{\eta_i} < 0, \tag{5.20}$$

よって, 貨幣と株式の代替の程度が高い時には, LM 曲線は右下がりになる。これらを用いて, 資産に対する選好の状態がどのようにマクロ経済パフォーマンスを規定するのかを明らかにする。

第 2 に, 国際資産市場の均衡条件を示す式として, 自国と外国の債券に関する裁定条件を導入する。自国通貨 (例えば日本円) 1 単位を, 自国の債券あるいは外国の債券の購入にあてる場合を考える。裁定条件が働いている場合には,

債券投資による収益獲得行動の結果，両方の債券のリターンが同一になる。この条件は次式によって表現される。

$$\exp([i+\beta]\Delta t) = \exp(i_F \Delta t)\left(\frac{E[e_{M+\Delta t}]}{e_M}\right), \quad (5.21)$$

ここで i_F は外国の債券に対するリターン（金利），β は為替リスクに対するリスク・プレミアム，e_M は中長期の名目為替レートの理論値，そして $E[e_{M+\Delta t}]$ はその期待変化分をそれぞれ表している。(5.21) 式は任意の $[M, M+\Delta t]$ 間の異時点間の裁定を表している。左辺はリスク・プレミアムを踏まえたときの自国の債券投資の収益率を表し，右辺は期待為替レートの変化を踏まえた時の外国の債券投資の収益率を表す。Δt で微分し，瞬時における（$\Delta t = 0$）裁定条件を導き出すと次のようになる。

$$i - i_F + \beta = \frac{E(\dot{e}_M)}{e_M}, \quad (5.22)$$

(5.22) 式は，いわゆる金利平価が成立していることを意味するが，これはまた国内外の債券に対する需給均衡条件を表す。

最後に，中長期の名目為替レートの理論値は次の式に従って変化すると仮定する。

$$\frac{E(\dot{e}_M)}{e_M} = \hat{p}^E - \hat{p}_F^E + \theta(e_P - e_M), \quad (5.23)$$

ここで e_P は購買力平価説に従って決まる為替レートと仮定し外生変数として扱う。そして，$\hat{p}^E$ と $\hat{p}_F^E$ はそれぞれ自国と外国の期待インフレ率を表す。(5.23) 式は将来の期待される中長期的な名目為替レートの理論値は，両国の期待インフレ率の差と，購買力平価に規定されるレートと中長期にかけて支配的となる為替レートの理論値との差に応じて変化することが記述されている。θ は正の調整係数である。両国の期待インフレ率は本章の主要な結果に影響を及ぼさないため，これはゼロとおく。

(5.22) 式の期待為替レートの変化率を (5.23) 式に代入すれば，次のように中長期的な名目為替レートの理論値を得ることができる。

$$e_M = e_P + \frac{1}{\theta}(i_F - i + \beta), \qquad (5.24)$$

これに対して実際の為替レート e_t の調整過程を，次のような適応的変化として定式化する．

$$\begin{aligned}\dot{e}_t &= \Omega(e_M - e_t) \\ &= \Omega\left[e_P + \frac{1}{\theta}(i_F - i + \beta) - e\right], \end{aligned} \qquad (5.25)$$

ここで Ω は実際の為替レートの調整速度を表す正の定数である．この式は，実際の為替レートが中長期的な理論値と異なる場合には，その理論値に次第に近づくように調整が起こることを表す．

5.5 定常状態の性質

5.5.1 定常状態と安定性

このマクロ経済のダイナミクスは，産出・資本比率 u を示す (5.9) 式，名目為替レート e を示す (5.25) 式から構成され，その過程において自国の金利 i は，(5.19) 式あるいは (5.20) 式にしたがって資産市場の需給調整を行う．本章では，このダイナミック・システムには，$\dot{u} = \dot{e} = 0$，および資産市場の均衡を実現する一意の定常状態 (u^*, e^*, i^*) が存在するものと仮定する．このとき，次の命題を得ることができる．

命題 5.1. 金利生活者の資産選択において，貨幣と株式の代替の程度が低い，すなわち $\varepsilon_r > |\mu_r|$ のとき，定常状態は局所的に安定である．

証明． (5.9) 式と (5.25) 式からなるダイナミック・システムのヤコビ行列を J とおく．その定常値において評価された要素は次のようになる．

$$j_{11} = \frac{\partial \dot{u}}{\partial u} = -\phi\left(\delta + \beta_G + g_2 \frac{di}{du}\right),$$
$$j_{12} = \frac{\partial \dot{u}}{\partial e} = \phi\varepsilon_1 z,$$

$$j_{21} = \frac{\partial \dot{e}}{\partial u} = -\frac{\Omega}{\theta}\frac{di}{du},$$
$$j_{22} = \frac{\partial \dot{e}}{\partial e} = -\Omega.$$

貨幣と株式の代替の程度が低い場合には，(5.19) 式から di/du の符号は正である．したがって，これらの要素の符号は次のようにまとめることができる．

$$\boldsymbol{J} = \begin{pmatrix} - & + \\ - & - \end{pmatrix}, \tag{5.26}$$

このダイナミック・システムの定常状態が局所的に安定になるための必要十分条件は trace $\boldsymbol{J} = j_{11} + j_{22} < 0$ かつ det $\boldsymbol{J} = j_{11}j_{22} - j_{12}j_{21} > 0$ である．貨幣と株式の代替の程度が低い場合には，(5.26) 式のヤコビ行列の要素の符号が示す通り，この条件は満たされる． □

命題 5.1 は，貨幣と株式の資産代替の程度が低い時には，なんらかのショックが生じても，新しい均衡への安定的な移行が実現することを意味している．図 5.2 はこの位相図を表す．例えば，総需要に対するネガティブ・ショックを考えよう．これが生じると，まず産出・資本比率が低下し，それに応じて利潤率も低下する．この結果，資産選択において株式に対する需要も低下する．貨幣に対する資産需要も同じく低下するが，今，株式と貨幣の代替の程度は低いために，貨幣に対する需要の低下は，株式に対する需要低下に比べて小さい．このため，貨幣に対する超過供給が生じ，これを解消するために金利は低下する．金利の低下は投資需要を引き上げる効果と為替レートの減価を通じて純輸出を引き上げる効果をもつ．このような経済の実物サイドと金融サイドのネガティブ・フィードバックを通じて，産出・資本比率の上昇が生じ，新しい均衡が達成される．

次に，貨幣と株式の代替の程度が高い場合を考えよう．このとき，次の命題を得ることができる．

命題 5.2. 金利生活者の資産選択において，貨幣と株式の代替の程度が高い，すなわち $\varepsilon_r \simeq |\mu_r|$ のとき，定常状態は局所的に不安定になりうる．

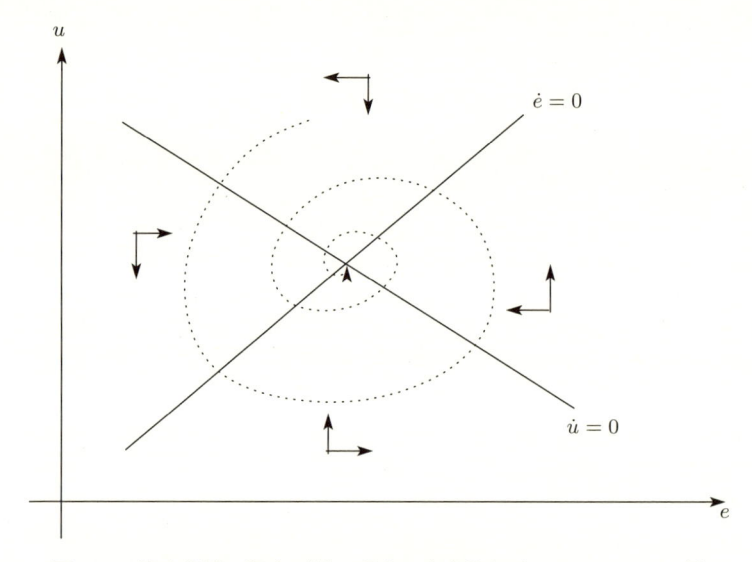

図 5.2 資産代替の程度が低い場合の安定的なダイナミクスの一例

証明. ヤコビ行列 $\boldsymbol{J}$ の各要素において，金利生活者の資産選択について貨幣と株式の代替の程度が高い場合には，di/du の符号は負になる．このとき，定常状態の局所的安定性の判別式の計算は次のようになる．

$$\text{trace } \boldsymbol{J} = \underbrace{-(\phi\delta + \phi\beta_G + \Omega) - \phi g_2 \frac{di}{du}}_{-(+)-(-)},$$

$$\det \boldsymbol{J} = \phi\Omega \left[\underbrace{\delta + \beta_G + \left(g_2 + \frac{\varepsilon_1 z}{\theta}\right)\frac{di}{du}}_{(+)+(+)+(-)}\right],$$

これらの符号および di/du の絶対値が大きい場合を念頭におくと，次のようなタイプの不安定性を析出することができる．

(1) β_G, δ, および Ω の値が小さいことを所与とした場合に，g_2 が十分大きな値をとるならば，trace $\boldsymbol{J}$ の符号は正になる．

(2) β_G, δ の値が小さいことを所与とした場合に，ε_1, z および g_2 が十分大きな値をとる，あるいは θ の値が十分に小さいならば，$\det \boldsymbol{J}$ の符号は負になり，定常状態はサドル・ポイントとなる。

さらに，産出量の調整速度に比べて為替レートのそれは，ずっと速いという経験的事実を踏まえてみよう。極限的なケースとして，為替レートの調整は即時的である時，Ω の値は無限大に近い状態として記述できる。(5.19)式を，$t \in [0,s]$ の範囲の時間に関して積分すれば次式を得られる。

$$e(s)\exp(\Omega s) - e(0) = \Omega e_M \int_0^s \exp(\Omega t) dt$$
$$e(s) = e_M - \exp(-\Omega s)(e_M - e(0)),$$

時点 s に対して，$\Omega \to \infty$ を計算すれば $e(s) = e_M$ を得る。この時 $\boldsymbol{J}$ の符号は大括弧の中の項の符号に依存して決まる。したがって

(3) 為替レートの調整速度に関わらず，金利，名目為替レートの変化が投資および純輸出に対して与えるインパクトの連鎖が存在するために，定常状態はサドル・ポイントの性質を維持し続けることがある。

□

貨幣と株式の資産代替の程度が高い時に，定常状態の局所的不安定性が生じることは，Taylor and O'connell (1985) によって証明されたことである。彼らの論証においては，例えば確信の状態が揺さぶられると，利潤率の低下が生じ，これによって資産選択は貨幣へとシフトする。これが貨幣に対する超過需要を生み出し，その解消のために金利はさらに上昇する。この結果，投資需要や期待利潤の低下が際限なく進んでいく。これが，彼らのいうミンスキー・クライシスである。

命題 5.2 は，金利生活者の貨幣と株式の間の資産選択に基づいて得られるものである。とりわけ，両資産に対する資産の代替の程度が高い場合に，定常状態は局所的な不安定性を帯びる。この金融資産取引の結果は金利に対して影響を及ぼし，それが直接的に内需（投資需要）の不安定化を起こすだけでなく，為替レートの変化を介して外需（輸出）の不安定化を引き起こす。図 5.3 は，こ

うした場合の位相図を描く。$\varepsilon_1 z$ の値が大きい時，名目為替レートの変化は外需を大きく変化させる。これは開放経済における実物面の不安定化要因である。他方で，θ の値が小さい時，国際的な債券収益率の格差（金利差）が生じると，為替レートの大きな変化を引き起こす。これは開放経済の金融面の不安定化要因である。なんらかのショックにより利潤率が低下すると，金利は大幅に上昇する。これによって，自国の通貨価値が増価し，投資と純輸出は低下し，さらに利潤率も低下する。この過程で，金利生活者は資産を貨幣によって保有しようとするが，株式の価格 p_q もあわせて低下する[5]。すなわち，需要に対する実物ショックは一国経済の停滞を招く一要因といえるが，金融的要因や国際的要因は，その停滞を加速させる。

不安定が顕著になる時には，それを抑制するなんらかの経済政策が必要になる。有効な政策の1つがカウンター・サイクリカルに行われる政府支出の拡大，すなわち β_G の引き上げである。ミンスキアンはこうした政策は経済の安定化に貢献することを提起している。このダイナミクスは「制度動学 (institutional dynamics)」と呼ばれている[6]。本章で得られた結果は，この議論の有効性を支持するものである。これはまた，金融化においては政府による介入が必要となり，その結果，GDP に占める政府支出の割合が上昇するという Stockhammer (2008) の指摘とも整合的な結果である。

5.5.2 制度階層性のもとでの賃金および雇用

ここまでの制度階層性を伴うマクロ経済モデルでは，賃金や雇用に関する変数は成長や循環に対して何の役割も担っていない。本節ではこれらの決定

---

[5] (5.10) 式と (5.13) 式から，株式価格は次のように導出できる。

$$p_q = \left(\frac{\varepsilon}{1-\varepsilon}\right)\frac{F}{Q},$$

ある時点において F/Q は所与であるために，株式価格 p_q は株式に対する需要割合 ε の増大に応じて上昇する。不況過程においては，金利が上昇し，利潤率は低下する。したがって株式に対する需要は低下し ε の値は小さくなる。したがって，Taylor and O'connell (1985) モデルを使うと，不況期に株式価格もまた低下することを説明することができる。

[6] ミンスキアンは，金融政策や財政政策といった公的介入を制度の役割とみているところがある。そして，十分にカウンター・サイクリカルな政策を打つことによって，景気の安定化がもたらされることをモデルによって示している（Keen (1995)；Nasica and Raybaut (2005)）。

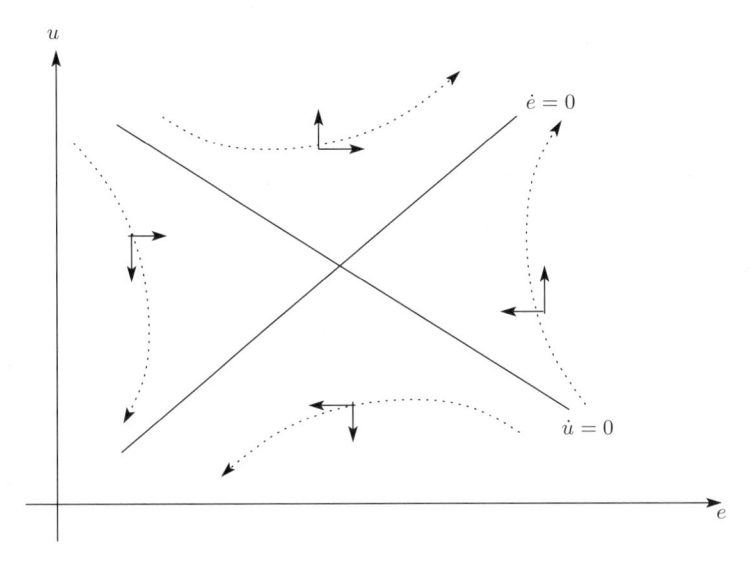

第5章 金融化とグローバル化：制度階層性によるアプローチ　119

図 5.3　資産代替の程度が高い場合の不安定なダイナミクスの一例

に関する考察を行う．定常状態において，産出・資本比率は一定になるために $(u^* = X/K)$，産出量の成長率は資本ストックの成長率と一致する．いま，成長率は (5.5) 式で決まり，それに合わせて賃金と雇用の変化率が取りうる経路は (5.3) 式を満たすものでなければならない．

失業率の代理変数として，労働の超過供給を変化率タームで $v = n - \dot{E}/E$ とおく．ここで n が一定の労働供給の変化率を表す．これと (5.3) 式を用いると，失業率と名目賃金率のタームで次のようにフィリップス曲線を導出することができる．

$$\hat{w} = v - n + \hat{p}^* + g^*. \tag{5.27}$$

(5.27) 式は，自由度 1 の体系であるために，モデルを閉じるためにもう 1 つの方程式を付け加えなければならない．そこで，雇用調整の状態を表す方程式を次のように導入する．

$$\hat{E} = \gamma g, \tag{5.28}$$

$\hat{E}$ は労働需要の変化率を表し，これは正の値をとるものと仮定する。ここで $\gamma \in (0,1)$ は産出量に対する労働需要の弾力性を表す。(5.28) 式において，γ の値が小さい時には雇用調整は硬直的であり，産出量の変動ほどには雇用量の変動は生じない。すなわち，雇用保障が高い状態として解釈できる。逆に γ の値が大きい時には雇用調整は柔軟であり，産出量の変動にほぼ比例するように雇用量の変化が生じる。すなわち，雇用保障の機能が弱体化している状態として解釈できる。(5.27) 式，(5.28) 式および労働の超過供給の変化率から，失業率と名目賃金率のタームで雇用保障を踏まえたフィリップス曲線を導出することができる。

$$\hat{w} = -\left(\frac{1-\gamma}{\gamma}\right)v + \left(\frac{1-\gamma}{\gamma}\right)n + \hat{p}^*, \tag{5.29}$$

ここで，$-\left(\frac{1-\gamma}{\gamma}\right)$ は傾きの値を表し，$\left(\frac{1-\gamma}{\gamma}\right)n + \hat{p}^*$ は切片を表す。今，経済には十分な量の労働供給が存在するものと仮定し，$v > 0$ を定義域とする。(5.29) 式を用いれば，次の命題を得ることができる。

命題 5.3. 雇用保障の弱体化，労働市場の流動化が生じても，それは経済成長率に一切の影響を与えない。雇用保障の弱体化は，フィリップス曲線の形状をフラットにするだけである。

証明. (5.29) 式を γ について微分すると，次式を得る。

$$\frac{d\hat{w}}{d\gamma} = \frac{1}{\gamma^2}v - \frac{1}{\gamma^2}n$$

この式から明らかなように，γ がゼロに近づく時，すなわち雇用保障が高い時にはフィリップス曲線の形状は垂直に近くなる。他方で，雇用保障が小さくなるにつれて，フィリップス曲線の形状は水平に近くなる。 □

経済成長率は (5.5) 式によって決まり，そのもとで失業率 v_0，そして名目賃金率の伸び率 $\hat{w}_0$ が決まる。雇用保障の程度 γ を所与として，フィリップス曲

線の形状が決まる。この様子は，図 5.4 に描写されている。初期状態における曲線の形状を点線で描写しよう。これに対して，雇用保障が弱体化し，労働市場が流動的になると（すなわち γ の値が上昇すると），フィリップス曲線は PC_0 から実線で示された PC_1 へと回転する。よりフラットになったフィリップス曲線 PC_1 のもとで，経済成長率を所与として，失業率がまずより低い値に決まり（v_1），そして名目賃金の変化率も $\hat{w}_0$ から $\hat{w}_1$ へとより低い値に決まる。

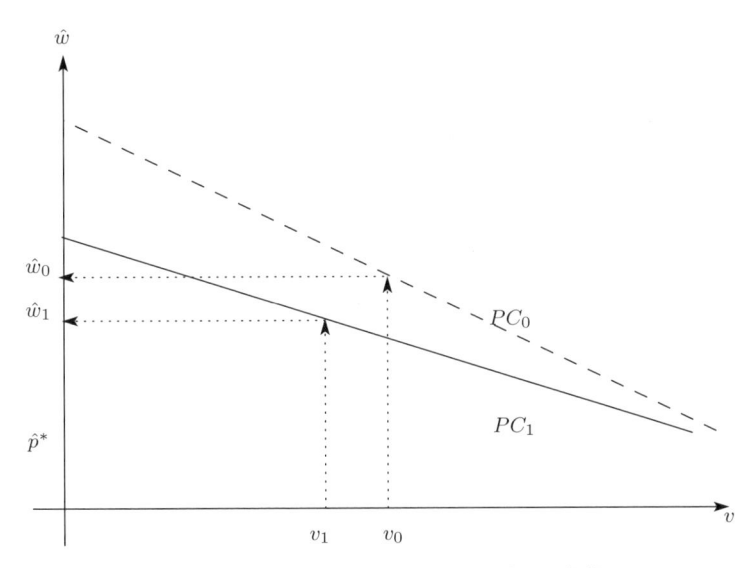

図 5.4 フィリップス曲線と雇用保障の弱体化

命題 5.3 は制度階層性を伴う経済にとって非常に重要である。この命題は十分な労働供給が存在する限り，雇用調整の柔軟化によってフィリップス曲線がとる形状が水平に近くなることを示している。雇用の流動化は失業率を低下させるだけでなく，賃金の伸び率もまた低下させる。さらに重要なことは，雇用保障の弱体化による労働市場の流動化も，名目賃金率の上昇も，ともに経済成長率に対して影響を及ぼさないということである。これは，経済成長率が賃労働関係以外の制度領域における経済活動によって既に決定されているためであ

る。このように，雇用の制度的調整の機能は他の制度領域における経済活動から独立したものではない。

5.6 むすび

本章ではポスト・ケインジアンのモデルをベースに制度階層性の存在を取り入れたマクロ経済分析を行ってきた。ここでは，国内・国外レベルにおける価格競争の激化，国際金融市場における多様な金融資産の取引，変動為替相場制度，そして雇用調整といった制度を含む調整様式のあり方を，階層的関係のもとで定式化し，マクロ経済パフォーマンスの特質を考察してきた。こうした制度階層性の変容は，経済のグローバル化あるいは金融化に伴って生じたものである。

表 5.1 制度階層性とマクロ経済パフォーマンスとの対応関係

支配的制度領域	主たる制度の機能	規定されるマクロ経済変数
国際体制	国際価格競争および変動相場制度のもとでの国際貿易と金融資産取引の実現	債券収益率の格差（金利差）名目為替レートおよび純輸出
貨幣・金融形態	多様な金融資産の取引	自国の金利と資産価格
競争形態	価格受容者としての企業行動を規定	物価変化率および実質為替レート
産出量の成長率は主要な制度領域における経済変数によって規定される。		
従属的制度領域	主たる制度の機能	規定されるマクロ経済変数
賃労働関係	雇用保障の程度	名目賃金および雇用量
名目賃金や労働需要の変化率は経済成長に従属する形で規定される。		

表 5.1 は階層的な制度的構造と，それに対応して得られた本章の主要な結果をまとめたものである。モデルでは，国際体制 ≧ 貨幣・金融形態 ≧ 競争形態 ＞ 賃労働関係という制度階層性に対応して設定されたものである。金融資産取引や価格競争のもとでの国際貿易は主要な制度領域のもとで行われ，これらの経済活動が経済成長の原動力になる。加えて，賃金や雇用の変化率は，これらの経済活動から生み出される経済成長の結果として決まる。

本章の主要な結果は，従来のレギュラシオニストの成長レジーム分析（Boyer

(1988)）やポスト・ケインジアンの成長モデル（Cassetti (2003)）とも異なるものである。これらのモデルでは，名目賃金率の変化が所得分配の全体を変化させ，それが有効需要と結び付くことで経済成長率を決定する。こうした様子は，賃労働関係の制度領域において，団体交渉といった制度が機能し，労働者が賃金決定に関する交渉力を有したフォーディズムの時代の分析方法としては有効である。この時代では，賃金や経済成長は雇用の変化率と直接あるいは間接的な関係を有していた。しかし，制度階層性の転換によって，このようなマクロ経済ダイナミクスの有効性は衰える。賃金の変化は経済成長の源ではなく，結果へと変化する。たとえ国内経済が好況であったとしても，必ずしも雇用や賃金の拡大は見込まれない。経済成長率は，賃労働関係以外の領域における主導的な制度領域のもとでの経済活動を起点として決定されるのである。

　この仮説は制度分析に関する次のような重要な含意を提供する。すなわち，国内外のレベルにおける実物的・金融的取引を支える主要な制度の機能が，経済成長率および賃金や雇用の決定に対してその論理を課す。そしてある制度の機能は別の制度の機能と階層性といった形を通じて関連し合っている。したがって，経済パフォーマンスの考察は，1つの制度だけでなく，複数の制度の関係を踏まえた上で分析されなければならない。

　本章はポスト・ケインジアンのマクロ経済動学モデルに対して制度的構造を取り込む1つの試みである。本章を閉じるに当たり，制度的マクロ経済学の可能性について触れておきたい。制度的構造の取り込みは，第1に，外生変数を制度的環境として解釈する（「閉じ方」による解釈）やり方と，第2に，制度的環境によって誘導あるいは制約されるであろう行動を表す方程式や，マクロ経済変数の決定を表す方程式の導入によって行われている。その上で本章では，諸制度が特定の行動や変数の決まり方を規定している時に，どのようなダイナミクスが生まれてくるのかという問いを立てている。すなわち，制度的構造は外生的なものとして扱われている。制度は定義上，安定的で持続的なものとされ，それは主体にとって行動を制約する客観的要因として現れる（新川他 (2004)）。したがって，混乱期や無秩序状態を別にすれば，制度を外生的なものとして扱うことは可能であろう。

　とはいえ，制度を組み入れた経済分析は，このようなやり方で十分であるとい

うつもりはない。例えば，本章では制度の形成については論じてはおらず，なぜそういった制度が存在するに至ったかについての分析も欠いている。これらの問題は，本章で用いたフレームワークとは別のものを用いた分析が適切な手法になりうるだろう。

しかしながら，制度を経済活動の規定要因として据えることによって理解できるマクロ経済的特質もある。制度的調整においては，経済活動や経済変数の動きが，協議，妥協あるいは権力や命令によって左右される（宇仁 (2009))。制度による制約や誘導が存在する場合には，必ずしも消費者の選好や生産者の生産技術といったプリミティブな条件のみが，経済パフォーマンスを決定づける要因にはならない。本章のようなマクロ経済モデルによって，制度といったメゾレベルの環境に左右される経済活動を通じて，それに特徴的なマクロ経済パフォーマンスが生まれることを理解することができる。

第6章

所得分配，負債に関する 経済成長レジームの 多様性と両立性

6.1 はじめに

　これまでの各章では，賃金主導型成長レジームと利潤主導型成長レジームのダイナミクス，および負債主導型成長レジームと負債荷重型成長レジームのダイナミクスについて，それぞれ検証を行ってきた。本章では，これらのレジームの組み合わせを検討し，その実証的，政策的含意を導き出す。

　今一度，成長レジームに関する先行研究の整理を行っておこう。ポスト・ケインジアンはその需要主導型経済成長モデルにおいて，所得分配の役割に注目してきた。カルドアやロビンソンに着想を受けたネオ・ケインジアン・モデルでは，戦後の先進国の高成長を背景に完全稼働状態が想定され，経済成長率と利潤率が歩調を合わせて上昇し，その背後で賃金分配率が低下する局面が説明される（Marglin (1984)）。対照的に，基本的なカレツキアン・モデルでは，賃金分配率の上昇が経済成長率を引き上げることが説明される。これは，古典派マルクス・モデルとも対照的な結果である。その後のカレツキアン・モデルの拡張によって，所得分配は経済成長に対して両義的な効果をもつことが知られるようになった（Bhaduri and Marglin (1990)；Blecker (2002)；Bhaduri (2007)；池田 (2006)）。一般的に，IS バランスを規定するパラメーターの大きさによって，経済成長レジームは利潤主導型か賃金主導型のどちらかになりうる。利潤分配率の上昇が経済成長率を引き上げるとき，利潤主導型成長レジームという。逆に，賃金分配率の上昇が経済成長率を引き上げるとき，賃金主導型成長レジームという。

　理論的，実証的理由によって，この成長モデルに対する金融部門の取り込みが必要になってきた。実証的理由としては，所得分配，有効需要そして経済成

長に対する金融化の影響が無視しえないものになってきたことによる。その結果，負債資金調達と経済成長との関連性についての理論分析が発展した。そこで，企業部門の資金調達に注目した分析を通じて明らかになったのが，負債主導型成長レジームと負債荷重型成長レジームの存在である (Taylor (2004); Hein (2007, 2006); Sasaki and Fujita (2012))。前者は，負債・資本比率（負債比率）や金利の上昇が経済成長率を引き上げる成長パターンをいい，パズリング・レジーム (puzzling regime) とも呼ばれる。逆に，後者は，負債比率や金利の上昇が経済成長率を引き下げる成長パターンを指し，ノーマル・レジーム (normal regime) とも呼ばれる。これら負債・成長レジームの形成もまた，一般に IS バランスを規定するパラメーターの大きさに依存する。

ここでは，所得分配・成長レジームとは賃金主導型，利潤主導型成長を指し，負債・成長レジームとは負債主導型，負債荷重型成長を指すものとして用いよう。既存研究や，これまでの各章では，それぞれのレジームの形成条件や特質について焦点を絞った研究を行ってきた。

ところが，このような成長レジームの検証は，所得分配と負債の観点からの考察が独立した形でなされてきた。それゆえ，所得分配・成長レジームと，負債・成長レジームの関係は，十分に明らかになっていない。基本的なカレツキアン・モデルは，所得分配と経済成長について賃金主導型，利潤主導型の経済成長レジームの形成条件を明らかにしてきた。しかし，これらと負債・成長レジームとの関連は不明確なままである。負債蓄積を伴ったカレツキアン・モデルは，負債主導型および負債荷重型成長レジームの形成条件と安定条件を検討してきた。しかしながら，これらが所得分配・成長レジームと両立可能かは決して明らかではない。

経済成長や景気循環は，所得分配と負債の両者によって影響を受ける。これらは，第6.4節や第10章でもみるように，近年の実証分析によっても確かめられた定型化された事実である (Hein and Schoder (2011); Lavoie and Stockhammer (2013b))。したがって，経済成長レジームは，少なくとも，これらの両面から考察されなければならない。

そこで，本章では，所得分配・成長レジームと負債・成長レジームの短期的な形成条件と両立性を次の手順で明らかにする。第1に，所得分配・成長レジー

ムと負債・成長レジームを包括的に生み出す一般的なポスト・ケインジアン・モデルを設定する。第2に，賃金主導型成長，利潤主導型成長レジームのメカニズムと，負債主導型成長，負債荷重型成長レジームのメカニズムを，それぞれ明らかにする。その上で，これらのレジームの両立可能性について検討する。第3に，理論的あるいは実証的観点から，それぞれのレジームの組み合わせに対する政策的含意を提示する。以上のように，ある経済成長レジームを所得分配および負債の両面から検証することによって，両レジームの両立性と特質や，あるレジームから別のそれへと転換が起こるメカニズムを，より詳細に理解することが可能になる。

本章は，以下のように構成される。第6.2節では，モデルを設定し，さまざまな経済成長レジームの形成条件について検討する。第6.3節では，成長レジームを規定するレジーム・スウィッチング・パラメーターを特定化し，成長レジームの形成と転換を詳細に説明する。第6.4節では，それぞれの成長レジームの組み合わせの特質を検証し，そこから導かれる政策的含意を導き出す。第6.5節は，結論である。

6.2 モデル

6.2.1 モデルの設定

以下で用いる主要な標記は，次の通りである。X：生産量（総所得），X^*：潜在産出量，K：資本ストック，E：実効雇用水準，$1-\pi$：賃金分配率，π：利潤分配率，$u = X/K$：産出・資本比率（稼働率），$X^*/K = \nu$：潜在産出量資本比率（一定かつ簡単化のために1とする），$r = \pi u$：利潤率，S：総貯蓄量，I：総投資量，D：企業の負債ストック，g：資本蓄積率，R：利潤，i：名目金利，λ：負債比率。

一国経済には，労働者，企業，（中央銀行を含む）銀行，そして金利生活者の4つの経済主体がいるものと仮定する。企業は生産の主体であり，金利生活者は非生産的主体である。金利生活者は，民間銀行を介して，あるいは企業の株式を保有する形で，企業に資金を提供する主体として定義する。企業は，資本と労働を雇用し，固定係数型の技術を使って消費にも投資にも利用される万能

財を生産する。簡単化のために技術変化はないものと仮定する。労働者は労働を提供し，その対価として賃金を受け取る。中央銀行は外生的に金利を設定する。なお，民間銀行の活動は明示的に扱わず，暗黙的に存在するものと考える。この経済は閉鎖経済であり，政府支出も捨象する。

モデルは，所得分配と，資金の貸借関係，そして貯蓄に関する行動について，第4章と全く同じ仮定に即して設定しよう。このとき，資本ストックで正規化した経済全体での貯蓄は，次のようになる。

$$S/K = (S_c + S_f)/K$$
$$= s_c[(1-s_f)(\pi u - i\lambda) + i\lambda] + s_f(\pi u - i\lambda) = (\delta + s_c)\pi - \delta i\lambda, \quad (6.1)$$

ここで $\delta = s_f(1-s_c)$ である。ただし貯蓄率に関して，$s_f \in [0,1]$ と $s_c \in (0,1)$ を仮定する。

ポスト・ケインジアン・モデルでは，さまざまな投資関数が用いられる。Charles (2008a) は，資本蓄積が企業の内部資金の増加関数とした投資関数を仮定している。Lima and Meirelles (2007) は，利潤率と金利を説明変数とした投資関数を設定している。Hein (2007) や Sasaki and Fujita (2012) は，Marglin and Bhaduri (1990) に利払いのマイナス効果を取り入れた投資関数を用いている。本章では，多様な経済成長レジームを導出するために，Hein (2007) や Sasaki and Fujita (2012) に倣う。そして，企業は次の関数に基づき，投資を実行するものと仮定する。

$$g = \dot{K}/K = I/K = \alpha + \beta\pi + \gamma u - \theta i\lambda, \quad (6.2)$$

ここで $\alpha, \beta, \gamma, \theta$ は，正のパラメーターである。α は資本蓄積の動機の強さを表し，企業のアニマル・スピリッツによって影響を受けるものと考える。利潤分配率 π と稼働率 u の上昇はともに資本蓄積を刺激するが，利払いの増大 $i\lambda$ はそれを抑制する。成長レジームの形成条件は貯蓄関数や投資関数の選択に敏感であるために，その選択は慎重に行わなければならない。多様な成長レジームの形成と両立の条件の検証という目的に加えて，(6.2) 式の投資関数は実証的根拠にも基づいて選択している。例えば，Hein and Schoder (2011) は，加速度

効果(実質純国内所得の伸び率)や利潤分配率は資本蓄積に異なった大きさで正の影響を与えていることを示している。Ndikumana (1999) は,利払いが資本蓄積に対してネガティブな効果を与えていることを実証している。このことを踏まえると,利払い,加速度効果,利潤分配率の影響を区分した投資関数を用いるのが妥当である。

6.2.2 定常状態の性質

本章では,短期の定常状態における経済成長レジームの特徴を検討する。短期とは,負債ストックが一定の状態で,財市場の不均衡が稼働率によって調整される期間を指す。(6.1)式と(6.2)式から,短期の稼働率は次式で与えられる。

$$u^* = \frac{\alpha + \beta\pi + (\delta-\theta)i\lambda}{(\delta+s_c)\pi - \gamma}, \quad (6.3)$$

ケインジアン安定条件として $(\delta+s_c)\pi - \gamma > 0$ を仮定する。(6.3)式の分子も正と仮定すれば,正値の稼働率を得ることができる。

u^* を利潤分配率 π で微分することによって,所得分配・稼働率レジーム(需要レジーム)を導出することができる。すなわち,

$$\frac{\partial u^*}{\partial \pi} = -\frac{(\delta+s_c)[\alpha + (\delta-\theta)i\lambda] + \beta\gamma}{[(\delta+s_c)\pi - \gamma]^2}, \quad (6.4)$$

をもとにして,需要レジームを,停滞型と高揚型に分類することができる。α, β, γ の値が大きいほど,停滞型需要レジームが形成されやすい。このとき,賃金分配率の上昇が稼働率を引き上げる。逆に θ の値が大きいほど,高揚型需要レジームが形成されやすいことが示されている。このとき,利潤分配率の上昇が稼働率を引き上げる。

同様に,u^* を負債比率 λ で微分すると,負債・稼働率レジーム(需要レジーム)を得ることができる。

$$\frac{\partial u^*}{\partial \lambda} = \frac{(\delta-\theta)i}{(\delta+s_c)\pi - \gamma}, \quad (6.5)$$

この計算から,負債・稼働率レジームの形成にとって δ と θ との大小関係が重

要であることが分かる。もし，θ の値が δ よりも大きいならば，負債荷重型需要レジームになる。逆に，θ の値が δ よりも小さいならば，負債主導型需要レジームが形成される。あわせて，金利の水準は，稼働率に対する負債のインパクトを変化させる。負債・稼働率レジームは，経済成長レジームの組み合わせの可能性に対しても重要な役割を担う。

以下において，所得分配と負債の変化をもとに，経済成長レジームの形成メカニズムを考察しよう。(6.3) 式を (6.2) 式に代入すると，短期の資本蓄積率 g^* を得ることができる。

$$g^* = \frac{(\alpha + \beta\pi)(\delta + s_c)\pi + [\delta\gamma - \theta\pi(\delta + s_c)]i\lambda}{(\delta + s_c)\pi - \gamma}, \quad (6.6)$$

短期の定常状態では，稼働率 $u^* = X/K$ が一定であるために，資本蓄積率 g^* と産出量成長率は一致する。そこで (6.6) 式をもとに，経済成長レジームの決定要因を導出しよう。

第 1 に，所得分配率の変化が経済成長率に与える影響は，g^* を π で微分することで導出される。

$$\frac{\partial g^*}{\partial \pi} = \frac{(\delta + s_c)}{[(\delta + s_c)\pi - \gamma]^2}\left\{\beta\pi^2(\delta + s_c) - \gamma[\alpha + 2\beta\pi + (\delta - \theta)i\lambda]\right\}, \quad (6.7)$$

(6.3) 式の分子を正と仮定したので，$[\alpha + 2\beta\pi + (\delta - \theta)i\lambda]$ もまた正の値をとる。(6.7) 式において，$(\delta + s_c)$ は正であるために，所得分配・成長レジームは波括弧内の符号をもとに判別することができる。

第 2 に，負債比率の変化が経済成長率に与える影響は，g^* を λ で微分することによって考察できる。

$$\frac{\partial g^*}{\partial \lambda} = \frac{i}{(\delta + s_c)\pi - \gamma}[\gamma\delta - \theta(\delta + s_c)\pi], \quad (6.8)$$

(6.8) 式の分母は正であるから，負債・成長レジームは角括弧内の符号をもとに判別することができる。

ここで負債・稼働率レジームと負債・成長レジームの関係に注意しておこう。(6.8) 式の括弧を整理すると，

$$\gamma\delta - \theta\pi(\delta + s_c) = \gamma\delta - (\theta\gamma - \theta\gamma) - \theta\pi(\delta + s_c)$$
$$= \gamma(\delta - \theta) + \theta[\gamma - \pi(\delta + s_c)],$$

今，ケインジアン安定条件のために，$\gamma - \pi(\delta + s_c) < 0$である。したがって，負債荷重型需要レジームの場合 ($\delta - \theta < 0$) には，成長レジームは必ず負債荷重型成長レジームである。しかし，負債主導型需要レジームの場合 ($\delta - \theta > 0$) には，成長レジームは負債主導型あるいは負債荷重型成長レジームのどちらでもありうる。これらの形成条件について次節で詳しく考察しよう。

6.3 経済成長レジームを規定するパラメーター

6.3.1 レジーム・スウィッチング・パラメーター

前節で示したように，所得分配・成長レジームは，(6.7) 式のパラメーターに応じて賃金主導型あるいは利潤主導型に区分される。より詳しくは，以下の不等式がそれらを規定する。

- 次の不等式が満たされる場合には，

$$\gamma < \frac{\beta\pi^2(\delta + s_c)}{\alpha + 2\beta\pi + (\delta - \theta)i\lambda}, \tag{6.9}$$

利潤主導型成長レジームが確立される。

- 他方で，次の不等式が満たされる場合には，

$$\gamma > \frac{\beta\pi^2(\delta + s_c)}{\alpha + 2\beta\pi + (\delta - \theta)i\lambda}, \tag{6.10}$$

賃金主導型成長レジームが確立される。

負債・成長レジームについては，(6.8) 式のパラメーターに応じて，負債主導型か負債荷重型かに区分される。より詳しくは，以下の不等式がそれらを規定する。

- 次の不等式が満たされる場合には，

$$\gamma < \frac{\theta\pi(\delta + s_c)}{\delta}, \tag{6.11}$$

負債荷重型成長レジームが実現する。
● 他方で，次の不等式が満たされる場合には，

$$\gamma > \frac{\theta\pi(\delta + s_c)}{\delta}, \tag{6.12}$$

負債主導型成長レジームが実現する。これらのレジームは，負債比率の変化と経済成長率との関係から定義した条件である。また，金利の変化と経済成長率との関係をもとにそれらを定義しても，同様の条件を得る。

(6.9) 式から (6.12) 式は，パラメーター γ, δ, θ そして π の全てが所得分配・成長レジームと負債・成長レジームの双方に関わることを示している。ここで，γ は投資関数における加速度効果を表す。δ は，企業の内部留保割合と金利生活者の消費性向の積である。θ は，投資に対する利払いの荷重効果であり，π は利潤分配率を表す。これらのパラメーターは，いずれもある経済成長レジームから別のそれへのレジーム転換をもたらす。それゆえ，これらのパラメーターを「レジーム・スウィッチング・パラメーター」と呼ぶ。

本節では，各経済成長レジームの形成条件を γ と δ をもとに考察する。これらのパラメーターは，成長レジームの形成条件を明確に示すことができるためである。そこで，δ を横軸に，γ を縦軸にとり，これらのパラメーターの大きさと所得分配・成長レジームおよび負債・成長レジームの成立関係を図示する。不等式 (6.9) から (6.12) をもとにして，関数 $F(\delta)$ と $G(\delta)$ を，次のように定義しよう。

$$F(\delta) = \frac{\beta\pi^2(\delta + s_c)}{\alpha + 2\beta\pi + (\delta - \theta)i\lambda}, \tag{6.13}$$

$$G(\delta) = \frac{\theta\pi(\delta + s_c)}{\delta}, \tag{6.14}$$

δ は s_f と s_c を含むことに注意しよう。s_c は (6.13) 式と (6.14) 式の他の項にも含まれるため，それを一定とおく。その上で，δ のとる範囲を考えよう。い

ま $s_f \in [0,1]$ であるために, δ の最大値と最小値はそれぞれ $1-s_c$ と 0 である。$F(\delta)$ は, この定義域において単調減少の関数である[1]。すると, その最小値と最大値は, それぞれ $\dfrac{\beta\pi^2}{\alpha+2\beta\pi+(1-s_c-\theta)i\lambda}$ と, $\dfrac{s_c\beta\pi^2}{\alpha+2\beta\pi-\theta i\lambda}$ になる。同様に, 関数 $G(\delta)$ のグラフも, この定義域において右下がりの形状を示す。また, 関数 $G(\delta)$ の極限値と最小値はそれぞれ, $\lim_{\delta\to 0} G(\delta) = \infty$ と, $\dfrac{\theta\pi}{1-s_c}$ である。

6.3.2 所得分配・成長レジームの性質について

このモデルにおいて, どの成長レジームが形成されるかということは, レジーム・スウィッチング・パラメーターが全て外生的であるために, 偶然に左右される。図 6.1 は所得分配・成長レジームの形成条件を示している。$\gamma > F(\delta)$ の場合には, 所得分配・成長レジームとして, 賃金主導型が形成され, $\gamma < F(\delta)$ の場合には, 利潤主導型が形成される。$\gamma = F(\delta)$ の場合には, 経済成長は所得分配の変化から影響を受けない。

(6.9) 式と (6.10) 式は複雑であるために, 直接これらの経済学的意味を把握することは難しい。そこで, 定常状態で評価した (6.3) 式を用いて, (6.9) 式と (6.10) 式が含む経済学的意味を, 直感的に提示したいと思う。

(6.3) 式から, 定常状態における経済成長率は, $g^* = \alpha + \beta\pi + \gamma u^*(\pi,\lambda) - \theta i\lambda$ によって表される。これは, (6.7) 式の別表現である。g と π に関して全微分を行うと, $dg^* = \beta d\pi + \gamma u^*_\pi d\pi$ が得られる。この結果は, 所得分配・成長レジームは, 利潤分配率が資本蓄積率に対して直接的に与える影響と, 稼働率への効果を介して間接的に与える影響の総効果によって形成されることを示している。

所得分配の変化が経済成長に対して与える影響は, 以下のように分解できる。

---

[1] いま $F(\delta)$ を δ で微分すると, 次式が得られる。

$$\frac{dF(\delta)}{d\delta} = \frac{\beta\pi^2(\alpha+2\beta\pi-(\theta+s_c)i\lambda)}{[\alpha+2\beta\pi+(\delta-\theta)i\lambda]^2}$$

経済的に意味のある解を得るために, この式の分子は負であると仮定する。仮に $F(\delta)$ の傾きが負でない場合には, 企業の内部留保が上昇した時に, 利潤を元手にした総消費が低下するにも関わらず, 利潤主導型成長レジームが形成されるという奇妙な結果が得られる。

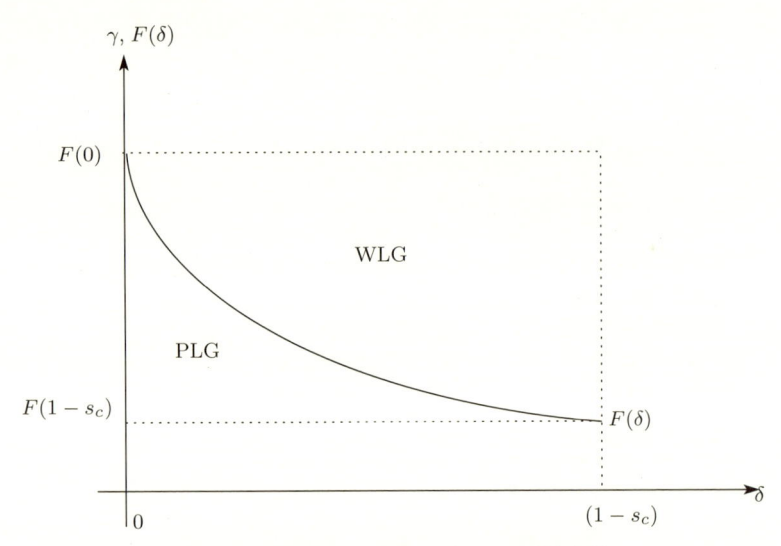

図 6.1 所得分配・成長レジームの形成条件

注：WLG は賃金主導型成長を指し，PLG は利潤主導型成長を指す。そして曲線は (6.13) 式によって描写される。なお，$F(0) = \frac{s_c \beta \pi^2}{\alpha + 2\beta\pi - \theta i \lambda}$ であり，$F(1-s_c) = \frac{\beta \pi^2}{\alpha + 2\beta\pi + (1-s_c-\theta)i\lambda}$ である。

利潤分配率の上昇は，総消費を $-(\delta + s_c)$ だけ，必ず低下させる。逆に言えば，賃金分配率の上昇は必ず消費需要を引き上げる。そして，企業の内部留保が高いほど，この効果は大きい[2]。他方で，利潤分配率の上昇は，投資需要を β だけ引き上げる。乗数効果が生じる以前においては，利潤分配率の上昇による消費の低下が，これによる投資の上昇に比べて小さければ，利潤分配率の上昇は

---

[2] これらは，形式的には次のように説明できる。企業は今，利払い後の利潤所得のうち，$(1-s_f)$ の割合を金利生活者の配当に回し，残りを留保する。したがって，企業は消費を行わない。金利生活者は，受け取った金融所得の $(1-s_c)$ の割合を消費する。1 単位の利潤分配率の上昇からの配当の上昇は，金利生活者の消費を $(1-s_f)(1-s_c)$ だけ拡大させる。他方で，これによる賃金分配率の 1 単位の低下は，労働者の消費を -1 だけ低下させる。したがって，利潤分配率の 1 単位の変化は，総消費を $-1 + (1-s_f)(1-s_c) = -s_f(1-s_c) - s_c < 0$ だけ変化させる。それゆえ，利潤分配率の上昇は，必ず総消費を低下させ，この低下分は，s_f の値が大きいほど大きくなる。かくして企業がより多くの割合を留保するほど（s_f が大きいほど），利潤分配率の上昇を通じた総需要形成が困難になる。

産出・資本比率を引き上げる（すなわち，高揚型レジームが実現する）。もし，利潤分配率の上昇による消費の低下が，これによる投資の上昇に比べて大きければ，利潤分配率の上昇は産出・資本比率を引き下げる（すなわち，停滞型レジームが実現する）。他方で，γ は投資に対する加速度効果を表す。稼働率の変化は，この効果が生じる分だけ経済成長率の変化を誘発する。こうした利潤分配率の変化が稼働率を介して経済成長に与える影響に加えて，その変化は β を通じて経済成長に対して直接的な影響を与える。

所得分配が経済成長に与える影響は，これらの総効果の結果として現れる。需要レジームが高揚型レジームの場合には（$u_\pi^* > 0$），必ず利潤主導型成長レジームが形成される。停滞型レジームの場合には（$u_\pi^* < 0$），賃金，利潤主導型成長レジームのどちらかが形成される。他のパラメーターを一定とおけば，加速度効果が弱い時（γ の値が小さい時）には，利潤主導型成長レジームが形成されやすく，この効果が強い時（γ の値が大きい時）には，賃金主導型成長レジームが形成されやすい。図 6.1 はこれらのことを表し，(6.8) 式は，これらのメカニズムを表すものである。

6.3.3 負債・成長レジームの性質について

本章のモデルは，負債主導型成長レジームと負債荷重型成長レジームの形成条件を考察することができる。いずれのレジームが形成されるかは，外生的なレジーム・スウィッチング・パラメーターに依存するために，偶然である。図 6.2 は，これらの負債・成長レジームの形成条件を表す。$G(1-s_c) < \gamma$ の領域を所与とすれば，δ の値が上昇するにつれて，負債主導型成長レジームが形成されやすくなる。逆に，δ の値が小さくなると，負債荷重型成長レジームが形成されやすくなる。$\gamma = G(\delta)$ が満たされる場合に限ってのみ，金融面は経済成長に対して中立的になる。

(6.11) 式と (6.12) 式は複雑であるために，前節と同じく，定常状態で評価した (6.3) 式を用いて，負債・成長レジームの形成条件を，直感的に提示したいと思う。(6.3) を，g と λ に関して全微分を行うと，$dg^* = \gamma u_\lambda^* d\lambda - \theta i d\lambda$ が得られる。この結果も，負債・成長レジームは，負債比率が資本蓄積率に対して直接的に与える影響と，稼働率への効果を介して間接的に与える影響の総効果に

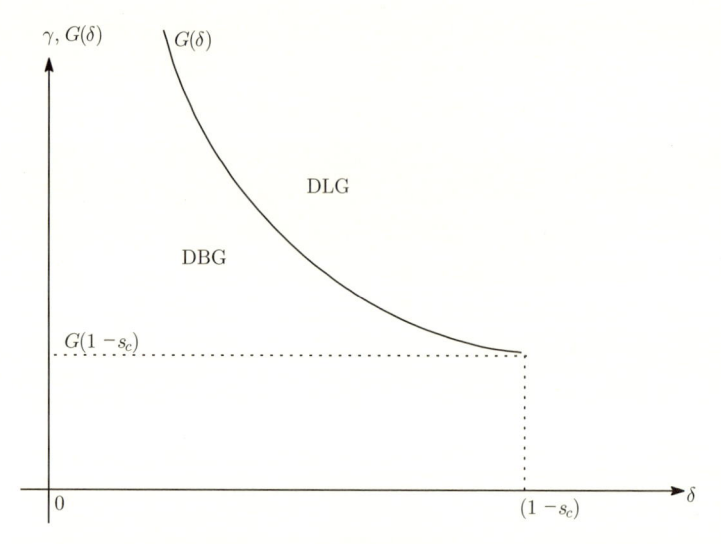

図 6.2　負債主導型および負債荷重型成長レジームの形成条件

注：DLG は負債主導型成長を，DBG は負債荷重型成長レジームをそれぞれ表す．曲線は (6.14) 式によって記述される．$G(\delta)$ の極限は，$\lim_{\delta \to 0} = \infty$ であり，その最小値は $G(1-s_c) = \frac{\theta \pi}{1-s_c}$ である．

よって形成されることを示している．

　このことを詳しくみよう．負債比率の 1 単位の上昇は，総消費を δi だけ引き上げる[3]．ここで，企業の内部留保率が高いほど，負債比率の上昇が金利生活者の消費需要を刺激する効果は大きくなり，総需要の拡大に貢献する．他方で，負債比率の 1 単位の上昇は，投資需要を θi だけ引き下げる．負債比率の上昇が消費の拡大を誘発する効果が，その投資抑制効果に比べて大きければ，稼働率は上昇する．すなわち，負債主導型需要レジームが形成される．逆の場合には，負債荷重型需要レジームが形成され，負債比率の上昇は稼働率を低下させ

---

　[3] このメカニズムは次のように説明される．労働者の消費支出は負債比率から独立である．負債比率が 1 単位上昇した場合，配当と金利収入の変化によって，金利生活者の金融所得は $[-(1-s_f)+1]i$ だけ上昇する．この変化によって，金利生活者の消費支出は $(1-s_c)[-(1-s_f)+1]i = \delta i$ だけ上昇する．それゆえ，1 単位の負債比率の上昇は総消費の変化に対してポジティブな影響をもたらす．

る。かくして誘発される稼働率は，γ を通じた加速度効果によって，経済成長率の変化を引き起こす。負債比率の上昇は，この間接効果に加えて，θi を通じて経済成長率を引き下げる直接効果を有している。

　負債・成長レジームは，これらの総効果の結果として実現する。需要レジームが負債荷重型需要レジームの場合には ($u^*_\lambda < 0$)，負債荷重型成長レジームのみが形成される。負債主導型需要レジームの場合には ($u^*_\lambda > 0$)，負債主導，負債荷重型成長レジームのどちらかが形成される。他のパラメーターを一定とおけば，加速度効果が強い時には，負債主導型成長レジームが形成されやすい。これは拡大した消費に対して強い加速度効果が生じ，総需要をさらに拡大するためである。かくして負債主導型成長レジームの形成は，δ と γ の大きな値の組み合わせによって，より確実になる。逆に，この効果が弱い時には，負債荷重型成長レジームが形成されやすい。また，企業の内部留保率が高い時には，負債主導型成長レジームが形成されやすくなる。図 6.2 はこれらのことを表す。

　この他の変数は曲線の位置に対して影響を及ぼす。例えば，θ の上昇は負債荷重型成長レジームの形成領域を拡大させる。これが生じる理由は簡単である。投資関数 (6.3) 式において，θ は利払いの投資に対するネガティブな効果を意味している。この値が上昇するほど，利払いの上昇によって投資需要は抑制される。したがって，負債変数の上昇がもたらす消費・加速度効果が生じても，投資に対する利払いのネガティブな効果を相殺できない可能性が高くなる。それゆえ，θ の上昇は負債荷重型成長レジームの形成領域を拡大させ，負債主導型成長レジームの形成領域を縮小させる。

6.4　多様な経済成長レジームの組み合わせ

6.4.1　成長レジームの組み合わせの性質と実証的・政策的含意

　ここまで，それぞれの成長レジームが形成される条件について考察してきた。本節では，これらの所得分配・負債・成長レジームの組み合わせの両立性と，それが有する性質を考察する。なお，レジームの組み合わせの存在証明は重要な試みではあるが機械的なものである。そこで，詳しい証明は補論に譲り，本節では得られた結果をもとに，成長レジームの組み合わせの性質と実証的・政策

的含意を提示する。

　結論から言えば，(1) 賃金主導型・負債荷重型成長レジーム，(2) 賃金主導型・負債主導型成長レジーム，(3) 利潤主導型・負債荷重型成長レジーム，(4) 利潤主導型・負債主導型成長レジームの4つのレジームの組み合わせが両立しうる。図6.3は，これら4つの成長レジームの組み合わせが実現する領域を図示したものである[4]。あるレジームのもとで，所得分配や負債比率に対するショックが生じると，それに応じた成長や停滞が実現する。経済成長レジームの組み合わせについての議論によって，それぞれの状態のもとでマクロ経済パフォーマンスを支えるために，適切な経済政策が必要であることが理解できる。

　図6.3において，γとδが (1) の領域に含まれるとき，この経済では賃金主導型・負債荷重型成長レジームが形成されている。この成長レジームにおいては，労働者への所得再分配がその消費支出を上昇させ，これによる総需要拡大効果は，利潤分配率の低下による投資支出の低下を上回る。このため，賃金主導型成長レジームが形成される。他方で，負債比率の上昇は企業の投資需要に対して負の効果を与えるが，金利生活者の金融的所得を増大させることで，その消費支出を拡大させる。前者の効果が後者の効果を上回ることにより，負債荷重型成長レジームが形成される。

　経済が賃金主導型成長レジームを有するときには，賃金分配率の上昇が経済成長率を引き上げる。賃金分配率の上昇を引き起こすには，最低賃金水準を引き上げる政策や，労働組合の賃金交渉力の増大などが適したものとして必要になる。このような賃金分配率を拡大させる政策は，この成長レジームにおいて，経済成長率の停滞をもたらすことなく，所得分配の不平等も抑制する可能性を有している。他方で，金利の引き下げといった金融政策も，実物的効果を有している。負債荷重型成長レジームのもとでは，中央銀行の政策によって，利払い

---

[4] 本章では詳しい考察はしないが，もう1つのケースとしては，レジームの組み合わせは3つしかないケースがある。これは $F(\delta)$ と $G(\delta)$ が示す曲線が交点を持たない場合に生じる。その時には，(1) 賃金主導型・負債荷重型成長レジーム，(2) 賃金主導型・負債主導型成長レジーム，(3) 利潤主導型・負債荷重型成長レジームのみが可能である。これは θ の値が大きい時に生じやすい。これにより，$G(\delta)$ の値は大きくなるが，$F(\delta)$ の値は影響を受けない。したがって，利潤主導型・負債主導型成長レジームの形成条件，$G(\delta) < F(\delta)$ が満たされない。既に論じたように，これは利払いの投資への荷重効果が上昇し，負債主導型成長レジームの実現が抑制されるためである。

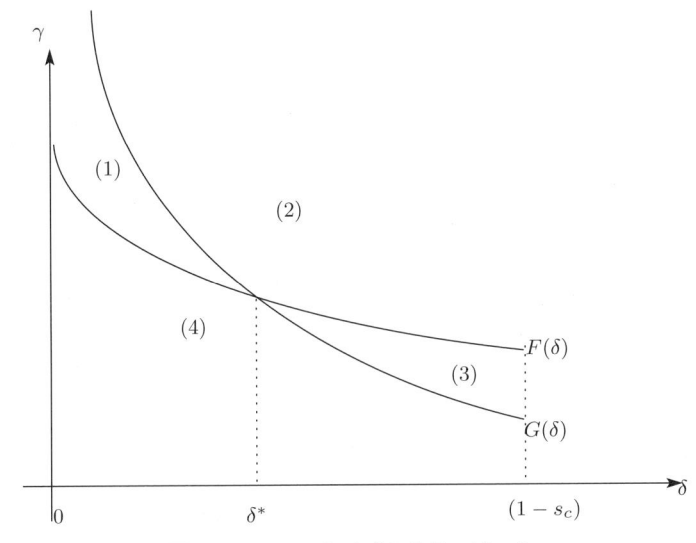

図 6.3　4つのタイプの成長レジーム

注：領域 (1) は WLG かつ DBG である。領域 (2) は WLG かつ DLG である。領域 (3) は PLG かつ DLG である。領域 (4) は PLG かつ DBG である。ただし各領域は境界線上を含まない。

の荷重を抑制するように金利を引き下げることが望ましい。Hein and Schoder (2011) は，米国やドイツにおいて，賃金主導型と負債荷重型成長レジームの組み合わせが生じていたことを実証的に明らかにしている。さらに彼らは，高金利政策と，労働者への所得再分配の引き下げによって，1980年代初頭以降のこれらの経済において，GDP 成長率のトレンドの大きな低下が生じたことを推計している。これらの事実は，賃金政策の実行のみでは，経済の停滞は解決できないことを物語っている。経済成長率の下支えのためには，適切な金融政策も同時に必要である。

(1) の領域とは対照的な性質は，利潤主導型・負債主導型成長レジームの組み合わせにおいてみられる。この組み合わせは，図 6.3 において γ と δ が (3) の領域に含まれるときに形成される。この場合には，労働者に対する所得再分配がその消費を拡大させる効果は小さく，利潤分配率の低下がもたらす投資の

減少による総需要の低下を補うことができない。このため，利潤主導型成長レジームが形成される。他方で，負債比率の上昇は企業の投資を抑制するものの，その上昇は金利生活者の金融的収入をもたらし，その消費の拡大を強く誘発する。後者の需要誘発効果が前者の需要抑制効果を上回ることで，負債主導型成長レジームが形成される。

利潤主導型成長レジームを有する経済においては，利潤分配率を上昇させる政策が，経済成長率を引き上げる上で有効である。労働市場の流動化や賃金抑制は，この候補になるだろう。しかしながら，こうした政策は常に経済全体にとって望ましいとは限らない。というのも，賃金分配率の過度の低下や所得格差の発生といった副作用をもたらす可能性が残るためである。この問題は，以下で，利潤主導型・負債荷重型成長レジームの組み合わせを考察するときに言及しよう。他方で，負債主導型成長レジームにおける負債比率の上昇は，金利生活者の消費を拡大させることで，有効需要を引き上げる。つまり，金融市場からの負債資金調達の拡大は，有効需要を増大させる効果を持つ。とはいえ，過剰な負債の蓄積やそれに伴うリスクを防ぐために，こうした需要形成を支える金融に対しては，何らかの規制が必要になる。第4章で示したように，企業の高い負債比率はポンジ金融構造をもたらしやすい。また，米国におけるサブプライム・ショックやリーマン・ショックにみられたように，労働者の負債蓄積は短期的には需要を刺激したものの，最終的にはその金融構造の脆弱化を引き起こしたのである。

図 6.3 において，γ と δ が (2) の領域に含まれるとき，この経済では賃金主導型・負債主導型成長レジームが形成されている。この成長レジームにおいては，労働者への所得再分配や負債比率の上昇が，労働者と金利生活者の消費支出を拡大させ，この効果を通じて経済成長率が上昇する。利潤分配率の低下や負債比率の上昇は，投資需要を潜在的に抑制する効果をもっているが，これらは消費主導の需要拡大によって相殺される。

この成長レジームの組み合わせを検討することにより，近年の成長と停滞に関する定型化された事実に対する含意を提示することができる。賃金主導型成長レジームにある経済において，利潤分配率の引き上げを試みる政策が行われると，経済成長率は低下する。Lavoie and Stockhammer (2013b) は，多くの

賃金主導型の経済成長レジームを有する国々で，新自由主義が台頭し，事実上，賃金分配率の抑制を試みる政策が追及された結果について論じている。このような所得分配の変容は停滞をもたらすために，経済成長率を下支えするための外生的な要因が必要になる。新自由主義の下で生じたことは，労働者の借り入れの増大に依拠した需要形成であり，このことは総需要の下支えに貢献した。負債に依拠した成長は，理論的に言えば，負債主導型成長レジームを有する経済においては可能である。しかしながら，米国における負債主導型成長は，労働者や金融部門の過度な負債蓄積を伴ったものであった。Lavoie and Stockhammer (2013b) は，2007－2008 年の金融危機と，そこから帰結する脱レバレッジの過程は，負債主導型成長レジームの限界を示すものと指摘している。

(2) の領域とは対照的な性質は，図 6.3 において γ と δ が (4) の領域に含まれる，利潤主導型・負債荷重型成長レジームの組み合わせにおいてみられる。この場合には，利潤分配率への所得再分配が経済成長率を引き上げる。負債比率の上昇を通じた金利生活者の金融的収入の増大は，経済成長率を引き下げる。利潤分配率の上昇は，企業の投資需要を引き上げ，この効果が強く働き，総需要は増大する。金融面について負債荷重型成長レジームが形成されるのは，負債比率の上昇が極めて強く投資需要を抑制するためである。すなわち，負債比率の上昇がもたらす消費の増大は小さいため，投資の需要抑制効果を相殺できない。

利潤主導型・負債荷重型成長レジームに関する政策的含意は，日本経済の経験から導かれる。本書の第 9 章では，過去 20 年間にわたる日本経済の資本蓄積の特徴について検証している。その資本蓄積のパターンは，利潤主導型・負債荷重型の特質を有していた。こういった特質のもとで，1990 年代の不況過程では，労働保蔵の効果や不良債権の問題を通じて企業の利潤圧縮が生じた。2002 年以降になると，低金利政策や労働市場における構造改革を通じて企業や銀行の金融構造の改善が生じ，日本経済のマクロ経済パフォーマンスは回復した。しかしながら，このような構造改革の結果，労働組合の弱体化，春闘の崩壊，これに伴う賃金分配率の抑制と所得格差の拡大，輸出主導型成長への依存が進んだ。こうした改革や成長レジームの変容は，2008 年の金融危機をきっかけに，マクロ経済パフォーマンスの悪化に帰結した (Uni (2011)；Uemura (2011))。

日本経済のこうした経験は次のような政策的教訓を与えるものである。すなわち，例え利潤主導型成長レジームを有する経済においても，賃金の抑制は，国内需要構造の弱体化をもたらし，成長の不安定化要因として働くのである。

理論分析から得られた結果と，実証的結果とを照らし合わせることで，経済成長レジームの組み合わせに応じて，それに適した経済政策は異なってくることを理解することができる。負債荷重型成長レジームのもとでは，低金利政策が必要である。他方で負債主導型成長レジームのもとでは，過剰な負債の蓄積を抑制し，金融危機を防ぐための金融的規制が必要になる。負債主導型成長レジームにおいては，負債比率の上昇は短期的には経済成長に対して貢献しうるが，定型化された事実によると，このことは金融構造の脆弱化につながり，不安定な成長レジームに帰結する。利潤主導型成長レジームにある時には，成長の実現のために，賃金抑制は1つの策になりうる。しかしながら，現実には，それは所得格差の拡大や，負債や輸出への依存体質の定着といった副作用をもたらし，脆弱な国内需要形成パターンをもたらす。対照的に，賃金主導型成長レジームを有する経済では，上述の賃金政策によって，マクロ経済パフォーマンスを改善させることができるだけでなく，賃金格差の抑制も期待することができる。

6.4.2 先行研究に対する含意

ここまで，賃金主導型と利潤主導型成長レジームおよび，負債主導型と負債荷重型成長レジームの形成メカニズムやレジームの両立条件を導出してきた。本節では，先行研究に対する本モデルの含意を理論面と実証面から考えてみたいと思う。いくつかの含意は，先行研究においても指摘されてきたものである。しかし，本章のモデルは，そうした含意を包括的に説明することができる。

第1に，本章のモデルは，所得分配・成長レジームと，負債・成長レジームの両方を明確に捉えるものである。はじめに言及した通り，これらの成長レジームの形成・両立条件の検討は，包括的な形で行われてこなかった。Bhaduri and Marglin (1990), Blecker (2002), Bhaduri (2007) は所得分配をもとに，協調型およびコンフリクト型のレジームが形成されるパラメーターの条件を提示してきた。しかしながら，これらは経済の金融面に関わる考察を欠いている。他

方で Taylor (2004), Hein (2006, 2007), Sasaki and Fujita (2012) は，負債主導型および負債荷重型成長レジームの形成条件を提示してきた。しかしながら，これらの成長レジームと所得分配・成長レジームとの関連性は不明確なままである。これらとは対照的に，本章のモデルは両成長レジームの形成と両立の条件を明示的に示している。これによって，4つのタイプの経済成長レジームの組み合わせが可能であることを明らかにしている。経済は，所得分配と負債から影響を受けつつ，ハイブリッドな需要形成パターンを示すことを意味する。すなわち，成長レジームが異なれば，同一のショックが生じても，それに対する反応は多様性を示す。

　第2に，本章のモデルは，需要主導型成長に依拠するポスト・ケインジアンの重要な特徴を照らし出すことができる。すなわち，所得分配に関わる変数は，資源配分の役割を担う価格ではなく，有効需要量を積極的に規定する役割を担う。所得分配の変化が経済成長を拡大させるとき，労働生産性が一定ならば，この上昇に伴って労働需要も拡大する。例えば，賃金主導型成長レジームのもとでは，賃金の引き下げは，経済成長率の引き上げや失業率の抑制にとって必ずしも望ましい手段ではない。加えて，金利や負債といった貨幣的，金融的要因は，実物経済に対して中立的なものではなく，負債・成長レジームに応じてポジティブにもネガティブにも影響を及ぼす。この結果は，標準的な新古典派経済学のモデルから得られるものとは対照的である。限界主義的アプローチに基づくそのモデルでは，最低賃金制度の導入などによる実質賃金率の下方硬直化は，失業の発生要因とされる。しかしながら，ポスト・ケインジアンのモデルは，所得分配の限界主義的アプローチに基づいたものでもないし，実質賃金率の上昇は，必ずしも失業率を引き上げる要因にはならない。基本的な新古典派経済学では，貨幣の中立性と貸付資金説を内包したモデルが提示される。対照的に，ポスト・ケインジアンの経済学では，貨幣的要因は，経済の実物サイドに対して中立的ではないと主張する。つまり，金利は貯蓄と投資の調整変数ではなく，利払い，所得分配，有効需要の変化を通じて，成長や利潤率といった経済の実態面に積極的に影響を及ぼすものである。

　第3に，本章のモデル分析を通じて，成長レジームに関する実証的結果は，理論的にも根拠を有するものであることが確認できる。Bhaduri and Marglin

(1990) を契機として，所得分配・成長レジームに関する実証分析が数多くなされてきた。最近では，負債・成長レジームの実証分析も行われてきている。前節で得られた結果は，こうした現実は，理論的基礎に基づいたものとして存在しうることを示している。Hein and Schoder (2011) は，米国とドイツに関して，負債・成長レジームは負債荷重型であり，所得分配・成長レジームは賃金主導型であったことを実証している。本書の第10章では，日本の過去20年の蓄積・成長レジームは，利潤主導型・負債荷重型であったことを実証する。このほかにも，Hein and Vogel (2008), Storm and Naastepad (2012), Onaran and Galanis (2013) は，実証分析によって，各国の成長レジームを賃金主導型と利潤主導型に分類している。このように，実証的事実から，経済成長は所得分配だけでなく負債の変化からも影響を受けることが確認されている。したがって，経済成長は両方の角度から検証されなければならない。本章における理論分析によって，負債・所得分配の成長レジームの組み合わせは実際に可能であることが示された。すなわち，経済成長レジームの組み合わせの多様性は，理論的にも実証的にも可能なのである。

6.5　むすび

　ポスト・ケインズ派は，経済成長を説明する上で所得分配の役割を重視してきた。それは，また経済成長に対する負債や金利の役割といった金融面を重視し，経済の実物サイドに対して中立的ではないことを示してきた。しかしながら，所得分配と負債および経済成長レジームの双方を同時に確立するパラメーターの条件を考察した研究はほとんどなかった。そこで本章では，ポスト・ケインジアンのモデルの枠組みにおいて，経済成長レジームの形成条件を所得分配，負債の両面から包括的に考察することを試みた。

　本章の分析から明らかになったことは，次のことである。第1に，4つのタイプの成長レジームが両立可能である。成長レジームは，加速度効果の強さや，企業の内部留保率と金利生活者の消費性向といったレジーム・スウィッチング・パラメーターに応じて決定される。したがって，同一のショックに対するマクロ経済パフォーマンスの反応は，成長レジームの組み合わせに応じて異なって

くる。第2に，本章のモデルは，所得分配や負債に関するポスト・ケインズ派の重要な特徴を明示するものである。標準的な新古典派のモデルとは異なり，所得分配，負債および金利の変化は，経済の実物サイドに対して中立的ではない。第3に，近年の実証分析の結果は賃金主導型，利潤主導型，負債主導型，負債荷重型のさまざまな成長レジームの存在を示している。本章のモデル分析は，これらは決してアドホックに得られた結果ではなく，理論的根拠をもって説明されるものであることを提示する。

　本章のモデルは所得分配，負債および経済成長の分析のため基礎的なモデルでもある。それゆえモデルにはいくつかの限界も残されている。例えば，分析の時間的視野である。時間的視野は，経済変数の調整に応じて定義されており，論者によってその定義は異なっている。多くのポスト・ケインジアン・モデルでは，短期とは，所得分配，負債ストックの値に変化がなく，需給ギャップが稼働率の変化を通じて調整される期間を指すものとして考えられている (Rowthorn (1981), Dutt (1990))。他方で長期とは，負債ストックや資本ストックが変化する期間として定義される。また近年のモデルでは，稼働率が正常水準に調整された状態を長期として定義し，そこで賃金主導型成長レジームや節約の逆説といったカレツキアンの特徴が成立するかどうかを検証する試みもなされている (Lavoie (1995, 2010))。本章のモデルの構造は短期の分類に属し，長期分析への拡張や所得分配の内生化の余地を残している。他のいくつかの章ではこうした拡張を行ったが，本章のモデルをもとに，さらなる分析を行うことも可能である。

補論：経済成長レジームの両立性について

　ここでは，所得分配・成長レジームと，負債・成長レジームの両立可能性について形式的な証明を行う。この証明は，いくぶん機械的なものであるが，4つの成長レジームの組み合わせのそれぞれが，両立可能なものなのかを明らかにするための重要な試みである。

　このために，まず $F(\delta)$, $G(\delta)$ およびケインジアン安定条件の一部 $\pi(\delta+s_c)$ の関係について予備的な検討が必要である。今，これらの関数は γ から独立で

あることに注意しよう.すなわち,γ の値は,$F(\delta)$,$G(\delta)$ そして,$\pi(\delta+s_c)$ から独立に選ぶことができる.

(A) まず,所得分配・成長レジームと,負債・成長レジームの形成に関わる次の式について検討しよう.

$$F(\delta) - G(\delta) = \frac{\beta\pi^2(\delta+s_c)}{\beta\pi+N_u} - \frac{\theta\pi(\delta+s_c)}{\delta}$$
$$= \frac{\pi(\delta+s_c)}{\delta(\beta\pi+N_u)}[\beta\pi(\delta-\theta) - N_u\theta], \quad (6.15)$$

ここで,$N_u = \alpha + \beta\pi + (\delta-\theta)i\lambda > 0$ である.これは,(6.3) 式の分子に含まれるものである.(6.5) 式の結果を踏まえると,次の結果を得ることができる.

(A1) もし,需要レジームが負債主導型需要レジームであれば,$\delta-\theta > 0$ である.このとき,$F(\delta) > G(\delta)$ と $F(\delta) < G(\delta)$ の両方のケースが可能である.前者は,θ の値が小さい時に形成されやすく,後者はその値が大きい時に形成されやすい.

(A2) 対照的に,需要レジームが負債荷重型需要レジームであれば,$\delta-\theta < 0$ である.このとき,$F(\delta) < G(\delta)$ のみが満たされる.

(B) 次に,ケインジアン安定の一部に関わる項と所得分配・成長レジームとの関係を規定する次式について検討しよう.

$$F(\delta) - (\delta+s_c)\pi = \frac{\beta\pi^2(\delta+s_c)}{\beta\pi+N_u} - (\delta+s_c)\pi$$
$$= -\frac{\pi(\delta+s_c)}{(\beta\pi+N_u)}N_u, \quad (6.16)$$

したがって,常に $F(\delta) < (\delta+s_c)\pi$ が成り立つ.

(C) 最後に,次式を用いて $G(\delta)$ と $(\delta+s_c)\pi$ との関係について検討しよう.

$$G(\delta) - (\delta+s_c)\pi = \frac{\theta\pi(\delta+s_c)}{\delta} - (\delta+s_c)\pi$$

$$= \frac{\pi(\delta + s_c)}{\theta}(\theta - \delta), \qquad (6.17)$$

(6.5) 式の結果を踏まえると，次の結果を得ることができる．

(C1) 需要レジームが負債主導型需要レジームであれば，$\delta - \theta > 0$ が成立し，$G(\delta) < (\delta + s_c)\pi$ のみが満たされる．

(C2) 逆に，需要レジームが負債荷重型需要レジームであれば，$\delta - \theta < 0$ が成り立ち，$(\delta + s_c)\pi < G(\delta)$ のみが満たされる．ただし，負債荷重型需要レジームのもとでは，負債主導型成長レジームは実現しない．逆に言えば，経済が負債主導型成長レジームを有しているときには，$G(\delta) < (\delta + s_c)\pi$ が常に成り立っている．

今，$F(\delta^*) = G(\delta^*)$ を実現する一意の $\delta^* \in (0, 1 - s_c]$ が存在するものと仮定する．このとき，$F(\delta)$ と $G(\delta)$ が表す曲線は一つの交点をもつ．そして，(A)，(B)，(C) の条件をもとに，4つの成長レジームの組み合わせが可能になることを示そう．

(1) 賃金主導型・負債荷重型成長レジーム このレジームの組み合わせが実現するのは，次の条件が満たされるときである．すなわち，$\delta < \delta^*$ に対して，

$$F(\delta) < \gamma < (\delta + s_c)\pi < G(\delta), \quad \text{or} \qquad (6.18)$$

$$F(\delta) < \gamma < G(\delta) < (\delta + s_c)\pi. \qquad (6.19)$$

第1に，(6.18) 式について検討しよう．まず，条件 (A) から，経済が，大きな θ の値を伴った負債主導型需要レジーム，あるいは負債荷重型需要レジームを有する時には，$F(\delta) < G(\delta)$ が実現する．次に，条件 (B) から，$F(\delta) < (\delta + s_c)\pi$ が常に成立する．最後に，条件 (C) から，経済が負債主導型需要レジームをもつときのみ，$(\delta + s_c)\pi < G(\delta)$ が満たされる．

第2に，(6.19) 式について検討しよう．まず，条件 (A) から，大きな θ の値を伴った負債主導型需要レジーム，または負債荷重型需要レジームを経済が有する時には，$F(\delta) < G(\delta)$ が実現する．次に (B) から，$F(\delta) < (\delta + s_c)\pi$ は常に成立する．最後に，条件 (C) から，経済が負債主導型需要レジームを有する

場合においてのみ，$G(\delta) < (\delta + s_c)\pi$ が満たされる．

ここで，これらの関数や項から γ は独立している．そこで，γ の値を適当に与えてやることで，(6.18) 式と (6.19) 式の不等式は成立する．すなわち，負債主導型需要レジームや負債荷重型需要レジームに関わらず，賃金主導型・負債荷重型成長レジームは両立する．

(2) 賃金主導型・負債主導型成長レジーム　この組み合わせが両立するためには，次の不等式が成立しなければならない．第 1 に，$\delta < \delta^*$ に対して，

$$F(\delta) < G(\delta) < \gamma < (\delta + s_c)\pi, \tag{6.20}$$

が満たされなければならない．まず，条件 (A) から，経済が，大きな θ の値を伴った負債主導型需要レジーム，あるいは負債荷重型需要レジームを有する時には，$F(\delta) < G(\delta)$ が実現する．次に，条件 (B) から，$F(\delta) < (\delta + s_c)\pi$ が常に成立する．最後に，条件 (C) から，経済が負債荷重型需要レジームをもつときのみ，$(\delta + s_c)\pi < G(\delta)$ が満たされる．最後に，条件 (C) から，$G(\delta) < (\delta + s_c)\pi$ が満たされるのは，条件 (A) が示す負債主導型需要レジームにおいてのみである．

第 2 に，$\delta^* < \delta$ に対して，

$$G(\delta) < F(\delta) < \gamma < (\delta + s_c)\pi, \tag{6.21}$$

が満たされなければならない．この不等式について，条件 (A) から，小さな θ の値を伴った負債主導型需要レジームのもとでは，$G(\delta) < F(\delta)$ が実現する．次に，条件 (B) から $F(\delta) < (\delta + s_c)\pi$ は常に成立する．最後に，条件 (C) は，条件 (A) を満たす負債主導型需要レジームにおいてのみ，$G(\delta) < (\delta + s_c)\pi$ が成り立つ．

これらに対して，γ の値を適当に与えてやることで，(6.20) 式と (6.21) 式の不等式は成立する．すなわち，負債主導型需要レジームのもとでのみ，賃金主導型・負債主導型成長レジームは両立する．

(3) 利潤主導型・負債主導型成長レジーム　このレジームが形成されるために

は，次の条件が満たされる必要がある。$\delta > \delta^*$ に対して，

$$G(\delta) < \gamma < F(\delta) < (\delta + s_c)\pi, \tag{6.22}$$

が満たされなければならない。(6.22) 式について，条件 (A) から，小さな θ の値を伴った負債主導型需要レジームのもとでは，$G(\delta) < F(\delta)$ が実現する。次に，条件 (B) から $F(\delta) < (\delta + s_c)\pi$ は常に成立する。最後に，条件 (C) は，条件 (A) と両立する負債主導型需要レジームにおいてのみ，$G(\delta) < (\delta + s_c)\pi$ が成り立つ。

これらに対して，γ の値を適当に与えてやることで，(6.22) 式の不等式は成立する。すなわち，負債主導型需要レジームのもとでのみ，利潤主導型・負債主導型成長レジームは両立する。

(4) 利潤主導型・負債荷重型成長レジーム このレジームの組み合わせが実現されるためには，次の条件が満たされる必要がある。第 1 に，$\delta < \delta^*$ に対して，

$$\gamma < F(\delta) < (\delta + s_c)\pi < G(\delta), \quad \text{or} \tag{6.23}$$

$$\gamma < F(\delta) < G(\delta) < (\delta + s_c)\pi, \tag{6.24}$$

が満たされなければならない。(6.23) 式について，条件 (A) から，大きな θ の値を伴った負債主導型需要レジーム，あるいは負債荷重型需要レジームのもとでは，$F(\delta) < G(\delta)$ が実現する。次に，条件 (B) から $F(\delta) < (\delta + s_c)\pi$ は常に成立する。最後に，条件 (C) は，条件 (A) と両立する負債荷重型需要レジームにおいてのみ，$(\delta + s_c)\pi < G(\delta)$ が成り立つ。

(6.24) 式について，条件 (A) から，大きな θ の値を伴った負債主導型需要レジーム，あるいは負債荷重型需要レジームのもとで，$F(\delta) < G(\delta)$ が実現する。次に，条件 (B) から $F(\delta) < (\delta + s_c)\pi$ は常に成立する。最後に，条件 (C) は，条件 (A) と両立する負債主導型需要レジームにおいてのみ，$(\delta + s_c)\pi > G(\delta)$ が成り立つ。

第 2 に，$\delta^* < \delta$ に対しては，

$$\gamma < G(\delta) < F(\delta) < (\delta + s_c)\pi, \tag{6.25}$$

が満たされなければならない。(6.25) 式について，条件 (A) から，小さい θ の値を伴った負債主導型需要レジームのもとで，$G(\delta) < F(\delta)$ が実現する。次に，条件 (B) から $F(\delta) < (\delta + s_c)\pi$ は常に成立する。最後に，条件 (C) から，条件 (A) と両立する負債主導型需要レジームにおいてのみ，$G(\delta) < (\delta + s_c)\pi$ が成り立つ。

これらに対して，γ の値を適当に与えてやることで，(6.23)，(6.24)，(6.25) 式における不等式は成立する。まとめると，$\delta < \delta^*$ に対しては，負債主導型需要レジームでも負債荷重型需要レジームでも，利潤主導型・負債荷重型成長レジームの組み合わせは実現する。他方で，$\delta > \delta^*$ に対しては，負債主導型需要レジームにおいてのみ，利潤主導型・負債荷重型成長レジームの組み合わせは実現する。

第7章

ポスト・ケインズ派の金融政策ルールとマクロ経済パフォーマンス

7.1 はじめに

　本章では，企業の負債および所得分配の変化が経済成長率とインフレーションに対して与える効果を，金利に関する金融政策ルールの効果を踏まえて検討する。これによって，金融政策ルールの選択が経済成長レジームの実現とインフレーションのダイナミクスに対して，決定的な役割を担うことが説明される。この検証は，前章で示した経済成長レジームの多様性が存在する中で行われ，いかなるルールがマクロ経済パフォーマンスにとって最も望ましい結果をもたらすのかを明らかにする。

　既に論じたように Rowthorn (1981) をはじめとして，所得分配と経済成長に関する多くの研究が展開されてきた。賃金主導型成長や利潤主導型成長に関しては，その理論的拡張（Bhaduri and Marglin (1990), Blecker (2002), Bhaduri (2007)）や実証分析への応用（Bowles and Boyer (1995), Stockhammer and Onaran (2004), Naastepad and Storm (2007)）など多面にわたって研究が行われてきた。企業の資金調達や負債の蓄積と経済成長についても同様に，数多くの研究がある。これに関する理論研究には，Taylor (2004), Hein (2006, 2007) そして Sasaki and Fujita (2012) が挙げられる。政府の負債がマクロ経済パフォーマンスに与える影響は You and Dutt (1996) や Dutt (2013) が分析している。実証分析には Hein and Schoder (2011) がある。本書第 10 章でも，日本の負債・蓄積レジームについての実証分析を展開する。

　You and Dutt (1996) や Dutt (2013) を除くと，これらの研究は政府や中央銀行の政策介入を捨象している。他方で，ポスト・ケインジアンは，近年，とりわけ金融政策ルールに焦点を定めた上で，経済成長の理論分析を展開してい

る。Rochon and Setterfield (2007, 2012) や Rochon and Setterfield (2012)，そして Gnos and Rochon (2007) は，ポスト・ケインジアンの立場から，金融政策について2つのアプローチを提示している。第1は，「アクティヴィスト」アプローチである。このアプローチは，財政政策の効果や，中央銀行がプロ・サイクリカルな金融政策を展開することでマクロ経済パフォーマンスの調整を行う能力があることを支持する。こうした政策的立場は Moore (1988) にみられる。

　第2は，「留めおき型 (parking-it)」アプローチである。これは，金利をある水準に留めおくことを提起する。この立場では，金利を総需要管理を調整する変数ではなく，第一義的に所得分配を調整する変数とみなす。そして GDP の成長や失業率のコントロールは主として財政政策に託される。この留めおき型アプローチには，代表的に，カンザス・シティ・ルール，スミシン・ルール，そしてパシネッティ・ルール（公正金利ルール）の3つがあり，それぞれが社会的集団への所得分配に対して重要な意味をもつ。スミシン・ルールとカンザス・シティ・ルールは，実質あるいは名目金利を可能な限り低く維持することで，ケインズのいう金利生活者の安楽死を試みる政策である。パシネッティ・ルールは金利生活者の存在を必要悪とみなし，金利生活者と非金利生活者の間での所得分配率を一定に保つ金利の設定を提示する（Rochon and Setterfield (2007, 2012)）[1]。

　ポスト・ケインジアンは，これらの金融政策ルールをいわゆる「ニュー・コンセンサス・モデル」へのオルタナティブとして提示してきた。Rochon and Setterfield (2007) や Lavoie (2009a) は，ニュー・コンセンサス・モデルの理論的構成要素として，(1) インフレ非加速的失業率（NAIRU）の存在，(2) インフレーション・ターゲッティング，(3) ヴィクセル的な自然利子率を前提とし

---

[1] これは Rochon and Setterfield (2007, 2012) に沿った所得分配と金融政策ルールの整理である。本章の議論はカレツキアン・モデルの拡張というねらいがゆえに，この基準に従う。実際には，この整理と Smithin (2003, 2007) のいうスミシン・ルールの主張には違いがある。Smithin (2003, 2007) では，名目金利をインフレーションにインデックスさせる政策は，インフレーションによる金利生活者の既存の金融資産価値の目減りを防ぐものだという。したがって，実質金利をゼロに近づけるスミシン・ルールは，必ずしも金利生活者の所得分配にとって不公平なものではないという。むしろ，名目金利をゼロに据えるカンザス・シティ・ルールこそ，インフレによる金融資産の目減りを防げず，金利生活者にとって不公平なものという。

たテイラー・ルールに基づく金融政策を挙げている。ポスト・ケインジアンは，とりわけ，供給側の要因によって決まる NAIRU と自然利子率の存在に対して批判的立場をとっている。そして「ヴィクセル的な自然利子率が存在しない場合に，長期金利の水準はどうあるべきであろうか」という，スミシンの問いに対する回答として，ポスト・ケインジアンは，これら 3 つの金融政策ルールを提示してきた（Gnos and Rochon (2007), Rochon and Setterfield (2012)）。

これらの研究の延長として，本章では留めおき型の金融政策ルールを取り入れたポスト・ケインジアン・モデルを構築し，各ルールがインフレーションと経済成長率に与える影響を比較する。そして，マクロ経済パフォーマンスに対してどの政策ルールが最も望ましいのかを明らかにする。あわせて，金融政策ルールと所得分配・成長レジーム，負債・成長レジームの形成や実現との関連についても明らかにする。多様な経済成長レジームと金融政策ルールとの関連は，以下に述べるように，これまでに十分に検討されてこなかった問題である。

本章のモデルの基本構造は，Setterfield (2009a,b) および Rochon and Setterfield (2012) に基づいている。これらは，ポスト・ケインジアンの 3 つの留めおき型アプローチの比較評価を行っているが，次のような拡張の余地を残している。第 1 に，これらはインフレーションのダイナミクスのいくつかの類型を示しているが，経済成長レジームの多様性とその移行動学の特性を十分に検討していない。そこで説明されているのは，賃金主導型と負債荷重型成長レジームのみである。こうした設定では，利潤主導型および負債主導型成長レジームの特性や，これらへの金融政策ルールの効果を比較し評価することができない。この限界は，利潤主導型成長や負債主導型成長の存在が，理論的にも実証的にも示されているだけに克服される必要がある。第 2 に，これらのモデルは定常状態の性質に分析の焦点があり，そこから外れた場合の移行動学について，わずかに言及がなされているのみである。このため，ある経済に何らかのショックが起きた場合に，それに対する反応や安定性を詳しく考察することができない。第 3 に，これらのモデルは経済の制度的側面の導入が不十分である。例えば，Rochon and Setterfield (2012) や Setterfield (2009a,b) では，賃金交渉制度を踏まえたモデルとなっているが，それ以外の制度の役割は外生的にしか捉えられていない。Hein and Stockhammer (2011a) は，マクロ経済パフォーマ

ンスに対して労働市場の制度が重要であることを論じているが，その1つとして，雇用保障制度が挙げられる．また，第5章で示したように，その機能は，賃金率・失業率の動態に影響を及ぼし，フィリップス曲線の形状を規定する．そして，Bresser-Pereira (2010) は，新自由主義の時代においてさまざまな規制緩和が展開されていることから，労働市場制度を検討する必要性を強調している．

これらの問題を解決するために，本章では賃金主導型，負債荷重型成長レジームのみならず，新たに利潤主導型，負債主導型成長レジームも生み出す動学的マクロ経済モデルを展開する．あわせて，労働市場の制度を踏まえて，インフレーションのダイナミクスについても再考する．その際，定常状態から離れた場合に，いかなる条件によって経済が，安定あるいは不安定になるのかについても詳しく検討する．以上を通じて，多様な成長レジームとインフレーションのダイナミクスが存在する中で，ポスト・ケインジアンの3つの留めおき型の金融政策ルール，所得分配および企業の負債蓄積の変化がマクロ経済パフォーマンスに対して及ぼす影響を明らかにする．なお，いささか狭義であるが，本章では金融政策ルールをもっぱら金利の設定に関わるルールとして用いる．

本章の構成は以下の通りである．第7.2節では，ポスト・ケインジアンの金融政策ルールを踏まえた動学的マクロ経済モデルを設定する．第7.3節では，まず多様な経済成長レジームとインフレーションのダイナミクスについて，それぞれの形成条件を導出する．その上で，3つの金融政策ルールがマクロ経済パフォーマンスに与える影響を比較する．第7.4節では結論を提示する．

7.2 モデル

7.2.1 モデルの設定

ここでは，離散時間において定義されたポスト・ケインジアンの成長モデルを設定する．一国経済には，労働者，企業，（中央銀行を含む）銀行，そして金利生活者の4つの経済主体がいるものと仮定する．モデルの背景は，第6章とほぼ同じものであるが，本章では次の2点を組み入れる．第1に，労働者は労働組合を組織し，賃金に関して企業と団体交渉を行う．第2に，中央銀行は金融政策ルールに従って金利を設定する．

成長レジームは，第6章と同じく，所得分配率と企業の負債比率をもとに定義される。すなわち，所得分配・成長レジームを，賃金主導型，利潤主導型成長レジームを指すものとして，負債・成長レジームを，負債主導型，負債荷重型成長レジームを指すものとして，それぞれ用いる。インフレーションのダイナミクスは，労働市場の制度を背景に導出される。具体的には，労働組合による賃金交渉制度と雇用保障の存在を想定する。

以下で用いる主要な標記は次の通りである。X：産出量（総所得），X^*：潜在産出量（潜在所得），K：資本ストック，E：実効雇用水準，$1-\pi$：賃金分配率，π：利潤分配率，$u = X/K$：産出・資本比率（稼働率），$X^*/K = \nu$：潜在産出量・資本比率（一定かつ簡単化のために1とする），$r = \pi u$：利潤率，I：総投資量，D：企業の負債残高，g：資本蓄積率，w：名目賃金率，p：物価水準，a：労働生産性，i：名目金利，λ：負債比率，さらに t は時間を表す。

7.2.2 所得分配とインフレーションのダイナミクス

所得分配とインフレーションのモデルは，次の賃金と物価についての方程式をもとにして定義される。

$$\hat{w}_t = \mu(\pi_t - \pi_w + \hat{a}_t + \hat{p}_{t+1}^E), \tag{7.1}$$

$$\hat{p}_t = (1-\mu)(\pi_f - \pi_t) + \hat{w}_{t-1} - \hat{a}_{t-1}, \tag{7.2}$$

ここでハット記号は，ある変数の差分形式での変化率を表す（例えば，$\hat{w}_t = \Delta w_t / w_t$ は名目賃金の変化率である）。π_w は労働組合の目標利潤分配率，$\pi_t \in (0,1)$ は現実の利潤分配率，そして π_f は企業の目標利潤分配率をそれぞれ示す。以下では，$\pi_f > \pi_w$ を仮定する。分配に関する利害関係上，企業は目標利潤分配率をできるだけ高く，他方で労働者はそれをできるだけ低く設定しようとするので，こうした仮定は妥当である。企業の目標利潤分配率は外生変数として扱う。$\hat{a}_t$ は労働生産性の伸び率である。$\hat{p}_{t+1}^E$ は一期先の期待インフレ率を，$\hat{p}_t$ は当期のインフレ率を表す。そして $\mu \in (0,1)$ と $1-\mu \in (0,1)$ は，労働組合と企業の賃金および価格設定上における相対的な交渉力の程度を表す。

これらは，Rochon and Setterfield (2012) における所得分配のコンフリクティング・クレーム・モデルに倣って定式化した。(7.1) 式は名目賃金の変化率

を記述し,それは生産性と期待インフレの増加関数であり,また労働組合の目標利潤分配率と実際の利潤分配率との乖離に応じても変化する。(7.2) 式はインフレーションのダイナミクスを記述し,それは一期前の単位労働費用の変化と,企業の目標利潤分配率と実際の利潤分配率との乖離に応じて変化する。このモデルでは,実際の利潤分配率が労働組合の目標利潤分配率よりも高い場合には,労働組合はより高い賃金率の実現を通じて,利潤分配率を抑えようとする。他方で,実際の利潤分配率が企業側の目標利潤分配率に満たない場合,企業はより高く物価を設定することを通じて,高い利潤分配率を獲得しようとする。$\mu \in (0,1)$ は,目標所得分配率をめぐって,賃金設定にも物価設定にも完全なインデックスがないことを意味している。他方で,企業は単位労働費用の変化に関して,一期の時間を経て物価調整にそれを反映させることができるものと仮定する。

所得分配率と物価変化率が,時間に関わらず一定になる状態のもとでの利潤分配率を基軸にして,マクロ経済パフォーマンスに対する所得分配の変化の影響を考察しよう。この状態では,$\hat{w} - \hat{a} = \hat{p}$ かつ $\hat{p}^E_{t+1} = \hat{p}_t$ という条件が満たされる。このとき,(7.2) 式から $\hat{p}_t = (1-\mu)(\pi_f - \pi_t) + \hat{p}_t$ が導かれ,$\pi_t = \pi_f$ を得る。ここで,(7.1) 式を使うと,名目賃金の変化率は次のようになる。

$$\hat{w}_t = \frac{\mu}{1-\mu}(\pi_f - \pi_w), \tag{7.3}$$

これらの方程式を使うと,インフレーションのダイナミクスは次のように導かれる。

$$\hat{p}_t = \frac{\mu}{1-\mu}(\pi_f - \pi_w) - \hat{a}_{t-1}. \tag{7.4}$$

所得分配とインフレーション,および雇用保障制度の関係について考察しよう。雇用保障制度の存在を次式によって表す。

$$\hat{E}_t = \gamma_0 \hat{X}_t, \tag{7.5}$$

ここで雇用保障の程度を $\gamma_0 \in (0,1)$ によって測る。雇用保障が強い状態は,γ_0 の値が小さいことで表現される。この場合,産出量に変動が生じても,労働需

要にはほとんど変動が生じない．逆に，雇用保障が弱い状態は，γ_0 の値が大きいことで表現される．この場合，労働需要は産出量の変化とほぼ同程度で変化する．つまり労働需要は景気変動の影響を強く受ける．

雇用保障の強さは労働生産性に影響を与える．$t-1$ 期の労働生産性は，$\hat{a}_{t-1} = \hat{X}_{t-1} - \hat{E}_{t-1}$ によって与えられる．(7.5) 式を拡張すれば，

$$\hat{a}_{t-1} = (1-\gamma_0)\hat{X}_{t-1}, \tag{7.6}$$

によって労働生産性の変化を捉えることができる．以下で仮定するように，稼働率 u は各時点で即座に調整されるので，$\hat{X}_{t-1} = \Delta K_{t-1}/K_{t-1} = g_{t-1}$ が成り立つ．したがって，労働生産性の変化率は

$$\hat{a}_{t-1} = (1-\gamma_0)g_{t-1}, \tag{7.7}$$

によって与えられる[2]．

最後に，労働組合の目標利潤分配率は，一期前の経済成長率に依存して決めるものと仮定する．ある経済が高い成長率を実現する好況にある場合，労働市場が逼迫することで労働組合の交渉力が高まり，その結果，彼らの賃金分配率の要求水準は高くなり，目標利潤分配率は低くなるものと考えられる．このことを次式によって捉える．

$$\pi_w = \pi(g_{t-1}), \tag{7.8}$$

ここで $d\pi_w/dg_{t-1} = \pi'(g_{t-1}) < 0$ であり，また簡単化のために $d^2\pi_w/dg_{t-1}^2 = \pi''(g_{t-1}) = 0$ と仮定する．

(7.4) 式，(7.7) 式および (7.8) 式を使うと，インフレーションのダイナミクスは次式に従う．

$$\hat{p}_t = \frac{\mu}{1-\mu}(\pi_f - \pi(g_{t-1})) - (1-\gamma_0)g_{t-1}, \tag{7.9}$$

---

[2] Setterfield (2009a) や Rochon and Setterfield (2012) は労働生産性のダイナミクスを技術進歩関数を基に導出している．しかしながら労働生産性は技術的側面だけでなく，雇用保障といった労働市場の制度の効果によって影響を受ける．ここでは労働生産性に対する雇用保障の効果を強調しておきたい．これについての実証研究としては宇仁 (2009) が挙げられる．その第 9 章と第 10 章では産出量の変化に対する労働需要の弾力性が計測されている．

Rochon and Setterfield (2012) に従って，この式によって描写される曲線を「インフレーション・フロンティア」と呼ぶ．このフロンティアは $(\hat{p}, g)$ 平面に描写される．(7.9) 式を g_{t-1} で微分すると次式が得られる．

$$\frac{d\hat{p}_t}{dg_{t-1}} = -\left[\underbrace{\frac{\mu}{1-\mu}\pi'(g_{t-1}) + (1-\gamma_0)}_{(-)+(+)}\right], \tag{7.10}$$

ここで，$\frac{\mu}{1-\mu}\pi'(g_{t-1}) + (1-\gamma_0)$ の符号は，労働組合の賃金交渉力の強さと雇用保障の強さに依存して決まる．もし労働組合の交渉力が強く (つまり μ や $\pi'(g_{t-1})$ の絶対値が大きい)，かつ雇用保障が弱い場合 (γ_0 の値が大きい)，(7.10) 式は正の符号をとりうる．まず，労働組合の交渉力が強い場合，成長率が上昇したとき，その目標賃金分配率と名目賃金の変化率は大きく上昇する．他方で，雇用保障が弱い場合には，成長率が上昇したとき，その果実は主として労働需要の拡大によって吸収される．したがって，労働生産性の変化率は小さくなる．これらの複合効果によって，単位労働費用が上昇し，インフレーションに帰結する．この場合のインフレーション・フロンティアは，右上がりの曲線を描くことになる．このように，賃金交渉や雇用保障といった労働市場の制度は，インフレーションのダイナミクスに対して重要な役割を担っている．

7.2.3 有効需要と多様な経済成長レジーム

企業は借り入れを利用した結果，負債を有している状態を想定する．また企業は創業開始時に一度だけ株式を発行すると仮定する．株式は金利生活者によって購入される．名目金利 i は，中央銀行が政策ルールに従って設定されるものと仮定する．毎期，企業は金利生活者に対して負債に対する利払い iD と配当を支払う必要がある．このとき，企業の純利潤は $(R - iD)$ となる．配当の割合を $1 - s_f$ とおくと，企業の内部留保の割合は $s_f \in (0,1)$ となる．そして，金利生活者の総収入は $(1 - s_f)(R - iD) + iD$ となる．

3つの経済主体は異なった貯蓄性向をもつ．今，企業は s_f の割合で内部留保を行い，金利生活者はその所得を s_c の割合で貯蓄するものと仮定する．労働者

は得た賃金を全て消費に回す。この場合，資本ストックで正規化した経済全体での貯蓄は次のようになる。

$$\begin{aligned}S/K &= (S_c + S_f)/K \\ &= s_c[(1-s_f)(\pi u - i\lambda) + i\lambda] + s_f(\pi u - i\lambda) = (\delta + s_c)\pi - \delta i\lambda,\end{aligned} \quad (7.11)$$

ここで $\delta = s_f(1-s_c)$ である。

ポスト・ケインジアン・モデルでは，さまざまな投資関数が用いられてきた。このことは前章において説明されている。本章では，前章のモデルと同様に，企業は次の関数に基づいて投資を実行するものと仮定する。

$$g_t = \Delta K_t/K_t = I_t/K_t = \alpha + \beta\pi + \gamma u - \theta i\lambda, \quad (7.12)$$

ここで $\alpha, \beta, \gamma, \theta$ は，正のパラメーターである。(7.11) 式の貯蓄関数と (7.12) 式の投資関数を用いることによって，前章と同じく多様な成長レジームを導出することができる。本章では，多様な成長レジームに対する留めおき型アプローチの影響について検証する。

本章では，財市場の不均衡は，負債残高を所与として，産出・資本比率により即座に調整される場合を想定する。(7.11) 式と (7.12) 式を用いると，産出・資本比率の均衡値は次のようになる。

$$u = \frac{\alpha + \beta\pi + (\delta - \theta)i\lambda}{(\delta + s_c)\pi - \gamma}, \quad (7.13)$$

安定的な産出・資本比率のもとでの議論を行うためにケインジアン安定条件が満たされるものとし，$Z = (\delta + s_c)\pi - \gamma > 0$ とする。また (7.13) 式の分子の符号を正と仮定すれば，産出・資本比率は正の値をとる。

以下で所得分配・成長レジームを導出するために，まず，負債比率と稼働率との関係を明らかにしておくことが有益である。負債比率の変化が産出・資本比率に対して与える影響は次のようになる。

$$\frac{\partial u}{\partial \lambda} = \frac{(\delta - \theta)i}{Z}, \quad (7.14)$$

この式は負債・稼働率レジーム（需要レジーム）を表す．金利が非ゼロのとき，負債比率の上昇は一方で利子収入を増加させるが，他方で配当収入と企業の投資需要を減少させる．もし $\delta > \theta$ ならば，負債比率の上昇は稼働率を引き上げる．逆に，$\delta < \theta$ ならば，その上昇は稼働率を引き下げる．前者は，利子収入の上昇による金利生活者の総消費を引き上げる効果が，その投資に対する負荷効果を上回り，負債の増大とともに総需要が増加するために生じる．これを負債主導型需要レジームと呼ぶ．後者はその逆であり，とりわけ負債の上昇が投資と消費を強く抑制するために，稼働率の低下が生じる．これを負債荷重型需要レジームと呼ぶ[3]．負債・稼働率レジームを $DU = \delta - \theta$ によって表しておく．

稼働率が一定になる時，資本ストックと産出量は以下の同率 g で成長する．

$$g_t = \frac{(\alpha + \beta\pi)(\delta + s_c)\pi}{Z} + \frac{[\delta\gamma - \theta\pi(\delta + s_c)]}{Z}i\lambda = A + Bi\lambda, \qquad (7.15)$$

ここで $A = \dfrac{(\alpha + \beta\pi)(\delta + s_c)\pi}{Z}$, $B = \dfrac{[\delta\gamma - \theta\pi(\delta + s_c)]}{Z}$ である．

所得分配・成長レジームの形成に関わる要因を特定化するために，成長率に対する所得分配率の変化のインパクトを考察しよう．(7.15) 式において，g_t を π で微分すると次式を得る．

$$\frac{dg_t}{d\pi} = \frac{(\delta + s_c)}{Z^2}\left\{\beta\pi^2(\delta + s_c) - \gamma(\alpha + 2\beta\pi + (\delta - \theta)i\lambda)\right\} \qquad (7.16)$$

(7.13) 式の分子を正と仮定しているので，$\alpha + 2\beta\pi + (\delta - \theta)i\lambda$ もまた正値をとる．所得分配・成長レジームは，(7.16) 式の中括弧（ブレイス）内の符号をもとに判別できる．以下での議論の便宜のために，負債が存在しない場合における成長に対する所得分配の効果を定義しておく．$i\lambda = 0$ の場合，所得分配・成長レジームは $\beta\pi^2(\delta + s_c) - \gamma(\alpha + 2\beta\pi)$ の符号によって決まり，これを ID と表記する．

$dg_t/di\lambda = B$ である．よって，B の符号は，負債・成長レジームを規定する．

[3] これらのことは (7.14) 式の分子の一部を，$\delta - \theta = (1 - s_c) - [(1 - s_c)(1 - s_f) + \theta]$ と書きかえると明確になる．右辺第 1 項は 1 単位の利子収入の上昇が金利生活者の消費を引き上げる効果を表す．右辺第 2 項は，1 単位の利払いの上昇が金利生活者の配当からの消費と企業の投資を抑制する効果を表す．両者の大小関係によって総需要が変化する．

もし $B>0$ ならば，企業の負債比率または金利の上昇によって経済成長率は上昇する。このケースを負債主導型成長レジームと呼ぶ。逆に，$B<0$ ならば，企業の負債比率または金利の上昇によって経済成長率は低下する。このケースを負債荷重型成長レジームと呼ぶ。B の分子を展開すると，

$$B = \delta\gamma - \gamma\theta + \gamma\theta - \theta\pi(\delta + s_c)$$
$$= \gamma(\delta - \theta) + \theta[\gamma - \pi(\delta + s_c)] \tag{7.17}$$

ここでケインジアン安定条件のために $\gamma - \pi(\delta + s_c) < 0$ である。したがって，第6章と同じく，負債荷重型需要レジームの場合 $(\delta - \theta < 0)$ には，成長レジームは必ず負債荷重型成長レジームである。しかし，負債主導型需要レジームの場合 $(\delta - \theta > 0)$ には，成長レジームは負債主導型あるいは負債荷重型成長のどちらでもありうる。

最終的には，経済成長レジームの形成や，そのもとでの経済成長率の実現は，金利の決定を導入することによって決定される。次節では，金融政策ルールのタイプに注目することにより，経済成長と金融政策およびインフレーションとの関係を考察する。

7.2.4 金融政策ルールと経済成長

内生的貨幣供給のもとでの金融政策を考えよう。すなわち，金利は中央銀行の政策を通じて設定され，信用は内生的に供給される。Rochon and Setterfield (2007, 2012) によって提起されている次のベンチマーク・モデル (7.18) 式に基づいて，ポスト・ケインジアンが提示する3つの留めおき型の金融政策ルールを導出しよう。

$$i = \beta_a \hat{a} + \beta_p \hat{p}, \tag{7.18}$$

ここで，労働生産性の変化率は (7.6) 式に示される雇用保障の程度によって影響を受けるため，金融政策ルールは次のように書き換えられる。

$$i = \beta_a(1-\gamma_0)g_t + \beta_p \hat{p}, \tag{7.19}$$

Rochon and Setterfield (2007, 2012) に従って,ポスト・ケインジアンの3つの金融政策ルールを導入しよう。第1はスミシン・ルールであり,名目金利をインフレ率に等しくなるように設定することを提起する。このルールは,(7.19) 式に対して,$\beta_p = 1$ かつ $\beta_a = 0$ とおくことで与えられる。すなわち,名目金利は $i = \hat{p}$ と設定されるため,このルールは実質金利がゼロになるように設定されることと同じである。かくしてスミシン・ルールは,安定的なインフレーションの維持と高い成長の実現と,金利生活者を安楽死させることを試みる (Atesoglu and Smithin (2006))[4]。

第2はカンザス・シティ・ルールであり,これは名目金利をゼロとおき,実質金利をマイナスにすることを推奨する。すなわち,$\beta_p = 0$ かつ $\beta_a = 0$ とおく。名目金利はこのとき,$i = 0$ となる。次節で詳細に検討するように,カンザス・シティ・ルールでは,名目金利がゼロになるために,経済成長が金融的要因から独立になる[5]。したがって,企業の負債比率や金利の変化は経済の実体面に影響を与えない[6]。

第3はパシネッティ・ルールである。これは実質金利を労働生産性の変化率と等しくおくことを主張する。すなわち,$\beta_p = \beta_a = 1$ であり,その結果,名目金利は $i = \hat{p} + \hat{a}$ となる。パシネッティ・ルールは,賃金単位で測った当初の負債ストックの価値が,時間を通じて一定になるように金利を設定することを目的としている。これによって,金利生活者と非金利生活者の間の分配関係を不変に維持する[7]。

(7.19) 式を (7.15) 式に代入し,g_t について解くと,次式を得る。

---

[4] このルールは例えば,Smithin (2004) によって提案されている。より正確には,このルールは実質金利を正の範囲で可能な限り低く抑えることを推奨する。実質金利を正の値に変更しても,主要な結果に変化はないので,本章では実質金利をゼロにする場合を考察する。

[5] 内藤 (2011) によると,カンザス・シティ・ルールという名称はランダール・レイといったカンザス・シティのミズーリ大学の研究者が推奨していることから付けられている。例えば,Wray (2007) は,名目金利こそ経済的意思決定をする際に重要な変数であり,それは中央銀行の実現可能な目標値であることを主張している。

[6] 金利をゼロに近づける政策は,現実面でも重要になっている。実際に,サブプライムショックや国家財政の悪化に伴う危機の後,多くの先進国では名目金利をゼロ付近にまで近づける政策をとっている。

[7] このルールは Pasinetti (1981) に由来し,「公正金利ルール」とも呼ばれる。ここではこのルールの導出過程は提示しない。これについては Setterfield (2009b) で行われている。

$$g_t = \frac{A + B\beta_p \lambda \hat{p}_t}{1 - B\beta_a(1-\gamma_0)\lambda}, \quad (7.20)$$

ここで経済的に意味のある均衡値を得るために，$1 - B\beta_a(1-\gamma_0)\lambda > 0$ と仮定する。Setterfield (2009a) に倣って，この式を「成長フロンティア」と呼ぶことにする。

Setterfield (2009a) や Rochon and Setterfield (2007) のモデルでは，このフロンティア上で，経済成長率（あるいは生産性上昇率）とインフレーションは，負の関係を示す。しかしながら，本章のモデルにおいて両者の関係は，正と負，独立のいずれでもありうる。どのタイプが形成されるかは，負債・成長レジームと金融政策ルールの選択に依存する。今，(7.20) 式を $\hat{p}_t$ で微分すると，次式を得る。

$$\frac{\partial g_t}{\partial \hat{p}_t} = \frac{B\beta_p \lambda}{1 - B\beta_a(1-\gamma_0)\lambda}, \quad (7.21)$$

この分母は仮定によって正であり，(7.21) 式の符号は，B のそれと β_p の値に応じて決まる。カンザス・シティ・ルールでは，$\beta_p = 0$ であるために，成長はインフレーションから独立になる。しかしながら，パシネッティ・ルールとスミシン・ルールではそうはならず，ケインジアン安定条件のもと，B の符号によって負債主導型か負債荷重型成長レジームが形成される。もし，$B > 0$ かつ $\beta_p \neq 0$ ならば $\partial g_t/\partial \hat{p}_t > 0$ である。よって，負債主導型成長レジームが形成され，成長フロンティアは右上がりの形状を示す。対照的に，$B < 0$ かつ $\beta_p \neq 0$ ならば，$\partial g_t/\partial \hat{p}_t < 0$ である。よって，負債荷重型成長レジームが形成され，成長フロンティアは右下がりの形状を示す。また，(7.21) 式の二階微分はゼロであるために，成長フロンティアは $(\hat{p}, g)$ 平面において直線の形状を示す。

7.3 金融政策ルールのもとでの負債と所得分配のマクロ経済的効果

7.3.1 定常状態と安定性

$(\hat{p}, g)$ 平面の第 1 象限における成長率とインフレーションのダイナミクスについて検討しよう。この経済のダイナミクスは次式によって構成される。

$$g_t = \frac{A + B\beta_p \lambda \hat{p}_t}{1 - B\beta_a(1-\gamma_0)\lambda},$$
$$\hat{p}_t = \frac{\mu}{1-\mu}(\pi_f - \pi(g_{t-1})) - (1-\gamma_0)g_{t-1},$$

ここで $A + B\beta_p\lambda\hat{p}_t$ は常に正であると仮定する。それぞれの金融政策ルールのもとで導かれる成長フロンティアとインフレーション・フロンティアとの交点によって，この経済の定常状態が定義され，そこでは成長率とインフレ率は一定になる。さらに，(7.7) 式と (7.9) 式によって労働生産性と金利の定常値も決まる。その結果，$g, \hat{p}, \hat{a}, i$ の全ての値が一定になる。各変数の定常値を * で表すことにしよう。以下では，一意の産出量成長率とインフレ率の定常値が存在するものと仮定する。そして，定常状態の局所的安定性を検討することで，次の命題を得る。

命題 7.1. 成長フロンティアの傾きがインフレーション・フロンティアのそれよりも緩やかである場合には，経済の定常状態は局所的に安定となる。

証明. 補論を参照。

命題 7.1 の系として次のことが得られる。

系 7.1 (命題 7.1 の系). カンザス・シティ・ルールが採用される場合には，経済の定常状態は必ず局所的に安定である。しかしながら，パシネッティ・ルールあるいはスミシン・ルールが採用される場合には，必ずしもそれは安定しない。

証明. 補論を参照。

本節では，定常状態が安定なケースと不安定なケースを考察しよう。図 7.1 は負債主導型成長レジームと右上がりのインフレーション・フロンティアにおける安定な定常状態を示している。傾きをもつ成長フロンティアは，インフレーションの変化に伴って名目金利を設定するパシネッティ・ルールとスミシン・ルールにおいて形成される。経済が今，例えば，$\hat{p}_0$ のインフレ率から出発したとしよう。中央銀行はそのインフレ率に応じて名目金利を設定する。名目金利が上昇すると，利子収入の上昇に基づく金利生活者の消費需要が拡大し，負債主

導型成長レジームでは，このことが産出量の成長を促す。成長率の上昇に伴って労働生産性と名目賃金の両方が上昇するが，右上がりのインフレーション・フロンティアにおいては，後者の伸びが前者の伸びを上回るために，単位労働費用が上昇する。その結果，インフレーションが発生する。新たなインフレーションに対して金利の引き上げが行われる。このようにして成長とインフレーションの累積的上昇が生じるが，その変化の幅は安定の場合，減衰的である。このため，最終的に経済は定常状態 E に収束する。$\hat{p}_1$ から出発する場合には，これとは逆のメカニズムを通じて，定常状態に落ち着く。

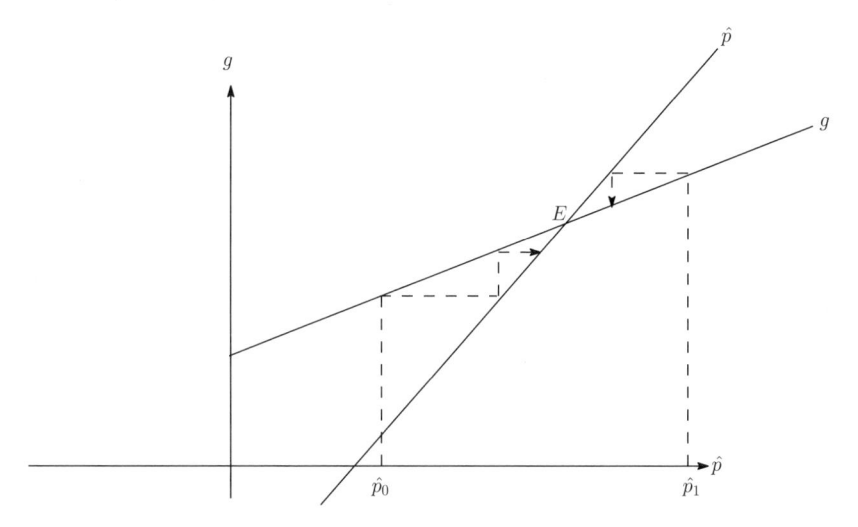

図 7.1 安定的な負債主導型成長レジームの一例

注：この移行動学は，パシネッティ・ルールあるいはスミシン・ルールにおいて生じる。

図7.2は，負債主導型成長レジームと右下がりのインフレーション・フロンティアのもとで実現しうる不安定なケースを示している。今，経済はインフレ率の初期値 $\hat{p}_0$ からスタートしたとしよう。不安定な場合，定常状態 E に到達せず，インフレ率と成長率は循環的な様相を伴って発散していく。パシネッティ・ルールやスミシン・ルールを採用する場合，中央銀行はインフレ率の変化に応

じて名目金利を変化させる。金利の上昇によって金利生活者の消費需要が拡大し，負債主導型成長レジームのもとでは，それが産出量成長率を引き上げる。右下がりのインフレ・フロンティアのもとでは，高い成長率は名目賃金に比べ労働生産性をより大きく変化させる。このため単位労働費用は低下し，インフレ率は低下する。これに応じて，中央銀行は名目金利を引き下げ，産出量成長率の低下をもたらす。産出量成長率の低下は賃金に比べ労働生産性をより大きく低下させ，これによって単位労働費用の上昇が生じ，インフレ率は上昇する。インフレ率の上昇は再び名目金利を引き上げ，これが産出量成長率の上昇をもたらす。こうした移行動学はインフレと産出量成長率の循環的拡大を伴い，定常状態からの乖離が生じる。

　補論では，不安定なダイナミクスを引き起こす要因を特定化している。成長フロンティアを所与として，右上がりのインフレーション・フロンティアの場合，労働組合の交渉力が強いほど（$\pi'(g_{t-1})$ や μ の絶対値が大きいほど），経済

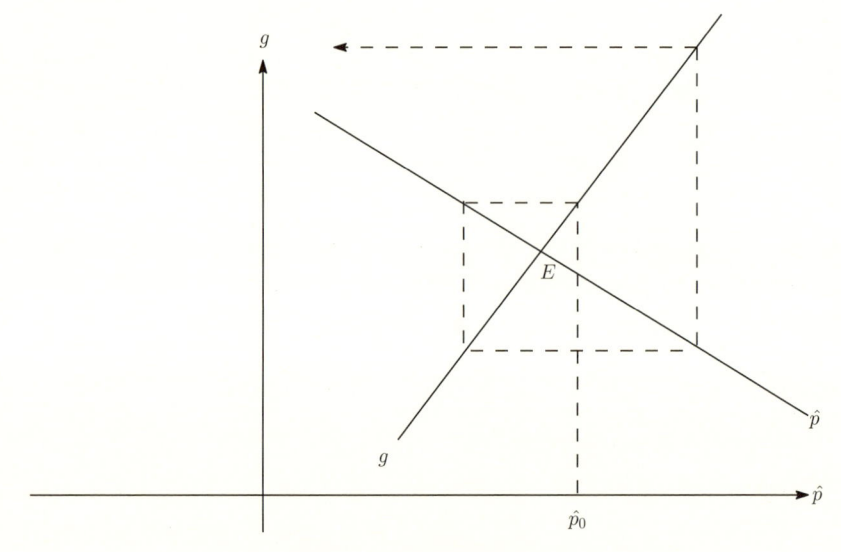

図 7.2　不安定的な負債主導型成長レジームの一例

注：この移行動学は，パシネッティ・ルールあるいはスミシン・ルールにおいて生じる。

第7章 ポスト・ケインズ派の金融政策ルールとマクロ経済パフォーマンス 167

は不安定なダイナミクスに陥りやすい。また，インフレーション・フロンティアを所与として，負債・成長レジームのインパクトが強いほど（Bの絶対値が大きいほど），企業の負債比率が大きいほど（λが大きいほど），経済は不安定なダイナミクスに陥りやすい。さらに，成長フロンティアとインフレーション・フロンティアの傾きに応じて，雇用保障の変化も不安定なダイナミクスに結び付く。例えば，右上がりのインフレーション・フロンティアにおいて，雇用保障の有効性が低下するほど（γ_0の値が大きいほど），その傾きは緩やかになり，負債荷重型成長レジームかつパシネッティ・ルールにおいて，それは成長フロンティアの傾きを急にする。この場合，経済は労働市場の流動化を伴いながら不安定なダイナミクスに陥りやすくなる。

系 7.1 が示すように，金融政策ルールもまた定常状態の局所的安定性に関わる。中央銀行がカンザス・シティ・ルールに従った政策をとる場合，負債・成長レジームに関わらず，定常状態は安定的である。負債主導型レジームにおいて，パシネッティ・ルールがとられる場合，成長フロンティアの傾きはより急になり，不安定に陥りやすい。逆に，負債荷重型レジームの場合，スミシン・ルールにおいてその傾きはより急になり，不安定に陥りやすい。最後に，こうした安定化，不安定化のパターンが循環的か単調的かという問題は両フロンティアの傾きに依存する。両方の傾きが異なった符号をとれば，移行動学は循環的になり，それらが同一の符号をとれば単調的になる。

7.3.2 金融政策ルールとマクロ経済パフォーマンス

成長フロンティアの位置と形状は，金融政策ルールに依存する。金融政策ルールにおける係数に注意すれば，各ルールにおける成長フロンティアを記述する方程式は次のようになる。すなわち，カンザス・シティ・ルールでは $g_K = A$，スミシン・ルールでは $g_S = A + B\lambda\hat{p}$，パシネッティ・ルールでは $g_P = (A + B\lambda\hat{p})/(1 - B(1-\gamma_0)\lambda)$ になる。

これらを使って，$(\hat{p}, g)$ 平面における各成長フロンティアの位置関係を確認する。まず，スミシン・ルールとカンザス・シティ・ルールの切片と交点は同一である。これらのルールにおける成長フロンティアと，パシネッティ・ルールにおけるその切片の大小関係を求めると次のようになる。

$$\frac{A}{1-B(1-\gamma_0)\lambda} - A = \frac{AB(1-\gamma_0)\lambda}{1-B(1-\gamma_0)\lambda}, \tag{7.22}$$

これらのフロンティアの位置は，負債・成長レジームに依存する。負債主導型成長レジームの場合には（$B>0$），パシネッティ・ルールの成長フロンティアの切片は，スミシン・ルールおよびカンザス・シティ・ルールのそれに比べて高い位置にくる。逆に，負債荷重型成長レジームの場合には（$B<0$），スミシン・ルールおよびカンザス・シティ・ルールの切片は，パシネッティ・ルールのそれに比べて高い位置にくる。

次に，カンザス・シティ・ルールの傾きの値は，ゼロであることは自明である。そこで，スミシン・ルールとパシネッティ・ルールの傾きの値を比較すると，

$$\frac{B\lambda}{1-(1-\gamma_0)B\lambda} - B\lambda = \frac{(B\lambda)^2}{1-(1-\gamma_0)B\lambda}(1-\gamma_0) > 0, \tag{7.23}$$

を得る。すなわち，傾きの値はパシネッティ・ルールがスミシン・ルールに比べて常に大きい。言い換えると，負債主導型成長レジームではパシネッティ・ルールの傾きが急であり，負債荷重型成長レジームではスミシン・ルールの傾きが急である。

最後に，これらのフロンティアの交点を導出しよう。スミシン・ルールとカンザス・シティ・ルールにおける成長フロンティアは負債・成長レジームに関わらず，縦軸上で交わる。スミシン・ルールとパシネッティ・ルールを比較すると，これらの成長フロンティアは次の点で交わる。

$$\frac{1}{1-B(1-\gamma_0)\lambda}(A+B\lambda\hat{p}) = A+B\lambda\hat{p}$$

$$\bar{p} = -\frac{A}{B\lambda}, \tag{7.24}$$

負債主導型成長レジームの場合には，両フロンティアは負のインフレ率座標（$\bar{p}<0$）で交わる。そして，負債荷重型成長レジームの場合には，これらは正のインフレ率座標（$\bar{p}>0$）で交わる。いずれのケースにおいても，交点における経済成長率はゼロである。

以上の結果を用いると，それぞれの金融政策ルールのもとでの定常状態を導

出することができる．図7.3は，負債主導型成長レジームかつ右上がりのインフレーション・フロンティアのケースを描写する．ここでは，経済成長率とインフレ率に関して，一意の順序が存在する．すなわち，定常状態において，成長率に関しては $g_P > g_S > g_K$ の順序があり，インフレ率に関しては $\hat{p}_P > \hat{p}_S > \hat{p}_K$ の順序がある．この場合には，パシネッティ・ルールは最も高い成長率と最も高いインフレ率を実現する．他方で，カンザス・シティ・ルールは最も低い成長率と最も低いインフレ率を実現する．スミシン・ルールは中程度の成長率とインフレ率を実現する．

図7.4は，負債主導型成長レジームかつ右下がりのインフレーション・フロンティアのケースを描写する．すなわち，定常状態において，成長率に関して

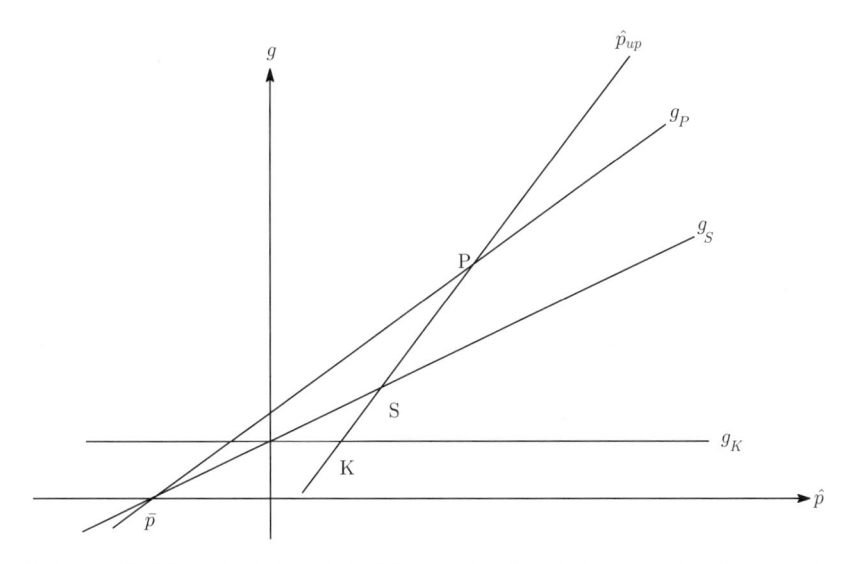

図 7.3 負債主導型成長レジームの成長フロンティアと右上がりのインフレーション・フロンティア

注：g_K はカンザス・シティ・ルールの成長フロンティアを表す．g_P はパシネッティ・ルールの成長フロンティアを表す．g_S はスミシン・ルールの成長フロンティアを表す．$\hat{p}_{up}$ は右上がりのインフレーション・フロンティアを表す．座標 K，P，S はそれぞれカンザス・シティ・ルール，パシネッティ・ルール，スミシン・ルールの成長フロンティアとインフレーション・フロンティアとの交点を表す．

は $g_P > g_S > g_K$ の順序があり，インフレ率に関しては $\hat{p}_K > \hat{p}_S > \hat{p}_P$ の順序がある。この場合には，パシネッティ・ルールは最も高い成長率と最も低いインフレ率という望ましい状態を実現する。他方で，カンザス・シティ・ルールは最も低い成長率と最も高いインフレ率というスタグフレーションの状態を実現する。

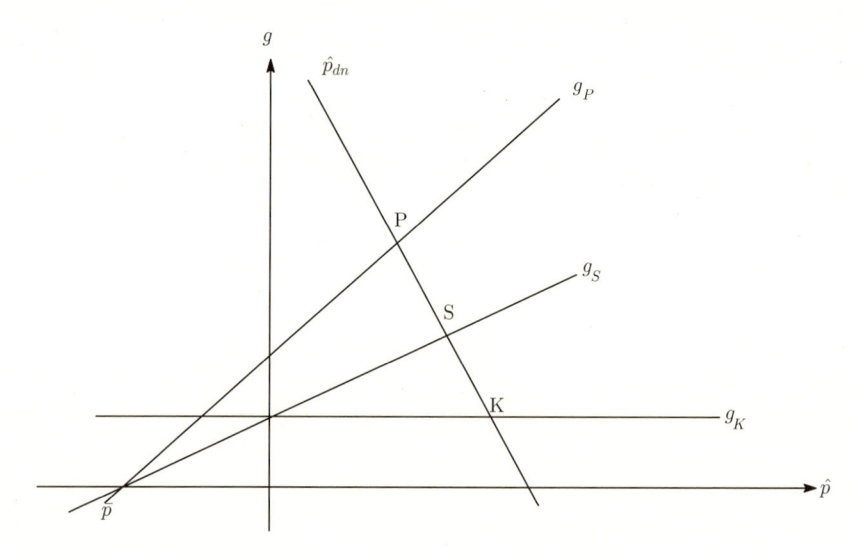

図 7.4 負債主導型成長レジームの成長フロンティアと右下がりのインフレーション・フロンティア

注：表記は図 7.3 と同様である。$\hat{p}_{dn}$ は右下がりのインフレーション・フロンティアを表す。

図 7.5 は，負債荷重型成長レジームかつ右上がりのインフレーション・フロンティアのケースを描写する。ここでも，経済成長率とインフレ率に関して，一意の順序が存在する。定常状態では，$g_K > g_S > g_P$ の成長率の順序があり，インフレ率に関しては $\hat{p}_K > \hat{p}_S > \hat{p}_P$ の順序がある。負債荷重型成長レジームでは，成長率の順序が負債主導型成長レジームのそれと逆転する。この場合には，パシネッティ・ルールは成長率とインフレ率がともに最も低い状態を生み出す。他方で，カンザス・シティ・ルールは最も高い成長率と最も高いインフ

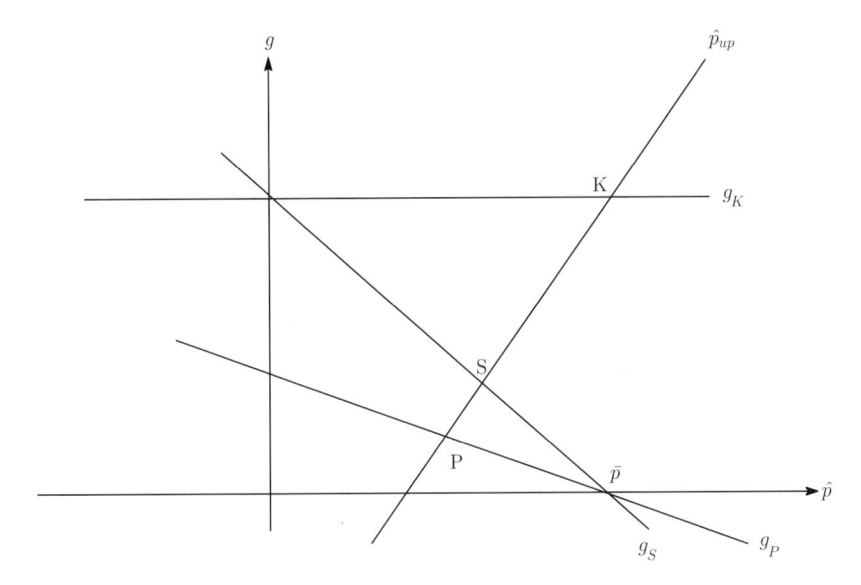

図 7.5　負債荷重型成長レジームの成長フロンティアと右上がりのインフレーション・フロンティア
注：表記は前出のものと同様である。

レ率を実現する。

図 7.6 は負債荷重型成長レジームかつ右下がりのインフレーションの各フロンティアを描写している。このケースでは，成長率の順序は $g_K > g_S > g_P$ であり，インフレ率に関しては $\hat{p}_P > \hat{p}_S > \hat{p}_K$ の順序がある。成長率の順序は負債荷重型成長レジームかつ右上がりのインフレーションの場合と同一であるが，インフレ率は逆の順序を示す。この場合には，カンザス・シティ・ルールが高成長と低インフレという最も望ましいパフォーマンスを示し，パシネッティ・ルールは，スタグフレーションともいえる結果をもたらす。

これらの図によって，負債・成長レジームのタイプに応じて，金融政策ルールは異なった成長率の順序をもたらすことが理解できる。負債主導型成長レジームの場合には，パシネッティ・ルールが最も高い成長率をもたらす。他方で，負債荷重型成長レジームの場合に最も高い成長率をもたらすのは，カンザス・シ

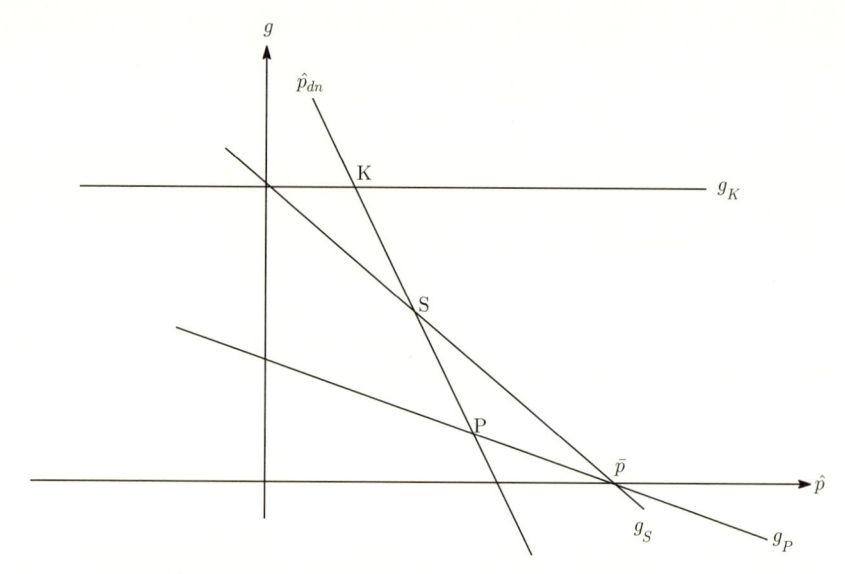

図 7.6　負債荷重型成長レジームの成長フロンティアと右下がりのインフレーション・フロンティア
注：表記は前出のものと同様である。

ティ・ルールである．スミシン・ルールは負債・成長レジームに関わらず，成長に対して中程度の影響をもたらす．

　以上の結果をまとめたものが表7.1である．インフレ率の順序と金融政策ルールとの関連を規定するメカニズムを特定化することは困難であるが，各ルールと成長率の順序との関連を規定するメカニズムは明確である．それは各需要項目に対する金利の正・負の効果に依存する．負債主導型成長レジームは，金利や負債の上昇が金利生活者の消費の拡大をもたらす需要形成パターンを有している．パシネッティ・ルールやスミシン・ルールはインフレ率の変化に応じて金利が変化する．それゆえ，インフレ率と金利の上昇を通じて高い経済成長が実現する．パシネッティ・ルールでは，ここに生産性の上昇も加わる形で金利が上昇し，この効果が生じる分，成長はスミシン・ルールよりも強く負債からの影響を受けることになる．対照的に，カンザス・シティ・ルールが採用され

表 7.1 3つのルールのもとでの成長率とインフレ率の順序

	カンザス・シティ 安定	スミシン 条件付き安定	パシネッティ 条件付き安定
ケース 1: 負債主導型成長レジーム/右上がりのインフレーション・フロンティア			
成長率	低い	中	高い
インフレ率	低い	中	高い
ケース 2: 負債主導型成長レジーム/右下がりのインフレーション・フロンティア			
成長率	低い	中	高い
インフレ率	高い	中	低い
ケース 3: 負債荷重型成長レジーム/右上がりのインフレーション・フロンティア			
成長率	高い	中	低い
インフレ率	高い	中	低い
ケース 4: 負債荷重型成長レジーム/右下がりのインフレーション・フロンティア			
成長率	高い	中	低い
インフレ率	低い	中	高い

た場合，金融面から成長に対するインパクトはカットされる．それゆえ，負債主導型成長レジームにおいては，カンザス・シティ・ルールが最も低い成長率をもたらす．

　負債荷重型成長レジームにおいては，金利や企業の負債比率の上昇は有効需要を抑制する．パシネッティ・ルールとスミシン・ルールにおいて金利はインフレ率と歩調を合わせて変化するために，インフレや金利の上昇が起こった場合に有効需要が低下する．金融面と実物面が分離されるカンザス・シティ・ルールは高い成長率を実現し，それに比べてスミシン・ルールやパシネッティ・ルールは低い成長率を実現する．ここで，パシネッティ・ルールでは生産性の低下によっても金利が低下するために，この分だけ経済成長率が下支えされる．これらの効果を通じて，パシネッティ・ルールの成長フロンティアは，スミシン・ルールに比べて経済成長率がインフレ率に対して非弾力的な形状をとる．

7.3.3　比較静学

　安定的なケースを念頭におき，所得分配および企業の負債比率の変化が定常

状態における成長率とインフレ率に対して与える影響を考察しよう．(7.9) 式と (7.20) 式を $g, \hat{p}, \pi, \lambda$ で全微分し，定常状態で評価した上で，行列ベクトル表現すると以下のようになる．

$$\begin{pmatrix} 1 & -\frac{B\beta_p \lambda}{1-B\beta_a(1-\gamma_0)\lambda} \\ \frac{\mu}{1-\mu}\pi'(g^*) + (1-\gamma_0) & 1 \end{pmatrix} \begin{pmatrix} dg^* \\ d\hat{p}^* \end{pmatrix} = \begin{pmatrix} C_0 \\ \frac{\mu}{1-\mu} \end{pmatrix} d\pi + \begin{pmatrix} C_1 \\ 0 \end{pmatrix} d\lambda, \quad (7.25)$$

ここで

$$C_0 = \frac{(\delta + s_c)}{(1-B\beta_a(1-\gamma_0)\lambda)^2 Z^2} \left[\underbrace{ID(1-B\beta_a(1-\gamma_0)\lambda) - \gamma DU(A\beta_a(1-\gamma_0) + \beta_a \hat{p}^*)}_{(\pm)(+) - (\pm)(\geq 0)} \right],$$

$$C_1 = \underbrace{\frac{B}{Z^2}[\beta_p \hat{p}^* + A\beta_a(1-\gamma_0)]}_{(\pm)(\geq 0)}.$$

C_0 の符号は一意には決まらない．角括弧内の符号は，各要素がとりうる符号を示す．それは，負債が存在しない場合での成長への所得分配の効果 (ID) と負債・稼働率レジーム (DU) を規定する要因に応じて決まる．所得分配の成長への純粋な効果が利潤主導型に対応し（つまり $ID > 0$ ならば），かつ負債・稼働率レジームが負債荷重型（つまり $DU < 0$ ならば）の場合，C_0 は必ず正の符号をとる．逆に，この効果が賃金主導型に対応し（つまり $ID < 0$ ならば），かつ負債・稼働率レジームが負債主導型（つまり $DU > 0$ ならば）の場合，C_0 は必ず負の符号をとる．また，カンザス・シティ・ルールの場合には，C_0 の符号は負債・稼働率レジームから独立に決まる．これら以外の組み合わせでは，C_0 の符号は一意に決まらない．

C_1 の符号も一意に決まらない．それは負債・成長レジームと金利ルールに応じて決まる．経済が負債主導型成長レジームの性質を有している場合には，C_1 は正の値をとる．他方で，経済が負債荷重型成長レジームの性質を有している場合には，C_1 は負の値をとる．ただし，カンザス・シティ・ルールがとられる場合には，C_1 の値はゼロになる．

(7.25) 式の左辺を行列 $\boldsymbol{J}$ と記述しよう。行列 $\boldsymbol{J}$ の行列式は次のようになる。

$$\det \boldsymbol{J} = 1 + \frac{B\beta_p\lambda}{1-B\beta_a(1-\gamma_0)\lambda}\left[\frac{\mu}{1-\mu}\pi'(g^*) + (1-\gamma_0)\right], \quad (7.26)$$

定常状態の局所的安定条件が満たされる場合には，この値は常に正である。以下ではこれらの結果を使って，所得分配と負債比率の変化がマクロ経済パフォーマンスに与える影響を詳しく考察しよう。

7.3.3.1 所得分配の変化と経済成長およびインフレーション

(7.25) 式から，所得分配が経済成長率に与える影響は次のようになる。

$$\frac{dg^*}{d\pi} = \frac{1}{\det \boldsymbol{J}} \underbrace{\left[C_0 + \frac{B\beta_p\lambda}{1-B\beta_a(1-\gamma_0)\lambda}\left(\frac{\mu}{1-\mu}\right)\right]}_{(\pm)+(\pm)(+)}, \quad (7.27)$$

この結果は，C_0 と B の符号に依存する。C_0 と B の符号が正の場合には $dg^*/d\pi > 0$ が得られ，全ての金融政策ルールのもとで利潤主導型の経済成長が完全に実現する。金融政策がカンザス・シティ・ルールに則って行われる場合には，B の符号に関わらず $C_0 > 0$ という条件のみで利潤主導型の経済成長が達成され，このとき，所得分配・成長レジームに影響する要素 ID のみが重要になる。逆に，C_0 と B がともに負の場合には $dg^*/d\pi < 0$ となり，全ての金融政策ルールのもとで賃金主導型の経済成長が完全に実現する。金融政策がカンザス・シティ・ルールに則って行われる場合には，B の符号は成長に影響しない。これら以外の C_0 と B の符号の組み合わせでは，所得分配が経済成長率に与える影響は一意に決まらない。

表 7.2　各ルールのもとで利潤分配率の上昇が成長率に与える影響

	カンザス・シティ	スミシンまたはパシネッティ	
		$B > 0$	$B < 0$
$C_0 > 0$	＋	＋	不明
$C_0 < 0$	−	不明	−

同様に，次の式によって，所得分配の変化がインフレーションに対して与える影響を考察しよう。

$$\frac{d\hat{p}^*}{d\pi} = \frac{1}{\det \boldsymbol{J}} \underbrace{\left[\frac{\mu}{1-\mu} - C_0 \left\{ \frac{\mu}{1-\mu} \pi'(g^*) + (1-\gamma_0) \right\} \right]}_{(+)-(\pm)(\pm)}, \quad (7.28)$$

$\mu/(1-\mu)$ を所与とすると，所得分配の変化がインフレ率に与える影響は，C_0 と $\mu\pi'(g^*)/(1-\mu) + (1-\gamma_0)$ の符号に依存する。すなわち，労働市場の制度的構造がインフレーションのダイナミクスにとって重要である。これらの符号が異なる場合には，所得分配の変化がインフレ率に与える影響は一意に決まる。例えば，C_0 が正であり，$\mu\pi'(g^*)/(1-\mu) + (1-\gamma_0)$ の符号が負であるならば（つまり右上がりのインフレーション・フロンティアならば），$d\hat{p}^*/d\pi > 0$ が実現する。この場合，利潤分配率の上昇に伴ってインフレ率が上昇する。もう1つのケースとして，C_0 が負であり，$\mu\pi'(g^*)/(1-\mu) + (1-\gamma_0)$ の符号が正であるならば（つまり右下がりのインフレーション・フロンティアならば），$d\hat{p}^*/d\pi < 0$ が実現する。この場合，賃金分配率の上昇がインフレ率の上昇をもたらす。これらの結果は，全ての金融政策ルールにおいて成立する。2つの符号に関する上記以外の組み合わせにおいては，所得分配がインフレーションに与える影響は，パラメーターの大きさにさらなる条件を加えなければ断定できない。

表 7.3 利潤分配率の上昇がインフレ率に与える影響

	インフレーション・フロンティア	
	右下がり	右上がり
$C_0 > 0$	不明	＋
$C_0 < 0$	＋	不明

7.3.3.2 企業の負債比率の変化と経済成長およびインフレーション

(7.25) 式から，負債比率が経済成長率に与える影響は次のようになる。

$$\frac{dg^*}{d\lambda} = \frac{1}{\det \boldsymbol{J}} \underbrace{C_1}_{(\pm)}, \tag{7.29}$$

C_1 の符号は，金融政策ルールのタイプと負債・成長レジームの組み合わせに応じて決まる。カンザス・シティ・ルールのもとでは，経済成長率は金利や負債といった金融的要因から独立になる。パシネッティ・ルールやスミシン・ルールのもとでは，負債比率の変化が経済成長率に影響する。負債主導型成長レジームの場合には（$B > 0$），負債比率の上昇が産出量成長率を引き上げる。負債荷重型成長レジームの場合には（$B < 0$），負債比率の上昇が産出量成長率を低下させる。

表 7.4　各ルールのもとで負債比率の上昇が成長率に与える影響

	カンザス・シティ	スミシン	パシネッティ
$B > 0$	0	+	+
$B < 0$	0	−	−

続いて，負債比率がインフレ率に与える影響は次のようになる。

$$\frac{d\hat{p}^*}{d\lambda} = \frac{-1}{\det \boldsymbol{J}} \underbrace{C_1 \left[\frac{\mu}{1-\mu} \pi'(g) + (1-\gamma_0) \right]}_{(\pm)(\pm)}, \tag{7.30}$$

C_1 に縮約される負債・成長レジームのタイプと金融政策ルールに加えて，労働市場の制度的構造が，負債の変化がインフレ率に与えるインパクトを規定している。カンザス・シティ・ルールのもとでは，負債比率の変化がインフレーションに与える影響はないが，パシネッティ・ルールやスミシン・ルールのもとでは影響がある。右上がりのインフレーション・フロンティアを所与とすれば（$\mu \pi'(g^*)/(1-\mu) + (1-\gamma_0) < 0$），負債比率の上昇は，$C_1$ が正の場合にインフレ率を引き上げ，C_1 が負の場合にインフレ率は低下する。逆のケースとして，インフレーション・フロンティアが右下がりの場合を仮定しよう（$\mu \pi'(g^*)/(1-\mu) + (1-\gamma_0) > 0$）。$C_1$ の符号が正の場合，負債比率の上昇はインフレ率の低下をもたらし，C_1 の符号が負の場合，これはインフレ率の上昇

をもたらす.このように負債比率の上昇という同一のショックに対しても,労働市場の制度的構造,負債・成長レジームおよび金融政策ルールの組み合わせに応じて,そこから帰結するインフレーションの反応は多様である.

表 7.5 各ルールのもとで負債比率の上昇がインフレ率に与える影響

インフレ・フロンティア	カンザス・シティ $C_1 = 0$	スミシンまたはパシネッティ $C_1 > 0$	$C_1 < 0$
右下がり	0	−	+
右上がり	0	+	−

7.4 むすび

本章では,ポスト・ケインジアンの3つの金融政策ルールのもとで,所得分配や企業の負債比率の変化がマクロ経済パフォーマンスに与える影響を考察してきた.その際,新しく経済成長レジームの多様性,移行動学の考察および賃金交渉制度と雇用保障といった労働市場の制度的構造の効果を取り入れている.

図7.3から7.6が示すように,経済成長フロンティアとインフレーション・フロンティアには,いくつかの組み合わせが存在する.本章のモデル分析から得られた成長レジームは,実証分析でもその存在が確かめられているものである.このような設定のもと,本章では,3つの金融政策ルールのうちどれが望ましいマクロ経済パフォーマンスの実現を促すのかという問題も検討している.以上の検討から次の結論を提起する.

第1に,金融政策ルールは成長レジームのタイプに合わせて選択する必要がある.というのも,同一の政策ルールを実行したとしても,成長フロンティアやインフレーション・フロンティアに応じて,そこから帰結するマクロ経済的結果は異なるためである.例えば,負債主導型成長レジームかつ右下がりのインフレーション・フロンティアの場合には,カンザス・シティ・ルールは低成長・高インフレといったスタグフレーションに帰結し,これは3つのルールのうち最も望ましくない.他方で,負債荷重型成長レジームかつ右下がりのイン

フレーション・フロンティアの場合には，カンザス・シティ・ルールは，逆に，低いインフレーションと高い経済成長率という意味で，3つのルールのうち最も望ましい結果をもたらす。経済成長に多様性が存在する場合には，ある金融政策ルールが，ある経済成長レジームやインフレーションのダイナミクスのもとでは良好なマクロ経済パフォーマンスをもたらしたとしても，別の成長レジームでは，必ずしも良好なパフォーマンスをもたらすとは限らないのである。すなわち，常に同一の金融政策ルールを追求することは決して望ましいとはいえない。こうした結果は賃金主導，負債荷重といった成長の一局面のみを捉えたSetterfield (2009a,b) や Rochon and Setterfield (2007, 2012) のモデルでは十分に捉えることができなかったものである。

　第2に，金融政策ルールは，高い成長率と安定的な成長との間にトレード・オフをもたらす場合がある。言い換えると，高い成長率の実現に貢献する金融政策ルールは，必ずしも安定的な成長を実現するとは限らないのである。このトレード・オフは負債主導型経済成長レジームにおいて顕在化しうる。経済がこのレジームにある時，パシネッティ・ルールは高い成長率をもたらす。しかし，このルールと成長レジームのもとで，例えば，労働市場の制度的構造が変化し，インフレーション・フロンティアの傾きがより緩やかになると，安定条件が満たされなくなる。こうした場合，パシネッティ・ルールは政策ルールの中では，最も高い成長率を実現しうるとしても，安定的な定常状態を維持することができなくなる。他方で，負債主導型レジームにおいて，カンザス・シティ・ルールは最も安定的な状態を維持するものの，高い成長率を実現することはできない。このように，負債・成長レジームを所与とした場合，金融政策ルールの選択には，高い成長率を犠牲にして安定性を優先させるか，安定的な成長を犠牲にして高い成長率を優先させるかの二者択一が迫られる可能性がある。

　最後に，金融政策ルールの選択は，所得分配および負債の変化がマクロ経済パフォーマンスに与える影響を強化，中立化させる影響を及ぼす。表7.2が示すように，所得分配率がマクロ経済成長率に与える影響は，所得分配・成長レジーム，負債・稼働率レジーム，負債・成長レジームそして金融政策ルールに依存する。カンザス・シティ・ルールに基づく金利設定が行われると，金融的要因の影響は中立化され，C_0 における所得分配・成長レジームに関する要因のみ

に応じて，賃金あるいは利潤主導型成長が実現する。しかしながら，パシネッティ・ルールやスミシン・ルールのもとでは，これらの要因のみならず，負債・稼働率レジームや負債・成長レジームを規定する要因（B）も，賃金主導型や利潤主導型成長の実現に影響を及ぼす。例えば，利潤主導型かつ弱い負債主導型需要レジームの要因（$C_0 > 0$）が，負債主導型成長レジームを形成する条件（$B > 0$）とともに実現すれば，利潤主導型成長レジームが完全に確立される。逆に，賃金主導型かつ負債主導型需要レジームの要因（$C_0 < 0$）が，負債荷重型成長レジームを形成する条件（$B < 0$）とともに実現すれば，賃金主導型成長レジームが完全に確立される。

同様に，負債・成長レジームに対する影響も考察できる。たとえ負債主導型あるいは負債荷重型成長レジーム形成の条件が整っていたとしても（$B \neq 0$），金融政策ルールがカンザス・シティ・ルールに則して行われる場合には，企業の負債比率の変化は成長に対して中立的になる。対照的に，パシネッティ・ルールやスミシン・ルールは負債主導型，負債荷重型成長レジームの実現を促進する。このように，成長レジームの多様性を捉えたモデルを構築することによって，所得分配や負債比率がマクロ経済成長に対して与える影響は金融政策ルールと密接に関わっていることを詳細に理解することができる。

補論：命題の証明

証明 (命題 7.1 の証明)．経済のダイナミクスは，(7.9) 式と (7.20) 式から構成される。(7.9) 式を (7.20) 式に代入することにより，このシステムは次の式に縮約される。

$$g_t = \frac{A}{1 - B\beta_a(1-\gamma_0)\lambda} + \frac{B\beta_p\lambda}{1 - B\beta_a(1-\gamma_0)\lambda}\left(\frac{\mu}{1-\mu}\right)\pi \\ - \frac{B\beta_p\lambda}{1 - B\beta_a(1-\gamma_0)\lambda}\left(\frac{\mu}{1-\mu}\pi(g_{t-1}) + (1-\gamma_0)g_{t-1}\right). \tag{7.31}$$

経済成長率が一定になる時，インフレーションも，(7.9) 式から一定になる。したがって，このシステムの安定性を判別するには，(7.31)式の安定性を検証すれば十

第7章 ポスト・ケインズ派の金融政策ルールとマクロ経済パフォーマンス

分である。(7.31) 式を $g_t = G(g_{t-1})$ という関数によって表現する。テイラー展開によって，定常状態で評価されたこの関数は，$g_t = G(g^*) + G'(g^*)(g_{t-1} - g^*)$ に近似される。この差分方程式の局所的安定のための必要十分条件は，$|G'(g^*)| < 1$ である。(7.31) 式を g_{t-1} で微分して定常状態で評価し，局所的安定条件を求めると次のようになる。

$$\left| \frac{B\beta_p \lambda}{1 - B\beta_a(1-\gamma_0)\lambda} \right| \left| \frac{-\mu}{1-\mu}\pi'(g^*) - (1-\gamma_0) \right| < 1,$$

したがって，

$$\left| \frac{B\beta_p \lambda}{1 - B\beta_a(1-\gamma_0)\lambda} \right| < \left| \frac{-\mu}{1-\mu}\pi'(g^*) - (1-\gamma_0) \right|^{-1}, \quad (7.32)$$

すなわち，定常状態の局所的安定のためには，成長フロンティアの傾きの絶対値 $\left| \frac{B\beta_p \lambda}{1 - B\beta_a(1-\gamma_0)\lambda} \right|$ が，インフレーション・フロンティアの傾きの絶対値 $\left| \frac{-\mu}{1-\mu}\pi'(g^*) - (1-\gamma_0) \right|^{-1}$ よりも小さくなければならない。なお，この安定条件には，負債・成長レジームの強さ（B），金融政策ルールのタイプ（β_p や β_a），労働組合の交渉力や雇用保障の程度（μ，π' および γ_0）といった労働市場の制度的状態が関わっている。 □

証明 (系 7.1 の証明)．カンザス・シティ・ルールのもとでは，$\beta_a = \beta_p = 0$ である。したがって，名目金利は $i = 0$ に設定され，これにより，ただちに $G'(g^*) = 0$ が成り立つ。したがって，局所的安定条件 $|G'(g^*)| < 1$ は常に満たされる。 □

第8章

VARモデルを用いた日本経済の所得分配・経済成長レジームについての実証分析

8.1 はじめに

　本章では，VARモデルを用いて日本のマクロ経済パフォーマンスを考察する。日本のマクロ経済パフォーマンスについては，とりわけバブル崩壊以降の低成長の原因をめぐって，これまで多くの議論がなされてきた（岩田・宮川 (2003)；浜田他 (2004)；宮川 (2005)；林 (2007)；脇田 (2008)；深尾 (2012)；吉川 (2013)）。

　議論を簡単にまとめると，不況の原因は需要サイドか供給サイドかのどちらかに求められている。需要サイドを強調する議論では，(a) 不十分な金融緩和とデフレ予想による消費，投資の低迷，(b) 拡張的財政政策の不足や発動タイミングの悪さ，(c) 不良債権の累積と貸し渋りによる投資不足に強調点がおかれている。他方で，供給サイドを重視する議論では，(d) 企業部門の生産性や収益力の低迷，(e) 産業構造調整の遅れ，(f) 資源配分の非効率性などが強調され，これらが全要素生産性上昇率の停滞や負の供給ショックをもたらした結果，低成長がみられたといった議論がなされている。

　本章では，これまでの議論においてあまり前面に出てこなかった所得分配と需要形成パターンを強調して，日本の経済成長レジームを再検討してみたい。VARモデルとは，特定の経済理論に依拠することなく経済変数間の時間を通じた関係を捉える動学モデルである。理論的な立場は，VARモデルに含める変数の選択や結果の評価にある程度，反映される。本章では，これまでに展開してきたポスト・ケインズ派の経済理論に則した変数の選択や結果の評価を行う。この理論に基づいてVAR分析を行うことは，以下に述べるとおり，極めて重要な意義を持っている。

　これまで検討してきたとおり，需要レジームや経済成長レジームには，利潤

分配率の上昇が需要を刺激する利潤主導型，あるいは賃金分配率の上昇がそれを刺激する賃金主導型という2つが代表的に存在する。賃金主導型成長の実現においては，賃金分配率の上昇が消費の拡大を促し，それが産出量を引き上げ，加速度効果となって投資を拡大させ，さらに産出量が増大するというメカニズムが働いている。外国との貿易を含む時，賃金分配率の上昇が価格競争力を悪化させることで輸出が影響を受ける。例えば，内需が賃金主導型であっても，国内総生産に占める貿易の割合が高ければ，経済成長レジームは利潤主導型へと転換する。このように，需要・成長レジームは，理論的には両方の可能性が示される。所得分配と経済成長とのダイナミックな関連について，どちらのパターンが実際に支配的になるかは，極めて経験的な問題であり，実証分析を通じてはじめて明らかになる問題である。

　所得分配と経済成長，そして，これを介する個別需要の変化と経済成長との関連を重視するというポスト・ケインジアンの視点は，日本経済を理解する上でも重要である[1]。次節で概観するように，日本経済において，投資と輸出は成長と循環を生み出す原動力である。所得分配率の動態は，Bowles and Boyer (1990)が論じるように国内需要の原資と生産の費用として機能し，Blecker (2011)や中谷 (2009) が示すように，輸出を左右する価格競争力とも関わっている。実証面でも，例えば，橋本 (2002) のように過度の賃金分配率の高まりが収益率の低下とそれによる民間投資の減退をもたらし，1990年代の日本経済の停滞が生じたとする説もある。また近年では，低い単位労働コストを特質とした新興諸国や中国の台頭を伴いながら国際貿易が拡大するにつれて，日本の国際価格競争力が問題にされている（宮川 (2005)）。このように，所得分配と需要構成項目の動態は，互いに関連しあった形でマクロ経済パフォーマンスを規定している。したがって，その特質を理解するには，さまざまな要因の関連性を統一的に考慮する必要がある。VARモデルは，複数の経済変数を捉える動学モデルであるため，これらの動態を統一的に捉える方法として有益である。

　そこで本章では，所得分配，消費，資本蓄積，輸出そして総需要の各変数か

---

[1] 本章で個別需要形成パターンといった場合，それは所得分配の変化と消費，投資，輸出のそれぞれの関連を指す。他方で需要レジームや経済成長レジームといったとき，所得分配率と総需要との関連に加え，消費，投資，輸出の変化と国内総生産の変化との関連を指すものとして用いる。

ら構成される VAR モデルを推計し，その結果を解釈する．具体的には，個別・総需要形成パターンの明確化，グレンジャーの因果性検定，累積インパルス応答関数によるレジームの判別，さらには分散分解による変数の変動の波及効果，そして日本経済のマクロデータとの照らし合わせを加えて，多角的に日本のマクロ経済パフォーマンスを考察する[2]．

本章の構成は次の通りである．第 8.2 節では，所得分配と各需要項目に関わるデータを用いて 1980 年代から 2008 年頃までの日本のマクロ経済パフォーマンスを概観する．第 8.3 節では，ポスト・ケインジアンの実証分析の展開と VAR モデルを用いた日本経済の実証分析を簡単に紹介し，本章での試みを意義づける．第 8.4 節では分析に使用するデータとその加工，VAR モデル推定をするための予備的検定の結果について報告する．第 8.5 節では，VAR モデルの推計と結果を紹介する．結論を先に述べると，1985 年から 2008 年にかけての日本経済では，利潤主導型経済成長が支配的である．この結論は畔津他 (2010) と同様だが，本研究では，イノベーション会計を通じて，このパターンは利潤分配率が消費，資本蓄積，輸出を下支えする効果と，消費，資本蓄積，輸出の順番で，これらの変化が GDP 拡大を下支えするパターンを伴っていたことを提示する．第 8.6 節はむすびとして，本章の分析結果を端的にまとめ，残された課題について記述する．

---

[2] インパルス応答関数とは VAR モデルにおいてある変数にショックを与えた時，他の変数が各期においてどのように変化するのかを表す．これに対して「累積」インパルス応答関数は，これによって生じた各期の応答を積み重ねたものである．インパルス応答関数において，例えば，利潤分配率へのポジティブショックが 1 期先，2 期先で GDP 成長率のマイナスの応答をはじいたとしても，その後の 3 期先，4 期先…で，ポジティブな応答をはじけば，トータルとして利潤分配率へのポジティブショックは GDP 成長率を引き上げる効果をもつ可能性がある．累積インパルス応答関数はこれらの和を計算したものだから，総合的に，あるショックが他の変数のいかなる応答をもたらすのかを判断することができる．したがって，数年間にかけてどちらのレジームが支配的，優勢であったかという問題を議論する際には，累積インパルス応答関数を用いて考察する方が適切である．他方で，分散分解はある変数の変動に，その他の変数がどの程度影響をしているのかを測る尺度を提供する．推定された VAR モデルに基づきインパルス応答関数や分散分解によって分析を行う手続きはイノベーション会計と呼ばれる（羽森 (2009)）．

8.2　日本経済の所得分配と有効需要の動態

本節では，所得分配と需要構成項目についてのデータを参照しつつ，日本のマクロ経済パフォーマンスを概観しよう．図 8.1 は，1980 年代以降の日本経済について，賃金分配率と，投資，消費，輸出および国内総生産の変化率との関連をそれぞれプロットしたものである．国内総生産と賃金分配率の動きは実際には，さまざまな要因に左右されるが，両者が右上がりの関係をもつ場合が賃金主導型成長にあたり，右下がりの関係をもつ場合は利潤主導型成長にあたる．

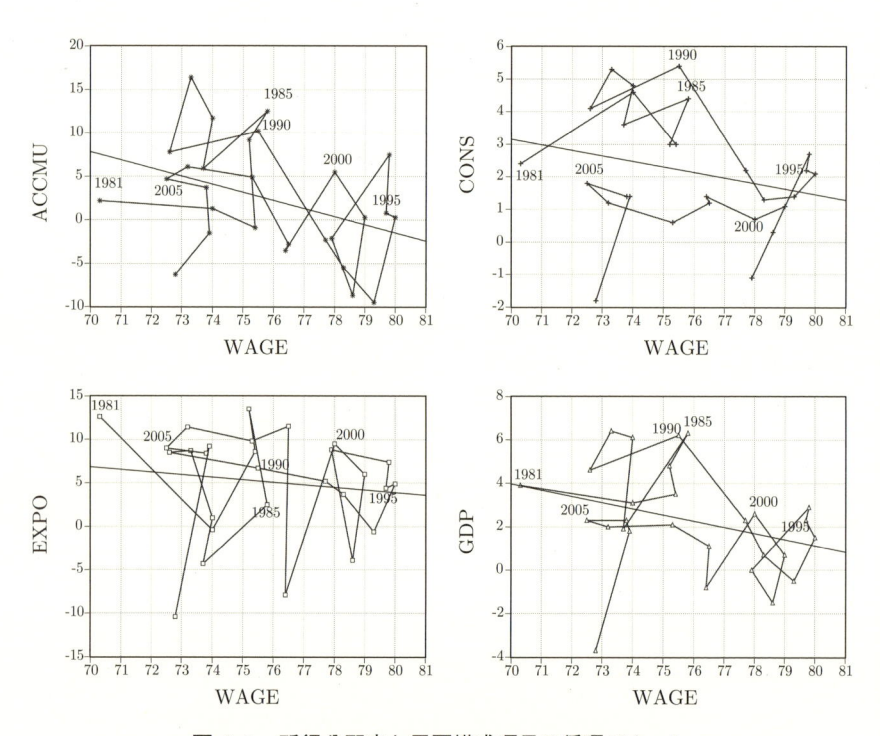

図 8.1　所得分配率と需要構成項目の循環パターン

注：WAGE は賃金分配率を表す．ACCUM は投資，CONS は消費，EXPO は輸出，GDP は国内総生産のそれぞれの変化率を表す．データは，『平成 20 年度国民経済計算』（年度データ）を使用した．縦軸は対前年比伸び率，横軸とともにパーセンテージで表示してある．なお，実線はプロットに対して一次の回帰式を与えた場合のラインを描く．

図 8.1 から，全ての需要項目について，短期的には賃金主導型と利潤主導型の循環が見られる．それぞれに対して，一次の回帰式を当てはめてみると，右下がりの傾きが導かれる．したがって，1980 年代以降，いずれの項目も，利潤主導型の需要形成パターンを全般的な傾向として有している．プロット・ラインの最後尾は 2008 年のデータを表すが，そこでは世界金融危機の影響を受けて，需要の伸び率は軒並み低くなっている．また，この図から，消費と投資，国内総生産は，1990 年以降，それ以前に比べて高い伸び率が実現しなかったことが分かる．他方で，輸出に関しては 2000 年以降も高い伸び率がみられる．賃金分配率自体は，1980 年代は比較的低位で推移しているものの，バブル崩壊後に上昇し，1995 年から 1996 年あたりで高止まっている．賃金分配率はその後，低下傾向を示し，表 8.1 でみるように，2002 年以降は景気循環のプロセスで平均的に最も低い値を記録している[3]．

表 8.1　景気循環の諸局面における GDP と各需要項目の対前期比変化率

期間	景気の局面	GDP 成長率	民間最終消費支出	民間総資本形成	政府支出	財貨・サービスの輸出	労働分配率
83:1-85:2	拡大期	1.18	0.75	1.82	-0.52	2.70	75.59
85:2-86:4	後退期	0.90	0.98	3.88	1.05	-0.63	73.92
86:4-91:1	拡大期	1.37	1.08	2.79	0.85	1.46	74.64
91:1-93:4	後退期	0.27	0.56	-1.55	1.34	0.40	79.17
93:4-97:1	拡大期	0.62	0.76	0.80	0.47	1.54	79.71
97:1-99:2	後退期	-0.22	0.01	-1.01	0.37	0.30	78.48
99:2-00:4	拡大期	0.56	0.25	5.85	-0.05	2.41	77.37
00:4-02:1	後退期	-0.09	0.38	-2.47	0.21	-1.20	76.60
02:1-07:4	拡大期	0.50	0.31	1.14	-0.10	2.56	73.86
83:1-07:4	全局面	0.60	0.54	1.15	0.52	1.40	76.22

注：基本となるサンプルは 1983 年 1-3 月期から 2007 年 10-12 月期である．ここで民間総資本形成は，民間固定資本形成に民間部門の在庫品増加を加えたもの，政府支出は，政府最終消費支出に公的部門の資本形成と在庫品増加を加えたものである．なお全ての系列は，季節調整済である．単位は全て，パーセンテージである．

---

[3] 日本経済の賃金分配率は，全般的にカウンターサイクリカルな動きを示す傾向がある．1990 年代半ばにかけての上昇の原因には，デフレーションの影響や，労働保蔵の効果によって賃金低下を下回るほどの低い生産性成長が生じたことが挙げられる（Uemura (2009)）．他方で 2000 年以降下降傾向をたどったのは，賃金の低下と雇用者数削減による単位労働コストの削減によるところが大きい．

はじめに述べたように,賃金や利潤といった所得分配は,消費や投資,輸出といった需要構成項目の伸び率への影響を介して,総需要の伸び率と関連する。そこで,所得分配率と各需要構成項目との動態について,もう少し詳しく考察しよう。表8.1は,四半期データをもとに,1983年からのVARに含む変数の対前期比伸び率について,景気循環の諸局面ごとに平均値をとったものである。

まず景気拡大期を考察しよう。拡大の原動力は,期間ごとに違いが存在する。バブル景気の主役は,民間総資本形成であり,次いで輸出と消費が寄与している。他方で,2002年以降の景気拡大は,輸出の伸びに牽引され,投資がそれに次いでいる。実質GDPに対する国内需要と純輸出の寄与度を調べると,1988年の国内需要(民間消費,民間投資,政府支出の合計)のそれは7.1パーセント,純輸出のそれは −0.5パーセントと,バブル期には内需主導パターンがみられる。他方で,2007年の国内のそれは0.7パーセント,純輸出のそれは1.3パーセントと,近年は外需主導のGDP成長パターンといえる。2002年からの好況は,2007年末に山を迎えた。それ以降,日本経済が低迷した理由の1つは,日本が極端な輸出主導型成長を維持する中で,世界金融危機を契機として世界の貿易が縮小したからである。

次に1990年代以降を中心にした停滞期を考察しよう。1990年代には二度の景気後退期がみられるが,そのいずれにおいても民間総資本形成の低下が主因である。民間投資の低迷に関しては,吉川(1999)が指摘するように,バブル崩壊直後のストック調整,および1997年から1998年にかけてのクレジット・クランチによる影響があったことにも注意しておきたい。1993年から97年にかけては,民間消費支出の拡大がみられるが,1997年以降の消費低迷には消費税増税といった政策的要因,さらには5パーセントを超える失業率の上昇や社会保障に対する不安など,雇用不安や将来不安の高まりなども寄与したと考えられる(中川(1999))。

ところで,政府支出の有効性は,とりわけ90年代不況において議論されてきた。1992年に総合経済対策が策定されてから,国の一般会計ベースの公共事業関係費だけでも10年間でおよそ100兆円が注入された。1997年には財政構造改革が試みられたものの,この間,財政赤字と政府債務残高は増大している。1990年に対GDP比で1.9パーセントの黒字であった財政収支は,2000年に

6.3パーセントの赤字に転じ，この間に政府債務残高も対 GDP 比で 64.6 パーセントから 122.9 パーセントに倍増した。中里 (2003) は，VAR によって財政支出の拡大や減税が GDP に与えた影響を考察した研究をサーベイしている。それによると，多くの研究では，政府支出拡大の効果は一時的にはプラスであったことが報告されている。このように政府支出は日本経済の活動レベルを下支えする効果をもってきたと考えられる。例えば，1991 年から 1993 年にかけての政府支出の拡大があったから，1994 年から 1997 年にかけて民間投資のプラス成長が可能になったとも解釈できるだろう。小泉構造改革期にはその伸び率が抑えられたが，政府支出の拡大は巨額の国債費の支払いを生じさせ，税収が伸び悩む中，近年，国家財政の逼迫が問題になっている。

8.3 先行研究

次に，所得分配と成長に着目したポスト・ケインジアンの実証分析と，日本の経済停滞を対象とした時系列分析の成果を確認しよう。ポスト・ケインジアンの代表的な実証研究には，Bhaduri and Marglin (1990) の理論をもとにした，Bowles and Boyer (1995), Hein and Ochsen (2003), Hein and Vogel (2008), Storm and Naastepad (2012), がある。さらに日本経済を対象としたものには，Uemura (2000), 宇仁 (2009), 藤田 (2010b) がある。Uemura (2000) は Bowles and Boyer (1995) とほぼ同じ方法で，戦後の日本経済における経済成長と構造変化を実証的に考察している。それによると，1963 年から 1971 年の間，日本経済は，「利潤・投資主導型」の成長パターンであった。しかし，1976 年から 1995 年にかけて，日本経済の成長パターンは，「輸出に浸食される賃金主導型」に転換する。すなわち，内需形成パターンは賃金主導型であるものの，輸出項目が強く利潤変数に反応することにより，総需要タームでは利潤主導型のパターンが支配的になる。宇仁 (2009) は「レギュラシオン理論」に依拠しつつ日本経済とアメリカ経済との成長の比較を行っている。1990 年代の需要レジームと生産性レジームを推計することによって，アメリカ経済の成長と日本経済の停滞とのコントラストを描いている。日本の 1990 年代の停滞は，いわゆる需要レジーム曲線の左方シフトによって説明され，これは輸出需

要の成長率と投資需要の低下によることが提起されている。藤田 (2010b) もまた累積的因果連関モデルによって，1990年代から2000年代初頭にかけての日米比較を行っている。その特質は，消費財と投資財部門から構成される二部門モデルであり，各部門の生産性成長率が相対価格の変動を通じて需要成長率に影響を与えるルートを強調している点である。この方法によって，米国の経済では投資財部門の高い生産性成長率によって投資財部門の需要が伸びるというルートが検出される。逆に，日本では投資財部門の高い生産性成長率が，バブル期の過剰な資本蓄積やその後の不良債権問題のために，同部門の需要の伸びに十分につながらなかったことが指摘される。

　これらの研究は，連立方程式体系によって決定される理論モデルに基づいて，分配と成長のパターンを判別している。他方で，時系列分析の手法を用いたポスト・ケインジアンの研究としては，Barbosa-Filho and Taylor (2006) や Stockhammer and Onaran (2004) がある。前者では，稼働率と所得分配率から構成される VAR モデルによる戦後の米国経済に関する実証分析が提示される。後者では，構造 VAR モデルが用いられ，その体系は，資本蓄積率，稼働率，利潤分配率，失業率，労働生産性の伸び率の5変数から構成される。彼らは，英，仏，米の三か国を対象に，労働需要は主に有効需要によって決まるというケインジアン的な考え方の有効性を実証している。

　日本経済の停滞を対象とした時系列分析としては，まず原田・飯田 (2004)，原田・増島 (2009) が挙げられる。これらの研究ではベースマネーの拡大が経済活動に対して与える正の影響が検出され，経済停滞を緩和する手段としての量的緩和政策の有効性を主張している。また，宮尾 (2006) は，需要面と供給面の相互依存関係を考慮した VAR 分析を行い，1993年以降の負の生産性ショックが1990年代の需要不足を説明する要因になったと結論づけている。貞廣 (2005) は，VAR を使って，1990年代以降の設備投資変動に対して，ストック調整要因と賃金分配率の上昇が寄与していることを明らかにしている。ブラウン・塩路 (2007) は，シミュレーションを用いて，日本の GDP 変動を説明する上で投資財相対価格を引き下げる投資ショックが重要な役割を担っていることを明らかにしている。

　多くの先行研究では，GDP に関わる変数を分析の主眼においているものの，

それをどの時系列変数と関連付けるかは，分析の目的による。近年の日本経済のVAR分析では，高度な分析が行われているにも関わらず，基本的に所得分配という視点を欠いている。他方でポスト・ケインジアンは総需要決定における所得分配の役割を強調するものの，現状でのVARモデルを用いた分析は，米，英，仏の研究にとどまっている。こうした限界を超えるために，分配と蓄積の実証分析を日本経済を対象にして行った研究が畔津他(2010)である。彼らは利潤主導型が支配的であったと判断するが，個別需要形成や総需要形成パターンについての考察や日本経済の特質との照らし合わせを欠いている。そこで，以下では，ポスト・ケインジアンの視点から分配を中心に据えたVARモデルを日本経済に応用し，さらに詳しい検証を行う。

8.4 実証分析

8.4.1 データ

使用した変数についての定義，データの出所，および加工方法は以下の通りである。

- WS（賃金分配率）：雇用者報酬を，法人企業の分配所得受払後の企業所得と雇用者報酬との合計で割ったものとして定義した。雇用者報酬，法人企業の分配所得受払後の企業所得はともに，内閣府『平成20年度国民経済計算（平成12年基準・93SNA）』から入手した。各系列は，四半期原系列，名目値である。

- $ACCUM$（資本蓄積率）：産業別資本ストックに対する産業別新設投資額の比率として定義した。データは『民間企業資本ストック年報：昭和55～平成19年度年報（平成12年基準：93SNA）』版である。両系列ともに，取付ベース，有形・無形固定資産の合計で定義し，平成12年平均価格で評価された実質値，四半期原系列である[4]。

- $EXPO$（輸出の伸び率）：財貨・サービスの輸出の対前期比として定義した。

---

[4] 統計上，GDPを構成する民間の投資項目は，民間総資本形成である。産業別新設投資額と民間総資本形成の相関係数は0.967と正かつ1に近く，投資活動を反映するものとして捉えることができる。

財貨・サービスの輸出は，賃金分配率に関わるデータと同様に，内閣府『平成 20 年度国民経済計算（平成 12 年基準・93SNA）』から入手した。これは，平成 12 暦年連鎖価格で評価された四半期原系列，実質値であり，以下の消費，国内総生産および政府支出も同様の出典である。

- $CONS$（消費の伸び率）：民間最終消費支出の対前期比として定義した。
- GDP（国内総生産の伸び率）：国内総生産（支出側）の対前期比として定義した。
- GOV（政府支出の伸び率）：政府支出の対前期比として定義した。なお政府支出とは，政府最終消費支出に公的部門の総固定資本形成と在庫品増加を足したものである。

データは全て原系列，四半期のものである。そこで，Census X-12 によって原系列に季節調整を施し，そのあと上記の加工を行っている。標本期間は 1985 年 1-3 月期から 2008 年 1-3 月期である。なお，前節でみたとおり，1990 年代に極めて拡張的に実施された景気対策を踏まえて，本章では政府支出の伸び率を外生項として加えた VAR モデルを推計する。

表 8.2　単位根検定の結果

	WS	$d(WS)$	$EXPO$	$ACCUM$	$d(ACCUM)$	$CONS$	GDP
t-stat.	-0.130	-10.050	-6.698	-0.750	-3.560	-4.92	-9.046
p 値	0.636	0.000	0.000	0.389	0.001	0.001	0.000
外生項	N	N	C	N	N	CL	CL

注：基本となるサンプルは 1985 年 1-3 月期から 2008 年 1-3 月期である。外生項の選択は，まず定数項とトレンド項の両方を含めた各検定を行い，それらが有意である場合には検定式に残すという基準に従った。その際の有意水準は，5 パーセントとしている。有意ではない場合，検定式からまずトレンド項を除去して検定をやり直している。CL は定数項とトレンド項を含める場合を，C は定数項のみを含める場合を，N は何も含めない場合を，それぞれ表す。表にはその結果を報告している。d は 1 階の階差をとるオペレーターを表す。なお，ADF テストでのラグ次数はシュヴァルツ情報量基準に従って選択した。

以上のデータをもとに，まずは各系列が単位根をもつかどうか Augmented Dickey-Fuller（ADF）検定を行った。その結果は，表 8.2 に示されている。輸出の伸び率，消費の伸び率，国内総生産の伸び率については，1 パーセントの

有意水準で単位根の存在を棄却することができる。しかしながら，賃金分配率と資本蓄積率は和分次数1に従っている。このように非定常系列が含まれるが，本章でのVARモデルの推計では，まずは，すべての変数を水準で推計に用いる[5]。

8.4.2 VARモデルの推定

以上を踏まえて，次のようなベクトルと行列で表示されるVARモデルを推定する。

$$y_t = \alpha + \beta \cdot GOV_t + \sum_{j=1}^{p} \Phi_j y_{t-j} + e_t. \tag{8.1}$$

ここで，$y_t = [WS_t, EXPO_t, ACCUM_t, CONS_t, GDP_t]'$ の列ベクトル（5行1列）である。ここでダッシュマークは転置を表す。GOV_t は t 時点での政府支出の変化率を表す。これらは，外生性が高いと思われる順序に並べた。$\alpha = [\alpha_1, \alpha_2, \alpha_3, \alpha_4, \alpha_5]'$ は定数項ベクトル，$\beta = [\beta_1, \beta_2, \beta_3, \beta_4, \beta_5]'$ は政府支出の変化率がそれぞれの変数に与えるインパクトを表す係数ベクトル，Φ_j はラグに応じた係数行列である。また，e_t は誤差項ベクトルであり，その平均はゼロ，分散・共分散行列は一定，系列相関なしであると仮定する。

以上の設定のもと，VAR(2)をあらかじめ推定し，その上で，赤池情報量基準（AIC）およびシュヴァルツ情報量基準（SBIC）をもとに最適ラグ次数を選択した。その結果は表8.3に示されている。最適ラグ次数については，AICによるとラグ次数3が，SBICに従うとラグ次数1が選択される。そこで分析の手順として，まずAICによるラグ次数3のモデルの結果を考察し，次に，全て

---

[5] この他の推計方法としては，第1に，非定常系列の定常化を行う方法，第2に単位根を持つと判断された変数間の共和分関係の検定と共和分ベクトルの推計を行い，その結果に基づいてベクトル・エラー・コレクション・モデルを推計するという方法がある。しかし，本章では被説明変数の和分次数が説明変数の和分次数を超えているので，ベクトル・エラー・コレクション・モデルを使うことはできない。照山 (2001) は VAR を用いた金融政策の分析についての展望論文において，たとえ水準タームで非定常系列を含む場合でも，そのままで推計する方法が中心となっていることを紹介している。照山 (2001) によると，この方法が用いられるのは，Sims et al. (1990) によって非定常な変数が含まれている場合にも，水準による推定量が一致性を持つことが明らかになったためとされる。なお非定常な変数が含まれる場合，信頼区間は必ずしも適切ではないが，本章では参考のために残している。

表 8.3 情報量基準

lag	0	1	2	3	4
AIC	-31.08	-36.18	-36.26	-36.46*	-36.38
SBIC	-30.80	-35.20*	-34.58	-34.08	-33.30

注：アステリスクは最小の情報基準量を指す．AIC は赤池情報量基準を示し，SBIC は，シュヴァルツ情報量基準を示す．最大ラグ次数は 4 で検定した．

定常化した変数を用いたモデルと，SBIC によるラグ次数 1 のモデルから得られる結果とを比較することで結果の一般性を検討する。

表 8.4 ブロック外生性テスト（ラグ次数 3 の VAR モデル）

		excluded				
		WS	$EXPO$	$ACCUM$	$CONS$	GDP
	WS		0.009	0.039	0.188	0.031
	$EXPO$	0.395		0.869	0.589	0.058
dependent	$ACCUM$	0.037	0.920		0.183	0.223
	$CONS$	0.070	0.003	0.048		0.007
	GDP	0.048	0.007	0.667	0.004	

注：ブロック外生性とは，VAR モデルにおいてある変数が他のどの変数に対してもグレンジャーの意味で因果関係を持っていないことを表す。この検定で帰無仮説は「ブロック外生的である」ため，帰無仮説が採択される場合，VAR モデルに含まれている他の変数に影響を与えない。したがって，VAR モデルにおいて不要の変数と判断できる。

このようにして推計されたラグ次数 3 の VAR に含めた変数が，他の変数に対してグレンジャーの意味で因果関係を持っているかどうか，ブロック外生性を検定した。その結果は表 8.4 に示されている。この表に示された p 値が有意水準（ここでは 10 パーセントに設定）より高い場合，横の欄に示された変数は，縦の列に示された従属変数に対して外生的であるとみなせる。この場合，VAR モデルにおいて不要の変数と判断できる。表 8.4 からは，VAR(3) に含まれた各変数は，少なくとも他の 1 つの変数に対してグレンジャーの意味での因果関係を持っていることが分かり，また，他の変数から因果関係を受けていることも分かる。この意味で，これらの変数を VAR モデルに含めることが必要である。

VAR に含める変数の順序は，リカーシブ制約のもとでは，最も外生性の高い

変数の順から並べることが，インパルス応答関数を導出する上で望ましい。しかしながら，先のグレンジャーの因果性検定に従うと，例えば「賃金分配率は資本蓄積に先行するが，資本蓄積も賃金分配率に先行する」という結果が得られ，外生性に沿って，全ての変数を対象とした場合，一意に順序付けを行うことができない。そこで，本章では，ポスト・ケインジアンの標準的な分配と成長のモデルを優先基準として，変数の順序を設定している[6]。

表 8.5　政府支出の伸び率についての係数推定値結果

	WS	EXPO	ACCUM	CONS	GDP
GOV	0.0403	-0.0890	0.0027	0.1117	0.2502
	[0.3588]	[-0.4752]	[0.3784]	[1.5028]	[3.3539]

注：ラグ次数 3 の VAR モデルにおける政府支出の伸び率にかかる係数。括弧内の数値は t 値を表す。

最後に，外生項目として含めた政府支出のインパクトをまとめたものが表8.5である。これによると，政府支出は，賃金分配率の下支え効果をもち，かつ内需項目に対してポジティブな効果を与えている。輸出の伸び率にはマイナスの効果を与えている。

8.5　VAR モデルによる日本のマクロ経済パフォーマンスの検証

本節では，以上の手順で推計された VAR(3) をもとに，日本のマクロ経済パフォーマンスを検証する。具体的には，需要・成長レジームを，イノベーション会計に依拠しつつ，まず，所得分配率と各需要項目との関連性を考察し，つ

---

[6] ただし本章では，消費や輸出は「伸び率」で考察しているので，標準的なポスト・ケインジアン・モデルの解き方と完全に一致するわけではないことを断っておく。このモデルでは，多くの場合，外生的に所得分配率を与え，その変化が各種需要項目に与えるインパクトを通じて成長にどう影響するのかを考察する（例えば Blecker (2002) や第 6 章を参照）。均衡では（純）輸出，資本蓄積，消費，稼働率が同時決定となり，その結果，経済成長率が決まる。なお，輸出は実際には，外国の経済状況や本章では取り入れない為替レートなどにも左右されるので，消費や投資よりも外生度が高いものとして扱った。消費と投資の順序については，先のグレンジャーの因果性の検定から，投資は消費に先行するが，消費は投資に先行していない点を踏まえて，投資を消費に優先させることにした。そして，国内総生産の伸び率を，所得分配と各需要項目を通じて決まる最終的な内生変数として位置付ける。

いで，総需要に対する各需要項目のインパクトを踏まえて解釈する。

8.5.1 イノベーション会計の結果とその解釈

VARモデルから導出されたインパルス応答関数と累積インパルス応答関数は，それぞれ図8.2と図8.3にまとめられている。VAR(3)の分散分解の結果は，表8.6にまとめられる。イノベーション会計でのインパルスは，コレスキー分解のもとで与えた。仮定として賃金分配率を先決としているため，第2, 3, 4行の第1列は個別需要形成パターンとの関連を表し，第5行は，総需要形成パターンを提示している。

第2行1列は，賃金分配率と輸出の伸び率との関連を示す。所得分配率と輸出との関連については，理論的には2つの可能性がある。例えば Blecker (2002) は，賃金上昇による自国の価格の上昇が国際価格競争力の低下をもたらし，輸出が減少することをモデルによって示している。他方で，中谷 (2009) は，利潤分配率が上昇しても，価格競争力が低下することで輸出の低下が起こりうることを示している。本章のケースでは，ブレッカーの結果が当てはまり，賃金分配率の上昇ショックは，マイナスの応答を積み重ねる形で輸出の低下をもたらす。所得分配率の変動が輸出の変動を説明するのは，長期的に3パーセント程度であるが，これはGDPに次いで3番目に大きい。

第3行1列によると，賃金分配率の上昇は資本蓄積を抑制し続けている。賃金分配率の裏は利潤分配率だから，この応答は利潤主導型の資本蓄積レジームを意味する。このことは，Naastepad and Storm (2007) や畔津他 (2010) が指摘するように，企業の内部留保に回った利潤が資本蓄積を強く刺激する構造を日本経済が有した可能性を示唆する。あるいは，賃金分配率の上昇が企業収益を圧迫し，投資の抑制につながったという90年代半ば頃の日本経済に関する橋本 (2002) の解釈を支持することができる。分散分解によると，22期目以降から，所得分配率の変動は，資本蓄積率の変動の50パーセント以上を占めはじめ，最も大きな影響を与えている。賃金分配率はそれだけ，投資に対する費用となり，裏の利潤分配率は原資となる役割を担っていたことが分かる。

第4行1列は，賃金分配率の上昇は，短期的に消費をわずかに刺激する局面をもちつつも，累積タームでは，消費の拡大につながらなかったことを示して

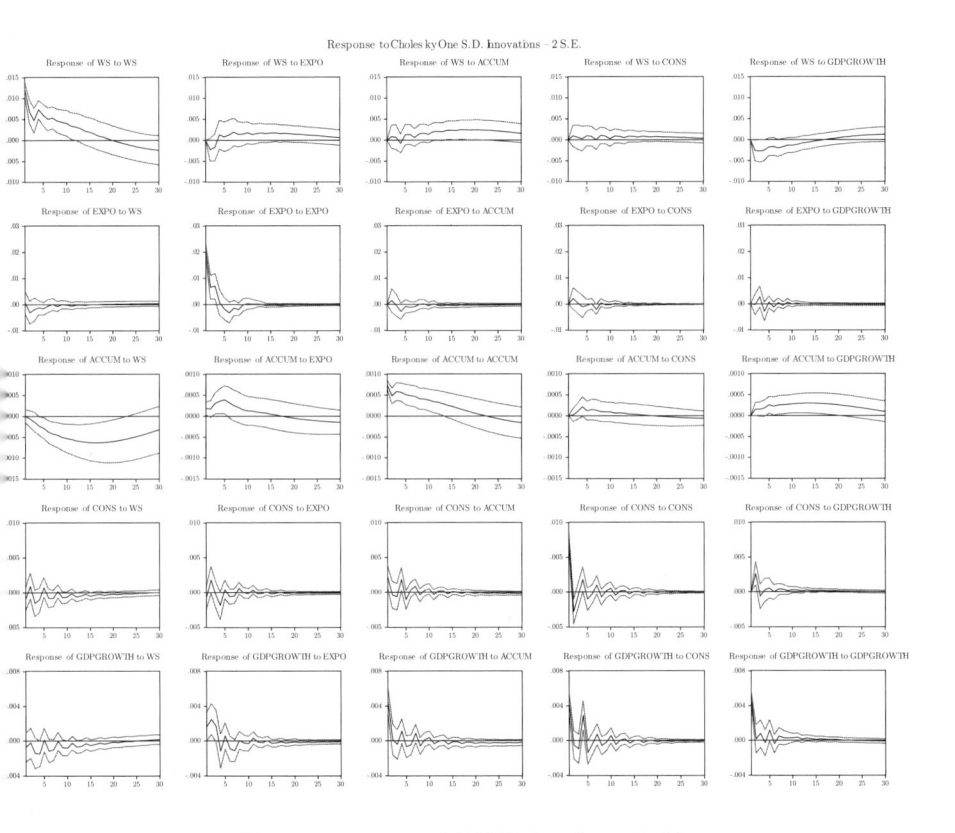

第8章　VARモデルを用いた日本経済の所得分配・経済成長レジームについての実証分析　　197

図 8.2　インパルス応答関数（ラグ 3 の場合）

注：左から順に，賃金分配率，輸出の伸び率，資本蓄積率，消費の伸び率，国内総生産の伸び率へのインパルスを表す。上から，同じ順で，各変数のインパルスへの応答関数を表す。点線はインパルス応答の推計値の 2 標準誤差の区間を表すが，非定常系列を含むために，適切ではない。

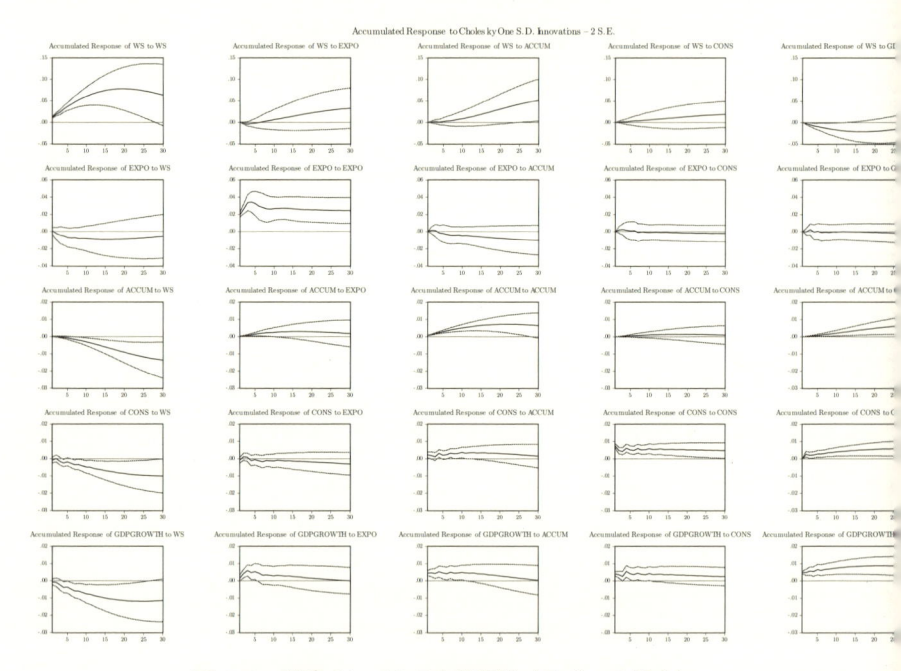

図 8.3　累積インパルス応答関数（ラグ 3 の場合）

注：左から順に，賃金分配率，輸出の伸び率，資本蓄積率，消費の伸び率，国内総生産の伸び率へのインパルスを表す。上から，同じ順で，各変数のインパルスへの累積応答関数を表す。点線はインパルス応答の推計値の 2 標準誤差の区間を表すが，非定常系列を含むために，適切ではない。

第 8 章　VAR モデルを用いた日本経済の所得分配・経済成長レジームについての実証分析　199

表 8.6　分散分解の結果

輸出の変化率
予測の視野

	WS	EXPO	ACCUM	CONS	GDP
1	0.11	99.89	0.00	0.00	0.00
5	3.12	90.80	1.83	1.09	3.16
10	3.11	89.35	2.14	1.91	3.49
15	3.17	89.13	2.25	1.95	3.50
20	3.17	89.02	2.35	1.96	3.50
25	3.23	88.88	2.41	1.96	3.52
30	3.34	88.73	2.44	1.96	3.54

消費の変化率
予測の視野

	WS	EXPO	ACCUM	CONS	GDP
1	1.25	0.83	7.68	90.24	0.00
5	5.67	7.66	10.09	68.84	7.73
10	7.59	8.13	10.72	66.01	7.56
15	8.42	8.21	10.73	65.07	7.57
20	8.87	8.20	10.71	64.62	7.60
25	9.06	8.24	10.75	64.37	7.58
30	9.07	8.28	10.85	64.24	7.57

資本蓄積の変化率
予測の視野

	WS	EXPO	ACCUM	CONS	GDP
1	0.00	5.94	94.06	0.00	0.00
5	6.04	17.67	67.60	2.92	5.77
10	23.12	13.55	51.30	2.72	9.30
15	37.60	9.43	39.28	2.00	11.69
20	47.45	7.28	31.08	1.55	12.65
25	52.66	6.57	26.66	1.36	12.75
30	54.32	6.73	25.15	1.37	12.43

GDP の変化率
予測の視野

	WS	EXPO	ACCUM	CONS	GDP
1	0.77	4.56	31.84	26.80	36.02
5	5.06	14.86	23.42	30.29	26.37
10	8.21	15.67	22.69	28.86	24.57
15	9.26	15.54	22.46	28.53	24.21
20	9.59	15.57	22.51	28.33	24.00
25	9.59	15.63	22.69	28.21	23.88
30	9.60	15.64	22.87	28.10	23.80

注：3 期のラグを伴う VAR の結果である。WS は労働分配率に固有のショックを、ACCUM は資本蓄積率に固有のショックを、CONS は消費の変化率に固有のショックを、EXPO は輸出の変化率に固有のショックを、GDP は国内総生産の変化率に固有のショックを、それぞれ表す。

いる。これは，賃金からの消費性向が利潤からのそれを上回るというカレツキ・カルドア型消費関数が日本では成立していなかったことを意味する。所得分配率の変動が消費の変動を説明するのは，30期にかけて9パーセント程度である。消費にポジティブなショックを与えているのは，資本蓄積率，消費といった内需項目とGDP成長率である。消費の変動を最も大きく説明しているのは，資本蓄積率の変動であり，最大でおよそ10.8パーセントである。これは，賃金の上昇だけでなく，民間投資を中心にした景気回復見通しの改善といった前向きの要素も合わせて，消費の拡大にとって重要であるものと解釈できる。

最後に5行1列は，経済成長レジームが利潤主導型であることを示している。考察期間と，推計に含めた経済変数に若干のずれがあるが，この結果は畔津他 (2010) と同様である。この行において重要なことは，個別需要項目と総需要との関連である。第5行2, 3, 4列には，輸出，資本蓄積そして消費のそれぞれの拡大がGDPの伸び率を累積的に拡大させる結果が示されている。長期的にGDPの変動を説明する要因としては，消費が28.1パーセントで最も大きく，次いで投資の22.8パーセント，そして輸出が15.6パーセントである。所得分配率の変動が総需要の変動に与える割合は9.6パーセントと最も小さい。ここからも，総需要の動態を考察する際，消費，投資，輸出を介在して行うことの重要性を提起できる。

資本蓄積が成長・景気循環の主役を担ってきたという意味で，日本経済はケインズ的モデルによくフィットする。したがって，モデルの中でその決定要因を特定化しておくことは重要である。第3行に示された累積インパルス応答関数によると，資本蓄積は，輸出，消費，GDPの伸び率へのポジティブショックに対して拡大する特質をもっている。そのうち，短期的に資本蓄積の変動を説明しているのは輸出の伸び率であり，5期にかけておよそ18パーセントを占める。資本蓄積の拡大に対して短期的には輸出拡大効果が強い。しかし，長期的にその影響は低下し，先に述べたとおり資本蓄積は，所得分配率から強く影響を受ける。

VARモデルにおけるインパルス応答関数は，基本的に，ある変数固有のショックに対する別の変数の反応をそれぞれについて計算するものである。したがって，賃金分配率ショックに対する消費の伸び率の変化，消費の伸び率ショック

に対する総需要の伸び率の変化といったような2つのインパルス応答関数をまたぐ解釈は慎重に行う必要がある。しかし，以上の分析から少なくとも次のことが言えるだろう。すなわち，第5行1列に表れる利潤主導型成長レジームは，利潤分配率が消費，資本蓄積，そして輸出を拡大させるパターンを伴っている。分散分解の結果を踏まえると，このパターンが生まれた理由は，利潤分配率がGDPの伸び率に直接に寄与したというよりも，それが資本蓄積に対して強い影響を及ぼし，その資本蓄積がとりわけ大きくGDPに影響を及ぼしたからだと考えられる。消費，資本蓄積，輸出の独立の上昇も，あわせてGDPの拡大をもたらしている。所得分配の変動から受ける影響は小さいものの，輸出の伸び率も消費の伸び率も利潤主導型であることを考慮すれば，利潤分配率から影響を受けたこれらの変化も，利潤主導型の累積インパルス応答関数の形成に対して寄与したものと考えられる。

8.5.2　追加的検証

ラグ次数の修正および定常性の確保を行い，累積インパルス応答関数をもとに，これまでの考察に用いたラグ3のモデルと比較を行った。

- SBICに従って，モデルのラグを3から1に変更した。このとき，長期的に賃金分配率が消費を拡大させる場面がみられる。とはいえ，消費の累積インパルス応答関数の大きさは，賃金分配率のそれよりも，他の変数のインパルスからの方が大きかった。この他の変数については，累積インパルス応答関数の形状に大きな変化は見られなかった。
- 単位根検定によって，資本蓄積と賃金分配率の和分次数は，I(1)であることが分かった。そこでこれらを定常化して推計に含めた。その場合，短期的に賃金分配率が消費を拡大させる場面がみられるが，長期的にはこの効果が消える。その他に，累積インパルス応答関数の形状に大きな変化は見られなかった。

以上のように，累積インパルス応答関数についての推定結果に大きな変化は生じない。そこで，ラグ3をベースにした解釈を一般的なものとして述べることにする。

8.5.3　日本のマクロ経済パフォーマンス：総体的評価

　イノベーション会計から得られた結果は，言ってみれば機械的な分析である。そこで，実際の経済との関連を照らし合わせて，日本のマクロ経済パフォーマンスについて，総体的な解釈を提示してみたい。

　輸出という外需項目と民間消費や民間投資といった内需項目は，ともにGDPの伸び率とポジティブな関連を有している。累積インパルス応答関数において，消費や投資といった内需項目と国内総生産との関連は，全てポジティブである。すなわち内需については，互いにポジティブに刺激しあう累積的な関連が形成されている。したがって，これらのある項目の上昇は，他の需要項目の拡大を誘発するが，逆に，ある項目の停滞は他の需要項目の停滞を誘発する。

　このように各需要構成項目は，GDPを拡大させる可能性を潜在的に有していた。バブル期には，資産価格の拡大を背景に，この潜在性が実現されたものの，バブル崩壊後は，消費と投資の伸び率は，全般的に停滞した。1990年代以降の消費の全般的低下を規定した要因には，賃金分配率が上昇したとしても，消費拡大効果が生まれなかったことや，中川 (1999)，ホリオカ (2007) が指摘するように，全般的な景気停滞の中で雇用不安や社会保障不安が生まれ，それによって家計の将来見通しが悪化したことが挙げられるだろう。投資の停滞を規定した要因には，吉川 (1999) がいうバブル崩壊直後のストック調整，90年代半ばにかけては，橋本 (2002) が主張したように利潤分配率の圧縮が挙げられる。また，90年代後半以降の投資の停滞の原因には，Motonishi and Yoshikawa (1999) が計量的に示したように，利潤見通しの悪化に加えて，中小企業への貸し渋りが挙げられる。これらの要因があいまって，日本経済は内需主導型経済の実現に失敗した。平均的にみて，比較的好調であったのは輸出の伸びである。内需が停滞する一方で，政府支出と外需が景気の下支えを行った。依然として低成長ながらも，2000年代に景気が回復したのは，この輸出が原動力となったからである。

　こうした日本経済についてのパフォーマンスについての諸見解を踏まえ，分析結果をまとめよう。1980年代には賃金分配率は低位で推移しつつも，バブル景気を背景とした内需の拡大がマクロ経済パフォーマンスを支えた。バブル崩壊後は，賃金分配率の上昇が個別需要の拡大に結び付かない状態で，各需要項

目は循環を伴いながら停滞し，平均的に低いマクロ経済パフォーマンスが実現した。逆に，2000年代のように，利潤分配率が回復する局面では，輸出の拡大と，利潤分配率の改善にも影響を受けた個別の需要（とりわけ投資需要）の拡大が，マクロ経済パフォーマンスを好転させた。

8.6 むすび

本章では，所得分配率，消費の伸び率，資本蓄積率，輸出の伸び率そして国内総生産の伸び率から構成されるVARモデルを推定し，インパルス応答関数分析および分散分解を中心とした実証分析を行った。1985年から2008年までの日本の経済成長レジームについて得られた結論は，畔津他(2010)と同じく利潤主導型である。しかし，本章では日本の利潤主導型成長レジームが内包する特質をより詳細に論じている。

本章における実証的結果は，政策的含意にとっても重要である。インパルス応答関数の形状に示されるように，たとえ，賃金分配率の拡大が消費を下支えする効果が弱くとも，他の需要項目の拡大を通じた景気見通しの好転が消費を刺激する可能性がある。そして消費の拡大は，他の需要項目と相まって，国内総生産を拡大させる可能性を日本経済は内包していた。こうした意味で，内需の拡大を起爆剤とした成長は可能であるが，逆にそれが実現できない場合には外需頼みにならざるをえない。内需実現のためには，労働者の雇用不安や企業の収益見通しの悪化といった不確実性要因を排除するような制度設計や経済政策が必要である。

本章では実物サイドの変数のみを考察対象とした。当然のことながら経済パフォーマンスを規定する変数は，実物変数のみに限られない。理論分析から明らかになったように，マクロ経済パフォーマンスは，負債や金利といった金融面によっても規定される。そこで次章では，新しく金融面を取り入れた時系列分析によって，日本のマクロ経済パフォーマンスの特質をより詳しく考察する。

第 9 章

構造 VAR モデルによる日本経済の資本蓄積，所得分配，負債の動態分析

9.1 はじめに

　本章では，日本の 1990 年代以降を対象にして，所得分配と企業の負債比率および資本蓄積との関連について実証分析を行う．第 1 に，ポスト・ケインジアン・モデルに基づき資本蓄積，所得分配，負債比率の関連を識別するための基本モデルを提示する．第 2 に，このモデルに基づいて識別される構造ショックと VAR を用いて，イノベーション会計を行う．最後に，この結果から 1990 年代以降の日本経済全体で，負債比率や所得分配の変化が資本蓄積といかなる関係を持っていたのかを検証する[1]．

　ポスト・ケインジアンの実証研究の多くは，所得分配，資本蓄積そして需要主導型経済成長との関連に主眼を置いてきた．本書で繰り返し提起してきたとおり，経済成長レジームには，賃金主導型と利潤主導型があることが理論的によく知られている．また，理論研究が進むにつれて，経済成長と企業の負債との間には，負債主導型と負債荷重型といったレジームがありうることが明らかにされてきた．

　近年では，所得分配のみならず，金融面と蓄積，成長に関する実証研究も進んできている．例えば，Stockhammer (2004) はドイツ，フランス，アメリカ，イギリスについての実証分析により，配当など金融所得の増大が実物投資の減速につながっていることを明らかにしている．それによると各国が受けた金融化の影響は異質で，その効果はドイツではわずかだったが，フランスでは大きかっ

---

[1] 構造 VAR モデルとは，主として経済理論に基づき，変数間の同時点関係を取り入れた VAR モデルである．データの記述，経済予測，構造推論（structural inference）および政策分析という目的に対する VAR と構造 VAR の分析例，これらモデルの有用性と問題については Stock and Watson (2001) が分かりやすい．

た。また，Stockhammer (2008) は，金融市場の規制緩和にも関わらず，2006年頃までは先進国において際立った経済危機が生じていないことを提示し，危機の抑制要因として，政府支出の増大を挙げている。この他，Skott and Ryoo (2008) は，2006年頃までの米国の金融化の軌跡をたどり，金融資産取引を組み込んだいくつかの成長モデルを提示している。

しかしながら，企業の負債面から資本蓄積や成長レジームを実証的に明らかにした研究は数少ない。Hein and Schoder (2011) は例外であり，1960年代から40年間の米国とドイツの負債・成長レジームを，ノーマル・タイプ（負債荷重型）と特徴づけている。実証研究の対象は依然として欧米中心であり，企業の負債面から資本蓄積について，日本経済を対象とした実証研究はほとんどない。そこで本章では，ポスト・ケインジアンの研究において数少ない日本経済を対象とし，金融と実物の相互関連を考慮した構造VARによる実証分析を新たに提示する。より具体的には，所得分配と企業の負債を基軸に，日本経済の資本蓄積レジームを特定化する[2]。

本章の構成は次のとおりである。第9.2節では，時代を少しさかのぼって，1980年代以降の日本経済の所得分配と企業の負債および資本蓄積についてのパフォーマンスについて考察する。第9.3節と第9.4節では構造VARに基づく実証分析を行う。まず，ポスト・ケインジアン的な要素を考慮した資本蓄積率，所得分配率，負債比率から構成されるモデルを設定する。次に，モデルから導かれる変数間の関連をもとに構造VARを推定し，1990年代以降について日本経済の資本蓄積，所得分配，負債の動態的特質を考察する。第9.5節は，まとめである。

9.2　1980年代以降の日本経済の負債，所得分配，資本蓄積の動態

ここでは，1980年代以降の日本経済について，負債比率，所得分配，資本蓄

---

[2] レギュラシオン理論において，成長レジームとほぼ同じ意味として用いられるのが，「蓄積レジーム」と呼ばれるマクロ経済の特質を把握するための概念である。それは，資本主義経済がその矛盾やひずみを吸収しつつ，特定の方向に回路づけられていくマクロ的規則性を表現する。本章では，所得分配や負債比率の変化に対して，一国経済の資本蓄積がどのようなマクロ的規則性を有するのかを実証的に把握するために，この用語によせて資本蓄積レジームを用いる。

積の動態を確認する。実証分析の対象は 1990 年代以降であるが，それ以前の時期と比較することによって，低成長下にある日本経済の特徴を，よりよく理解できると考えられる。

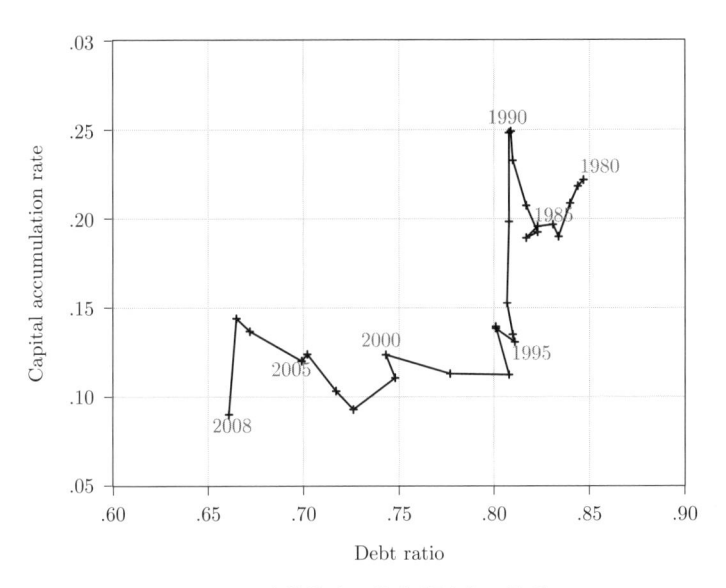

図 9.1 負債比率と資本蓄積率の循環

注：Capital accumulation rate は資本蓄積率を，Debt ratio は負債比率を表す。これらの算出については，財務省『法人企業統計』の年次データを使用した。それぞれの変数の算出方法は，第 9.4 節を参照。

図 9.1 は，資本蓄積率と負債比率との関連をプロットしたものである。資本蓄積率と負債比率との関連について，両者が右上がりの関係をもつ場合は，負債主導型の資本蓄積レジームにあたり，資本蓄積は負債の増大を通じて拡大する。他方で，右下がりの関係をもつ場合は，負債荷重型の資本蓄積レジームに相当する。これは負債の削減を通じて資本蓄積が拡大する局面にあたる。

1980 年代は，その後半においてバブル景気に刺激され，高い資本蓄積率が実現した時期であった。しかしながら，バブル崩壊後，資本蓄積率は低位で推移し，1990 年以降はその年に比べて高い伸び率が実現していない。また，負債比

率との関連でみると，バブル崩壊直後から1998年頃まで，負債比率が高止まった状態で資本蓄積率が大きく停滞していることが分かる。負債比率の悪化は，企業のみならず金融機関の行動にも影響を及ぼした。1990年代に膨らみ続けた不良債権は，金融機関の貸出態度を硬化させ，1997年から98年にかけて本格的なクレジット・クランチを引き起こした。その結果，1998年の企業設備投資の前年比は−11.4パーセントを記録し，GDPの前年比も，−2.8パーセントと大幅に低下した。注意すべき点は，貸し渋りは必ずしも即座の負債比率の低下を意味しないという点である。負債比率は，1997年には0.801ポイントであったが，1998年頃には0.808ポイントに上昇し，その後1999年から大きく低下している。金融危機後は，負債比率は低下の傾向をたどり，「金融再生プログラム」が策定された2002年以降になると，資本蓄積率にも回復がみられる。なお，この間の資本蓄積率の改善は，Uemura (2011)が指摘するように，輸出の拡大という外生的条件に支えられたことにも注意しておきたい。しかしながら，世界金融危機が起きた2008年には，資本蓄積率は再び大きく低下している。

　続いて，図9.2を用いて利潤分配率と資本蓄積率との関連を考察しよう。両者が右上がりの関係をもつ場合は利潤主導型の資本蓄積レジームにあたり，利潤分配率の上昇が資本蓄積を刺激する。このパターンにおいて，利潤分配率の圧縮は逆に資本蓄積を抑制する。他方で，右下がりの関係をもつ場合は賃金主導型の資本蓄積レジームに相当する。これは賃金分配率の上昇が資本蓄積を拡大させる局面にあたる。

　図9.2から，バブル期においては，利潤分配率と資本蓄積率が歩調を合わせて拡大していたことが観察される。バブル崩壊以降の日本経済では，逆に利潤分配率の圧縮を伴う資本蓄積率の停滞を表すプロット・ラインがみられる。利潤分配率は，1990年代後半に底を打ち，その後，上昇傾向を示し始める。2002年から2007年までは利潤分配率の改善は，資本蓄積率の上昇を伴った。この期間は上述の通り，負債比率も低下した時期である。そして，世界金融危機の影響を受けて2008年には資本蓄積率は大きく低下するが，この年，利潤分配率も大きく低下している。

　図9.3は，利潤分配率と負債比率の関係を表す。この図によると，1980年代には，負債比率は高くとどまっていたものの，利潤分配率も依然として高い状態

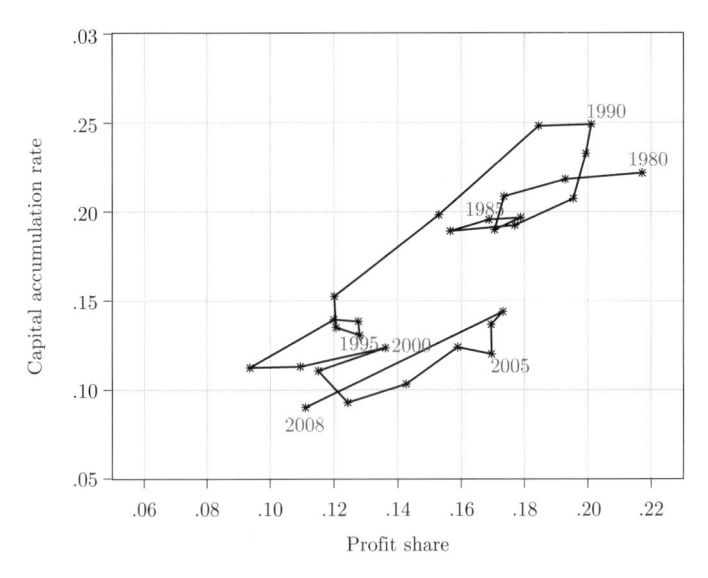

第 9 章 構造 VAR モデルによる日本経済の資本蓄積，所得分配，負債の動態分析　209

図 9.2 所得分配率と資本蓄積率の循環

注：Profit share は利潤分配率を表す。この算出については，財務省『法人企業統計』の年次データを使用した。具体的な算出方法は，第 9.4 節を参照。

にあったことが理解できる。バブル崩壊後は，利潤分配率は急速に低下しはじめたにも関わらず，負債比率は依然として高い水準にあった。このことは，図 9.3 において 1990 年代のプロット・ラインが水平になっていることからも理解できる。図 9.1 から図 9.3 までを合わせれば，1990 年代は，利潤分配率の低下と過剰な負債によって，資本蓄積率が停滞したことを推測できる。利潤分配率の回復と，負債比率の低下は，1990 年代後半になって生じている。図 9.3 における 2007 年から 2008 年にかけてのラインにもみられるように，不況時においては，利潤分配率は急速に低下するものの，負債比率の低下はそれほど急速に進まない。

　全般的に，日本経済において，利潤分配率はプロ・サイクリカルな動きを示してきた。すなわち，それは好況期に上昇し，不況期に低下する傾向がある。近年では雇用の流動化がみられるものの，過去の不況期には労働保蔵が効いていた

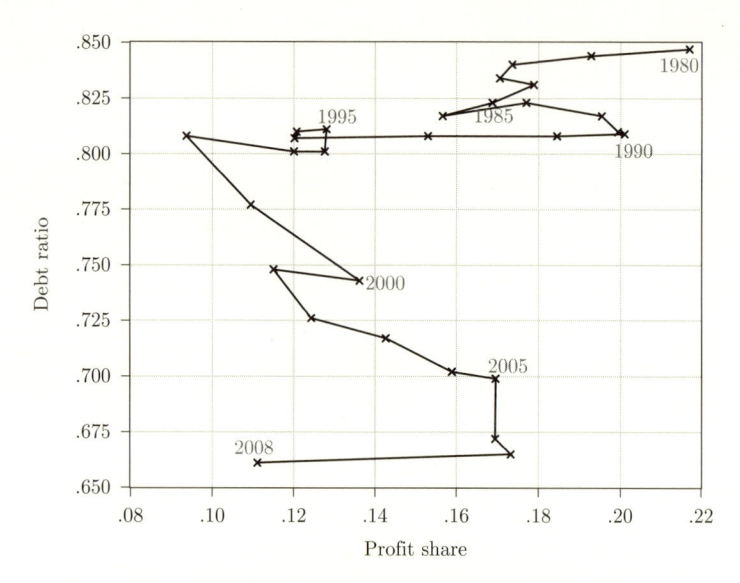

図 9.3 所得分配率と負債比率の循環

ことがこの原因の1つである (Uemura (2011))。これによって,企業の利潤に圧縮がかかる場合には,生産,投資を支える代替的な原資が必要になる。株式の発行も有効ではあるが,それは大企業に偏って利用されている(宇仁 (2009))。負債のうち銀行借り入れは外部資金調達の主要な手段である。円滑な借り入れと返済は企業の生産活動を支えうるが,それが滞る場合や利払いが過度の負荷となる場合には,企業の生産活動に大きく支障をきたす可能性がある。

　以上をもとに,日本経済の負債,所得分配,資本蓄積の動態は次のようにまとめられる。1980年代には比較的高い利潤分配率と負債比率のもと,バブル景気の影響を受けながら,高い資本蓄積率が実現した。しかしながら,バブル崩壊から1990年代後半にかけては,利潤分配率の低下と負債比率が高止まり,資本蓄積率は停滞した。1997年から1998年の金融危機後は,負債比率と利潤分配率はともに改善し始め,2002年から2007年にかけては,資本蓄積率は低位ながらも上昇している。次節のモデルで説明するが,所得分配と負債は資本蓄積に対して,費用あるいは需要となることで,そのパフォーマンスに大きな影

響を及ぼす。本章では，この点を踏まえたポスト・ケインジアン・モデルを展開し，構造 VAR に具現化して実証分析を行う。

9.3 識別のためのモデル

本章で用いる主要な変数の表記は次のとおりである。X：産出量（総所得），K；資本ストック，$1-\pi$：賃金分配率，π：利潤分配率，$u = X/K$：産出・資本比率（稼働率），$r = \pi u$：利潤率，I：投資，S：貯蓄，g：実現資本蓄積率，g^d：企業の目標資本蓄積率，i：金利，D：企業の有利子負債ストック，$\lambda = D/K$：負債比率，t：時間。

ここでは，Charles (2008c) で提起された資本蓄積率と負債比率の連続時間ポスト・ケインジアン・モデルを簡略化する。このモデルは，資金調達過程における貸し手と借り手のリスクを考慮している点でミンスキー的な要素を含んでいる。この分析の主眼は，経済の不安定化をもたらす要因を特定化することであり，不安定過程は負債蓄積の拡大がもたらすリスクの上昇によって貸出金利が高まり，利払いが膨らむルートをもとに説明される。このモデルは，所得分配率と負債比率が資本蓄積に対して与える影響を分析できるという点で，本章の課題を分析する適切なフレームワークといえる。そこで，実証分析を可能にするために離散時間モデルに修正し，かつモデルの定常状態から導かれる変数の関連を変数のショックの識別に用いる。さらに本章では Hein (2006, 2007) での研究も踏まえ，労働者，企業，銀行，銀行を介して企業に資金を提供する金利生活者の4つの経済主体を想定する。そして，負債からの利払いが金利生活者の収入となり，その消費支出が生み出す需要効果と，負債の投資に対する利払い効果を明示化する。なお，本章では利潤分配率を先決変数として扱う。

9.3.1 財市場の均衡条件

簡単なモデルをセットアップするために，政府の存在しない閉鎖経済を想定する。このとき財市場の均衡条件は次の通りである。

$$S_t = I_t, \tag{9.1}$$

労働者は受け取った賃金の一部を消費に回し，金利生活者は企業への貸付から得られる利子収入と株式の配当を全て消費に回し，企業は利潤から利払いを行った残りの一部を配当と内部留保に回す．このとき，マクロ・レベルでの貯蓄関数は次のように定義される[3]。

$$S_t = s_w(1-\pi_t)X_t + (\pi_t X_t - iD_t). \tag{9.2}$$

投資は実現された資本蓄積率によって決まるものとする．

$$I_t = g_t K_t, \tag{9.3}$$

ただし，資本ストックの初期値は外生かつ一定と仮定する．

以上から，資本ストックで正規化した財市場の均衡条件は，次の通りである．

$$u_t = \frac{g_t + i\lambda_t}{s_w(1-\pi_t) + \pi_t}, \tag{9.4}$$

ここで設定した短期モデルからは，需要レジームについて次のことがいえる．所得分配については，停滞型需要レジームが支配的になり，負債比率については，負債主導型需要レジームが支配的になる．停滞型が支配的になるのは，基本的に利潤からの消費に比べて賃金からの消費の方が活発であることによる．他方で，負債主導型が支配的になるのは，資本蓄積率の調整を所与とした場合，金利生活者の利子収入からの消費が強く需要を刺激することによる．

9.3.2 企業が目標とする資本蓄積率の決定要因

次に，企業が目標とする資本蓄積率を，次のような一般的な関数として定義する．

$$g_t^d = g^d(r_t, i\lambda), \tag{9.5}$$

---

[3]貯蓄関数は次の通り導出される．

$$S_t = s_w(1-\pi_t)X_t + s_c[(1-s_f)(\pi_t X_t - iD_t) + iD_t] + s_f(\pi_t X_t - iD_t),$$

ここで労働者の貯蓄率を $s_w \in (0,1)$，金利生活者の貯蓄率を $s_c = 0$，そして企業の留保率を $s_f = 1$ とし，それらを代入すると貯蓄を表す (9.2) 式が得られる．つまり，簡単化のために配当はゼロになっているモデルで議論を進める．

ここで，$r_t = \pi_t u_t$ である．一般に資本蓄積率の決定において，利潤率効果と利払いの負担効果を区分した形で定式化する．目標資本蓄積率は，利潤率の上昇により高めに設定され，利払いの負担増加により低めに設定されるものとする．したがって，$\Delta g_t^d / \Delta r_t = g_1^d > 0$ かつ $\Delta g_t^d / \Delta \lambda_t = i g_2^d < 0$ を仮定する．

資本蓄積率の調整は，企業が目標とする蓄積率と実際の蓄積率との乖離に対して適応的に行われるものと仮定する．すなわち，

$$g_{t+1} - g_t = \alpha [g_t^d - g_t] \\ = \alpha [g^d(r_t, i\lambda) - g_t], \tag{9.6}$$

ただし，α は正の調整係数であり，安定的な調整過程を仮定する．産出・資本比率 u_t は，(9.4) 式において短期的に決定されているもとで，資本蓄積率の調整は次式にしたがって行われる．

$$g_{t+1} - g_t = \alpha \left\{ g^d \left(\frac{\pi_t (g + i\lambda_t)}{s_w (1 - \pi_t) + \pi_t}, i\lambda_t \right) - g_t \right\}, \tag{9.7}$$

ここで，企業が目標にする資本蓄積率が実現される時，$g_{t+1} - g_t = 0$ が成り立つ．このとき，次式が導かれる．

$$g_t = g^d \left(\frac{\pi_t (g_t + i\lambda_t)}{s_w (1 - \pi_t) + \pi_t}, i\lambda_t \right). \tag{9.8}$$

(9.8) 式において，実現される資本蓄積率と利潤分配率について全微分すると，次式が得られる．

$$\frac{\Delta g_t}{\Delta \pi_t} = -\frac{g_1^d \frac{s_w (g_t + i\lambda)}{s_w (1 - \pi_t) + \pi_t}}{g_t^1 \pi_t - \{s_w (1 - \pi_t) + \pi_t\}}, \tag{9.9}$$

パラメーターについての仮定から，この式の分子は常に正である．また，産出量調整が安定的である場合，稼働率に対する貯蓄の反応は投資の反応よりも大きくなければならない．これはケインジアン安定条件として知られている．この条件を課すと，分母の符号は負であり，ここでのモデルでは利潤主導型の資本蓄積レジームが導かれる．

次に，負債比率の変化が資本蓄積率に対して与える影響を考察しよう。(9.8)式に対して，実現される資本蓄積率と負債比率について全微分を行うと次式が得られる。

$$\frac{\Delta g_t}{\Delta \lambda_t} = -\frac{g_1^d \pi_t i + g_2^d i\{s_w(1-\pi_t) + \pi_t\}}{g_1^d \pi_t - \{s_w(1-\pi_t) + \pi_t\}}, \quad (9.10)$$

この式についてもケインジアン安定条件を課しておく。このとき，分母の符号は負である。分子について，第1項は金利生活者の利払い収入が消費支出につながり，それが稼働率の拡大をもたらし，資本蓄積を刺激する需要効果である。第2項は，投資に対する利払いの費用効果である。負債比率が資本蓄積率の拡大をもたらすかどうかは，両者の大小関係に依存する。負債比率が上昇した時，前者の効果が強ければ，$\Delta g_t/\Delta \lambda_t$の符号は正となり，負債主導型の資本蓄積レジームが実現する。逆に，後者の効果が強ければ，この符号は負になり，負債荷重型の資本蓄積レジームが実現する。

以上をもとに，所得分配率と負債比率が資本蓄積率に与える影響は，次の関数に縮約される。

$$g_t^* = \Theta(\pi_t, \lambda_t), \quad (9.11)$$

構造VARを用いた実証分析では，同時点相関の識別の第1の基準として，この方程式を用いる。

9.3.3 負債比率の変化を記述する関数

最後に，負債の変化を記述する関数を次のように定義する。

$$\lambda_t = \mathcal{F}(g_t), \quad (9.12)$$

g_tがλ_tに及ぼす影響はアプリオリには決まっていない。Taylor (2004) 第8章では稼働率と負債比率の関係を，「ノーマル・タイプ」と「ミンスキー・タイプ」に分類をしている。本章のフレームワークに則してこれらを分類すれば，次のようになる。もし，$\Delta \lambda_t/\Delta g_t = \mathcal{F}'(g_t) > 0$であれば，「ミンスキー・タイプ」の負債形成パターンである。他方で，$\Delta \lambda_t/\Delta g_t = \mathcal{F}'(g_t) < 0$であれば，「ノー

マル・タイプ」の負債形成パターンである．Taylor (2004) は，これらの原理を次のように説明している．前者はミンスキーが論じたように，資本蓄積の進展に伴ってプロ・サイクリカルに負債が変化する場合に起こる．後者は，資本蓄積の拡大によって景気が上向き，それによって企業収益が改善し，借り入れの返済が円滑に進む場合に起こる．本章では，実証レベルでこれらの関連を検証することにしたい．

ここでは，目標資本蓄積率が達成されているときの同時点相関を考察する．(9.11) 式より，g^* を代入すれば，

$$\lambda_t = \mathcal{F}(g^*(\pi_t, \lambda_t)), \tag{9.13}$$

目標資本蓄積率は，π_t および λ_t の関数になるため，これらについて全微分すれば，次式が得られる．

$$\frac{\Delta \lambda_t}{\Delta \pi_t} = \Phi_\pi = \frac{\mathcal{F}'(\cdot) g_1^*}{1 - \mathcal{F}'(\cdot) g_2^*}, \tag{9.14}$$

ここで，分母の符号は正と仮定しよう[4]．モデルにおいて g_1^* は正だから，このとき，$\Delta \lambda_t / \Delta \pi_t$ の符号は，$\mathcal{F}'(\cdot)$ の符号に依存する．以上，3つの変数間の関係を VAR モデルに導入することによって，ショックの識別を行う．

9.3.4 構造 VAR モデル

(9.11) 式と (9.14) 式を使って同時点における所得分配率，資本蓄積率，負債比率の関係を含んだ VAR を表すと，

$$\begin{pmatrix} \pi_t \\ g_t \\ \lambda_t \end{pmatrix} = \begin{pmatrix} 0 \\ \Theta_\pi \pi_t + \Theta_\lambda \lambda_t \\ \Phi_\pi \pi_t \end{pmatrix} + \boldsymbol{c} + \boldsymbol{A}(L) \begin{pmatrix} \pi_t \\ g_t \\ \lambda_t \end{pmatrix} + \begin{pmatrix} \epsilon_{\pi_t} \\ \epsilon_{g_t} \\ \epsilon_{\lambda_t}, \end{pmatrix} \tag{9.15}$$

ここで $\boldsymbol{c}$ は 3×1 の定数項行列，$\boldsymbol{A}$ はラグ変数にかかる 3×3 の係数行列であ

---

[4] これは，負債蓄積を伴う資本蓄積率の定常状態について，局所的安定性条件と関係している．α は安定的な範囲を満たす正の調整係数である．ここで，$\lambda_t = \mathcal{F}(g_t)$ に注意して，資本蓄積率のダイナミクスを表す (9.6) 式に定常状態における資本蓄積率決定式 $g^*(\pi, \mathcal{F}(g_t))$ を代入する．その上で，g についての差分方程式の安定性を判別することで導かれる．

る。そして，ϵ_i は各変数に固有のショック（構造ショック）を表す。また，L は，ラグ・オペレーターを表す。Θ_π の符号は正であり，他方で，Θ_λ および Φ_π の符号は定まらない。

さらに，$\boldsymbol{x}_t = (\pi_t, g_t, \lambda_t)^T$ と定義する（T は転置記号をあらわす）。そして，(9.15) 式のモデルの構造を同時点係数行列 $\boldsymbol{B}$ に反映させると，以下の構造 VAR モデルを得る。

$$\boldsymbol{B}\boldsymbol{x}_t = \boldsymbol{c} + \boldsymbol{A}(L)\boldsymbol{x}_t + \boldsymbol{\epsilon}_t,$$

この式において，行列 $\boldsymbol{B}$ は，次のように定義できる。

$$\boldsymbol{B} = \begin{pmatrix} 1 & 0 & 0 \\ -\Theta_\pi & 1 & -\Theta_\lambda \\ -\Phi_\pi & 0 & 1 \end{pmatrix}, \tag{9.16}$$

係数行列 $\boldsymbol{B}$ は，変数間の同時点の相互関係を表しており，前節で展開した理論モデルによって設定される。係数に対するゼロ制約が3つ課されており，識別条件を満たす。さらに $\boldsymbol{\epsilon}_t$ は 3×1 の構造ショック・ベクトルである。(9.15) 式は，右辺に経済の同時決定構造が組み込まれた同時方程式体系である。したがって，このまま最小二乗法で推定すると，同時性バイアスが生じ，推定値は一致性をもたない。そこで，構造 VAR に対応する誘導型 VAR を推計し，その結果と識別制約 (9.16) 式をもとに，構造型のパラメーターと構造ショックを導き出す。

9.4 実証分析

9.4.1 データ

以上のモデルを構造 VAR に具現化し実証分析を行う。本節では，各変数の定義と使用するデータ，およびその加工についての説明を行う。

使用するデータの出所は，全て財務総合政策研究所が公表している『法人企業統計調査』である。サンプルに含める企業は，全企業規模かつ全産業に含ま

れるものである。期間は 1992 年 1-3 月期から 2010 年 1-3 月期である[5]。変数についての定義と加工方法は次の通りである。

- $ACCUM$（資本蓄積率, g_t）：ある期の資本ストックを，土地を除く有形固定資産と無形固定資産の期末・期首の合計を 2 で割ったものとして定義する。そして，土地を除く有形固定資産と無形固定資産について期末値から期首値の値を差し引き，それに減価償却費合計を足したものを投資として定義した。資本蓄積率は，かくして定義された投資と資本ストックの比率である。
- PS（利潤分配率, π_t）：当期末の人件費計と営業利益の合計を付加価値とし，この付加価値で営業利益を割ったものとして定義した。
- DK（負債比率, λ_t）：1 から自己資本比率を差し引いたものとして定義した。したがって負債比率の低下は自己資本比率の上昇を意味する。この算出方法は，負債合計を資産合計で除して負債比率を求める方法と等しい。

これらは四半期別調査「金融・保険業以外の業種」（原数値）から抽出したものである。そこで Census X-12 によって季節調整を施し，その後，上記の加工を行った。なお各変数は名目値の比率で定義されているので，それらの変化は相対価格の変化を含んでいる。

9.4.2 単位根検定とラグ次数の選択

以上のデータをもとに，まずは各系列が単位根をもつかどうか Augmented Dickey-Fuller（ADF）検定を行った。その結果は，表 9.1 に示されている。

利潤分配率については，ADF 検定によって，5 パーセントの有意水準で単位根の存在を棄却することができる。しかしながら，資本蓄積率と負債比率は和分次数 1 に従っていることが分かる。水準系列に非定常系列が含まれるが，第

---

[5]「法人企業統計調査」では，平成 21 年 4-6 月期調査以降，(1) 資本金 1 億円〜10 億円階層の標本抽出方法の変更（金融業，保険業以外の業種），(2) 資本金 1 千万円未満の資本金階層の集約（金融業，保険業以外の業種），(3) ローテーション・サンプリング（半数ずつ標本替えを行う）手法の導入といった標本抽出方法等に変更が加えられている。本章で用いたデータに関して変更が及ぶのは，とりわけローテーション・サンプリング手法の導入による部分である。これは，1-3 月期と 4-6 月期の調査結果をより円滑に接続させるように，標本の入れ替え方法を見直す方法である。これにより，標本の入れ替えに伴う 1-3 月期と 4-6 月期の間の計数の変動が小さくなり，前期比および前年同期比の安定化が図られた。

表 9.1 単位根検定の結果

		$ACCUM$	$d(ACCUM)$	DK	$d(DK)$	PS
ADF	t-stat.	0.420	-11.560	-2.508	-5.232	-3.376
	p 値	0.801	0.000	0.324	0.000	0.015
	外生項	N	N	CL	C	C

注：基本となるサンプルは 1992 年 1-3 月期から 2010 年 1-3 月期である。外生項は，まず定数項とトレンド項の両方を含めた各検定を行い，それらが有意である場合には検定式に残すという基準に従って選択した。その際の有意水準は，5 パーセントとした。有意ではない場合，検定式からまずトレンド項を除去して検定をやり直している。CL は定数項とトレンド項を含める場合を，C は定数項のみを含める場合を，N は何も含めない場合を，それぞれ表す。表にはその結果を報告している。d は 1 階の階差をとるオペレーターを表す。なお，ADF テストでのラグ次数はシュヴァルツ情報量基準に従って選択した。

表 9.2 情報量基準

ラグ	0	1	2	3	4	5	6	7	8
AIC	-13.272	-19.848	-19.990	-19.876	-19.833	-19.997*	-19.936	-19.833	-19.816
SBIC	-13.177	-19.472*	-19.331	-18.934	-18.610	-18.491	-18.147	-17.763	-17.463

注：アステリスクは最小の情報基準量を指す。AIC は赤池情報量基準を示し，SBIC は，シュヴァルツ情報量基準を示す。最大ラグ次数は 8 で検定した。

8 章と同じく，本章では全ての変数を水準で推計に用いる。

次いでラグ次数の選択を行った。まず 1992 年 1-3 月期から 2010 年 1-3 月期にかけてラグ 2 の VAR を推計する。次にそれをもとに最大 8 期までを対象として赤池情報量基準（AIC），シュヴァルツ情報量基準（SBIC）について，情報量基準が最小になるような次数を選択する（表9.2を参照）。この結果，赤池基準では 5 期が，シュヴァルツ基準では 1 期がそれぞれ選ばれる。そこで，これら 2 つのモデルがはじき出す累積インパルス応答関数と分散分解を中心に分析結果を解釈していく。

9.4.3 構造パラメーターの推定

以上 2 つのモデルに対して，同時点の関係を表現する行列 B の推計を行った。表 9.3 はその結果である。具体的な推計の方法は補論に示している。

所得分配と資本蓄積の同時点の関係を識別する $c(1)$ は，ラグ 5 のモデルでは理論的予想に反して賃金主導型であるが，ラグ 1 のモデルでは利潤主導型を表

第 9 章　構造 VAR モデルによる日本経済の資本蓄積，所得分配，負債の動態分析　　219

表 9.3　同時点のパラメーター推計

係数	理論的予想符号	ラグ 1 推計値	p 値	ラグ 5 推計値	p 値
c(1)	マイナス	-0.035	0.609	0.031	0.688
c(2)	不決定	0.053	0.056	0.060	0.034
c(3)	不決定	0.508	0.070	0.676	0.028

注：係数とモデルとの対応は次の通りである：$c(1) = -\Theta_\pi$, $c(2) = -\Phi_\pi$, $c(3) = -\Theta_\lambda$ である。なお Eviews では，構造ショックは，係数 $c(4)$, $c(5)$, $c(6)$ として算出される。いずれの係数も，各モデルにおいてポジティブかつ 1 パーセントの有意水準で有意であるため，結果の明記は省略する。

している。しかし，いずれの係数も絶対値としては小さく，そして有意水準 10 パーセントで有意ではない。次に，$c(2)$ は，いずれのモデルでも正であり，有意水準 10 パーセントで有意である。われわれのモデルで設けた仮定が満たされる場合，これは (9.14) 式において，$\mathcal{F}'(\cdot) < 0$ であり，同時点での資本蓄積と負債の形成パターンは，ノーマル・タイプとして識別される。そして，負債と資本蓄積の同時点の関係を識別する $c(3)$ は，いずれのモデルでも正かつ有意水準 10 パーセントで有意である。したがって，同時点では負債荷重型蓄積レジームが形成されている。すなわち，同時点では負債比率に対するポジティブ・ショックが生じると資本蓄積率は低下する。

9.4.4　イノベーション会計の結果とその解釈

ここでは，イノベーション会計の結果を報告し，資本蓄積，所得分配および負債の相互関連を考察する[6]。ラグ次数 5 とラグ次数 1 の構造 VAR に対する累積インパルス応答関数は図 9.4 と図 9.5 に，分散分解の結果は表 9.4 に，それぞれ示される。両モデルは，所得分配と資本蓄積に関して同時点で異なった関連を示すものの，ダイナミックな関連においては共通性がある。これらの構造

---

[6] 推定された VAR モデルに基づき，インパルス応答関数や予測誤差の分散分解によって分析を行う手続きはイノベーション会計と呼ばれる（羽森 (2009)）。累積インパルス応答関数とは，構造ショックが各変数に累積的に伝わっていく様子を描いたものである。予測誤差の分散分解において導かれる相対分散寄与度とは各変数の変動に対する構造ショックの寄与度を表し，この値が大きければショックが他の変数へ大きく影響していると解釈することができる。

VARについてのイノベーション会計の結果は，次の通りまとめられる。

- 利潤分配率に対するポジティブ・ショックは，資本蓄積に対してポジティブな影響を与え続ける（2行1列）。分散分解によると，両モデルにおいて1期から5期頃にかけて，利潤分配率が資本蓄積率に与える影響は急激に高まり，相対的に強く影響を与えている。しかし，その後の影響は10から14ポイント程度にとどまっている。
- 負債比率に対するポジティブ・ショックは，ショックの発端で，資本蓄積に対してネガティブな影響を与える。これは負債荷重の効果が大きく効いていることによる。このネガティブな効果は，30期先にかけて持続している（2行3列）。分散分解によると両モデルにおいて，資本蓄積率は時間の経過とともに，利潤分配率よりも負債比率から強く影響を受けるようになっている。
- 利潤分配率に対するポジティブ・ショックは，負債比率に対して持続的に負の効果を及ぼしている（3行1列）。
- 資本蓄積率に対するポジティブ・ショックは，負債比率を持続的に引き下げる（3行2列）。分散分解によると，両モデルにおいて負債比率は，資本蓄積率の変動よりも利潤分配率から持続的な影響を受けている。

累積インパルス応答関数の形状は，日本経済の資本蓄積レジームについて，利潤主導型が支配的であったことを示している。例えば，賃金分配率の上昇により，利潤分配率が低下し，この過程で景気悪化による販売数量の低下が生じると，企業の収益性はさらに大きく悪化する。1980年代の賃金分配率は，1990年代半ばほどには高くなく，資本蓄積はバブル期においてとりわけ好調であった。しかしながら，図9.2でみたようにバブル崩壊後から1990年代後半にかけては，賃金分配率の上昇に伴って，資本蓄積率も全般に停滞している。その後，利潤分配率は改善し始め，資本蓄積も2002年頃から回復している。累積インパルス応答関数は，こうした推移を反映しているものと考えられる。

また，累積インパルス応答関数から，負債比率の上昇は資本蓄積を抑制していることが分かる。すなわち，負債・蓄積レジームは負債荷重型であったことを示している。図9.1では，バブル崩壊から1990年代末まで，負債比率が高止まった状態で，資本蓄積率が停滞したことをみた。そして金融危機後，負債

第 9 章 構造 VAR モデルによる日本経済の資本蓄積，所得分配，負債の動態分析　　221

図 9.4　累積インパルス応答関数（ラグ 5 の場合）

Accumulated Response to Structural One S.D. Innovations – 2 S.E.

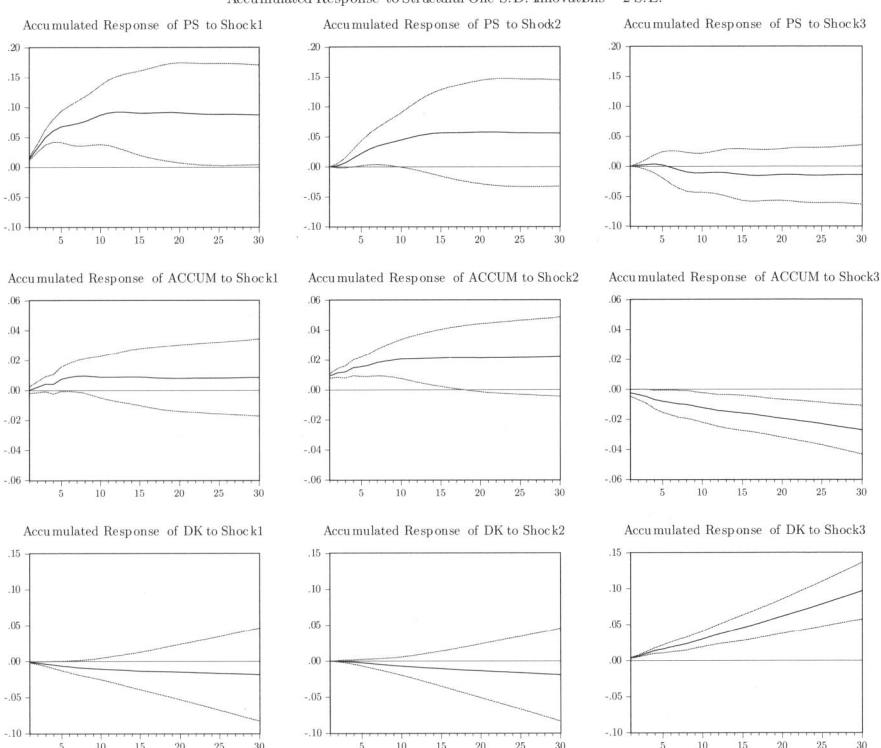

注：左から順に，利潤分配率（PS），資本蓄積率（$ACCUM$），負債比率（DK）への固有のインパルスを表す．上から，同じ順で，各変数のインパルスへの応答関数を表す．点線はインパルス応答の推計値の 2 標準誤差の区間を表すが，非定常系列を含むために，適切ではない．

図 9.5 累積インパルス応答関数（ラグ 1 の場合）

Accumulated Response to Structural One S.D. Innovations – 2 S.E.

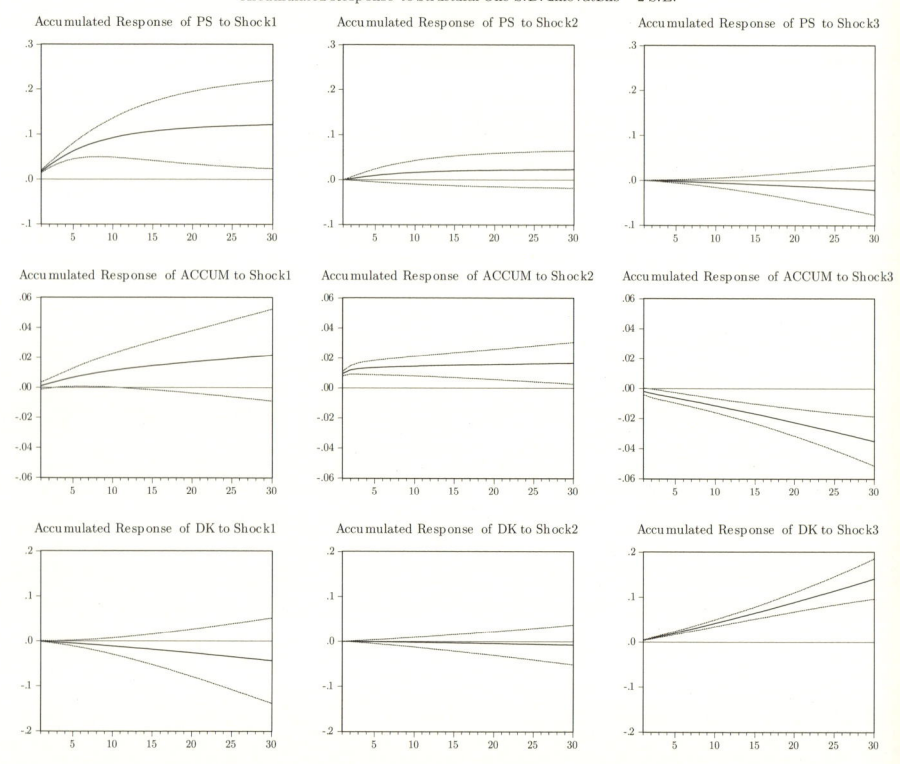

注：左から順に，利潤分配率（PS），資本蓄積率（$ACCUM$），負債比率（DK）への固有のインパルスを表す。上から，同じ順で，各変数のインパルスへの応答関数を表す。点線はインパルス応答の推計値の2標準誤差の区間を表すが，非定常系列を含むために，適切ではない。

表 9.4 分散分解の結果

資本蓄積率	ラグ 1			ラグ 5		
予測の視野	Shock1	Shock2	Shock3	Shock1	Shock2	Shock3
1	1.12	94.64	4.24	0.02	93.76	6.22
5	7.80	84.82	7.38	14.23	75.05	10.72
10	10.66	78.34	11.00	14.72	72.74	12.54
15	11.54	73.69	14.77	14.45	71.35	14.21
20	11.82	69.58	18.61	14.28	69.98	15.74
25	11.87	65.66	22.47	14.05	68.85	17.10
30	11.82	61.86	26.32	13.77	67.39	18.84

負債比率	ラグ 1			ラグ 5		
予測の視野	Shock1	Shock2	Shock3	Shock1	Shock2	Shock3
1	4.77	0.00	95.23	5.81	0.00	94.19
5	5.93	0.12	93.95	12.60	2.52	84.88
10	7.05	0.18	92.76	10.89	5.71	83.40
15	7.81	0.22	91.97	8.28	5.37	86.35
20	8.33	0.25	91.42	6.40	4.82	88.78
25	8.69	0.26	91.05	5.27	4.35	90.38
30	8.94	0.28	90.78	4.43	3.95	91.62

注：Shock1 は利潤分配率に固有のショックを，Shock2 は資本蓄積率に固有のショックを，Shock3 は負債比率に固有のショックを，それぞれ表す．

比率が低下していく過程で，2002年頃から資本蓄積率の回復をみている．累積インパルス応答関数からは，日本経済の資本蓄積率は，負債比率の高止まりによって停滞すること，その削減を通じて資本蓄積率が改善する構造を内包していたものと解釈できる．負債比率の上昇は企業の投資活動において，費用の役割を果たしてきたのである．

　分散分解によって，資本蓄積率に対する利潤分配率と負債比率の影響の大きさを比較してみよう．資本蓄積率に相対的に大きな影響を及ぼしている変数は，時間的視野に応じて異なっている．およそ5期先まで相対的に大きな影響を及ぼしているのは，所得分配率である．しかしながら，20期以降は，負債比率の

方が資本蓄積率に対して大きな影響を及ぼしている。負債・資本蓄積レジームは負債荷重型であるため，負債比率が高まった状態では，仮に利潤分配率が改善したとしても，長期的に活発な資本蓄積は実現しない。長期にかけて高い資本蓄積が達成されるためには，十分な利潤分配率と自己資本比率の両方が必要とされる。

ここで負債比率や所得分配率の応答についても簡単に触れておこう。ポスト・ケインズ派の内生的貨幣供給の理論によると，銀行貸出は投資需要に応じて誘発される。またポスト・ケインジアンの一翼を担うミンスキアンは，好況過程で，貸し手と借り手の期待がともに楽観的になり，投資の拡大に伴って負債比率が上昇し，企業の財務構造が脆弱化することを説明してきた。これらのメカニズムが十分に働いている場合には，資本蓄積率の上昇は負債比率を引き上げる。しかしながら，これらは実証的には必ずしも当てはまらない。われわれの分析結果によると，資本蓄積率に対するポジティブ・ショックは負債比率を引き下げている。そして，利潤分配率に対するポジティブ・ショックも負債比率の低下，つまり自己資本比率の上昇をもたらしている（3行1列）。さらにそこには，利潤主導型資本蓄積レジームに加え（2行1列），資本蓄積率の上昇が，利潤分配率を生み出す関係が介在している（1行2列）。

これらの関連は，1990年代以降は，銀行借り入れを積極的に行って資本蓄積を進めるというメカニズムが弱まった状態が経済全体で成り立っていたことを示唆する[7]。むしろ，Naastepad and Storm (2007) や畔津他 (2010) が指摘するように，利潤主導型資本蓄積レジームのもと，利潤分配率の上昇が企業の内部留保に回り，それが投資を強く刺激する関連が形成された可能性がある[8]。

---

[7] このことをより詳しく論じるためには，企業の観点からだけでなく資金の貸し手の観点を踏まえた分析が必要である。資本蓄積率の上昇は動学的にみると負債比率の分母の拡大を意味するので，負債比率の低下は，十分な負債の伸びが実現していないことを表す。負債が十分に伸びなかったのは，投資の停滞に伴う借り入れ需要の低下に加え，金融機関の貸出態度の硬化という供給側の要因が効いた局面があったためとも考えられる。この点を論証するには構造VARとは別の枠組みを用いて銀行の貸出および企業の借り入れの決定要因を探る必要がある。例えば，小川 (2008) はパネルデータ推計によって，金融機関の態度硬化の要因として1990年代における銀行の不良債権比率の上昇が大きな要因になっていることを明らかにしている。

[8] この他に，Lavoie and Seccareccia (2001) は，好況期に外部負債への依存が高まることを主張したミンスキーの理論を批判している。その説明は累積インパルス応答関数の形状について，ここで論じたものと同じである。すなわち，投資が活発化し好況になれば，企業の利潤も増大す

9.5 むすび

　所得分配率と資本蓄積率,負債比率と資本蓄積率のダイナミックな関連については,賃金・利潤主導型と負債主導・荷重型が存在することが理論的に明らかにされてきた。これらのうちいずれの蓄積レジームが実際に支配的になるかは,極めて実証的な問題である。本章では,日本の1990年代以降の所得分配,負債による資金調達および資本蓄積との関連について実証分析を行ってきた。

　構造VARのもとで導かれた累積インパルス応答関数によると,利潤分配率の上昇は,資本蓄積率の上昇を刺激する役割を担ってきた。逆に負債比率の上昇は,資本蓄積を抑制する役割を担ってきた。言い換えると,過去20年間の日本経済は,利潤主導型と負債荷重型の資本蓄積レジームを有してきた。したがって,利潤分配率と自己資本比率の改善が,持続的な資本蓄積率のために必要となる。両者の状態が悪化すれば,時間を通じて資本蓄積は大きく停滞するだろう。これらのうち,資本蓄積率の変動に対して,短期的には所得分配率が強い影響を与えているが,中長期的には負債比率が強い影響を与えている。

　過去の日本経済を振り返ると,1980年代には比較的高い負債比率のもとで,高い資本蓄積率が実現されていた。推計期間に含めなかったものの,負債による円滑な資金調達は,この頃の資本蓄積を支えたと考えられる。しかしながら,バブル崩壊後の賃金分配率の上昇と負債比率の高止まりは,1990年代の資本蓄積の停滞に相まって寄与したものと考えられる。逆に,1997年から1998年の金融危機後の利潤分配率と自己資本比率の改善は,企業の財務状況の改善を通じて資本蓄積の回復に貢献したものと考えられる。

　またイノベーション会計からは,利潤分配率の上昇と資本蓄積率の上昇は,ともに負債比率の低下をもたらすことも明らかになった。1990年代以降の利潤主導型資本蓄積レジームが確立されていく過程で,企業の投資のファイナンスは,負債を通じた資金調達よりも,企業の内部留保を用いる形に変化してきた可能性がある。実際,1980年代末まで伸び続けた金融機関貸出残高は1990年代以降停滞し,次第に下降傾向をたどっている(小川(2008))。そして1997年から

る。これを用いて投資を実行すれば,必ずしも外部資金に依存する必要はなくなる。したがって,好況期に負債が高まらない場合も十分にありうる。

1998年頃を境に，戦後からマクロ・レベルで赤字部門であった民間法人企業部門は，黒字部門に転換している（吉川 (2009b)）。

本章では，ポスト・ケインジアン・モデルに基づく識別条件を VAR に組み込み，まだ研究蓄積の少ない日本経済を対象に分配・蓄積レジーム，負債・蓄積レジームを分析することに力を注いできた。ここでは，1990 年代初頭からおよそ 20 年間を対象に推計された「一定の」パラメーターを用いて日本のマクロ経済パフォーマンスについて考察を行っている。とはいえ，この間，金融危機やサブプライム・ショックなど日本経済に対して多くのイベントが生じたのも事実である。こうしたイベントの発生は推計されたパラメーターが一定であることを保証しない。このような限界をもつ意味で，本章の試みはプリミティブなものである。今後の研究では，この限界を克服する方法として，構造変化の確認に基づいたダミー変数を導入した分析も必要である。また，インパルス応答関数は，識別条件に対して敏感に変化しうることが知られている (Stock and Watson (2001))。金融的側面を強調するポスト・ケインジアン・モデルは数多く提起されているために，さまざまなモデルを識別条件として用いた構造 VAR によって実証分析を行うことも興味深い。さらには，パネルデータ分析といった個体の異質性を踏まえることのできるモデルを用いて，企業規模別あるいは産業別の資本蓄積をさらに詳しく把握するために，分析の拡充も行う必要がある。次章では，金融化に関わる議論を背景に，日本経済における資本蓄積の特質をより詳しく考察する。

補論：ショックの識別

本章で展開した構造 VAR において，同時点での識別は次のような関係に基づいて行われる。誘導型残差と構造ショックとの間には行列 B を用いると，

$$Be_t = C\epsilon_t,$$

という関係がある。これを展開すると，

$$\begin{pmatrix} 1 & 0 & 0 \\ c(1) & 1 & c(3) \\ c(2) & 0 & 1 \end{pmatrix} \begin{pmatrix} e_{\pi_t} \\ e_{g_t} \\ e_{\lambda_t} \end{pmatrix} = \begin{pmatrix} c(4) & 0 & 0 \\ 0 & c(5) & 0 \\ 0 & 0 & c(6) \end{pmatrix} \begin{pmatrix} \epsilon_{\pi_t} \\ \epsilon_{g_t} \\ \epsilon_{\lambda_t} \end{pmatrix},$$

ここで，$c(1) = -\Theta_\pi$, $c(2) = -\Phi_\pi$, $c(3) = -\Theta_\lambda$ である。e_t は誘導型残差，ϵ_t は構造ショック（各変数に固有のショック）を表す。なお，Eviewsでは，構造ショックは $E(\epsilon_t \epsilon_t^T) = I$ によって正規化されているため，$c(4)$, $c(5)$, $c(6)$ に対応した値が入る（I は単位行列であり，T は転置を表す）。

第10章

金融化と日本経済の資本蓄積パターンの決定要因：産業レベルに注目した実証分析

10.1 はじめに

　近年，金融化と経済パフォーマンスとの関係について，理論的にも実証的にも活発な研究が行われている。Boyer (2000), Epstein (2005), Skott and Ryoo (2008), Hein (2012), Stockhammer (2004, 2005-6), Orhangazi (2008b,a), Treeck (2008), ドーア (2011), 藤田 (2010a) などがそれである。これらの研究では，金融化のもとでの経済成長や所得分配についての理論的考察や，金融化が最も進んだ米国経済，あるいはヨーロッパの国々を対象とした実証分析が主である。そして多くは，金融化の進展は総需要形成や賃金分配率の水準にとってネガティブな影響をもっていることを指摘している。

　本章で詳しく説明するように，日本経済を産業レベルでみると，それは米国のような金融化の兆候を示してはいない。金融化は金融的革新と情報技術の発達を伴って拡大するグローバル化を背景として進んでいる。しかし，これを普遍的な現象として捉えると，各国資本主義経済に固有の現状やそれに対する異なった金融化のインパクトを見落としてしまう。

　本章では産業レベルに分析対象を定め，日本経済の金融化の状態とその資本蓄積へのインパクトを考察する。まず先行研究に倣い，日本経済において金融化に関わる代表的な経済変数がどのように変化してきたのかを総合的に考察する。そこでは金融化が最も進んだ米国を参照点に，先行研究が指摘するトレンドとの異同を踏まえて，日本の産業部門において金融化の兆候がみられるかどうかを検証する。金融化とは，金融取引を中心とするいくつかの趨勢をまとめた包括的な概念として用いられる。本章では，これを国内の産業部門を対象として，金融取引に関わる収入と支出，所得分配の変容，そして金融・保険・不

動産業の雇用，付加価値，利潤の割合の推移を考察することで捉える．

本章では金融化に関わるデータの考察に加えて，実体面との関連についても明らかにする．仮に金融化がデータにおいて確認されなくとも，金融取引が資本蓄積パフォーマンスの潜在的な決定要因になっている可能性はなお残る．そこで，金融化を念頭においた投資関数モデルを設定し，金融化が日本の製造業，非製造業，そして産業全体の資本蓄積行動にどのような影響を与えているのかを計量分析を通じて明らかにする[1]．以上を通じて，日本経済における金融化の程度や特徴，および資本蓄積パターンとの関連性を把握する．このように分析対象を日本経済に定めることによって，とりわけ産業部門について，米国とは異なった金融化の動向や影響を新しく明らかにすることができる．

本章の構成は以下のとおりである．第10.2節では，先行研究をレヴューし，金融化に伴ってみられる代表的な経済変数の動向について日本のケースを考察する．第10.3節ではOrhangazi (2008a,b)のモデルを参考に，日本の製造業，非製造業および全産業の資本蓄積パターンを考察する．そこでは，金融取引と資本蓄積との関係を計量分析によって検証する．第10.4節は結論である．

10.2 産業レベルからみた日本経済の金融化

10.2.1 先行研究

金融化（financialization）という用語は多様な意味を含む．金融化とは，家計所得の金融化（Boyer (2000)），企業統治における株主価値や投資家・金利生活者の台頭（Lazonick and O'Sullivan (2000)），機関投資家の躍進や金融資産の証券化の進展（山田 (2008)）を含んでいる．Orhangazi (2008b)は金融化の特徴をマクロ的（経済全体での特徴），ミクロ的（企業レベルでの特徴）に整理

---

[1] マクロレベルでの分析では，一国経済全体の投資パフォーマンスの決定について明らかにすることができても，産業ごとの活動パターンやその決定要因の違いを考慮することができない．実際，Uemura (2011)は，異なった産業および企業規模において資本蓄積や売り上げの変化が拡大していることを指摘している．ここから，Uemura (2011)は近年の日本の経済成長パターンが業種・規模の間で拡大しつつある異質性を伴ったものであると特徴づけている．これらの研究は，集計レベルでは見落とされる産業ごとの違いを踏まえた分析の必要性を示唆している．理論的限界と実証的事実という観点から，投資の分析においても産業レベルの相違を踏まえた分析を行う必要がある．

している。すなわち，経済全体における金融市場の拡大やそこでの取引量の拡大と，企業レベルにおける金融所得の上昇，および企業統治や金融所得の要求を通じた企業経営に対する金融市場からの圧力の増大として捉えている。各国の金融化の動向を包括的にまとめたEpstein (2005)の定義においても，「国内外の経済活動において，金融的動機，金融市場，金融主体，そして金融機関の役割が拡大していく過程（Epstein (2005), p.3)」というかなり幅の広い意味で捉えられている。金融化とは，いくつかの個別動向を総括する現象として解釈されているため，単一の定義をもって認識することが極めて難しい現象である。

金融化に関する議論は，近年，活発に行われている。そこで以下では，金融化についての近年の代表的な研究のサーベイを行う[2]。その上で，日本の産業部門を対象として金融化に関するマクロ経済変数の推移を考察しつつ，多角的な観点から本章における金融化の捉え方を提起する。

まず，金融化が消費や投資といったマクロ経済パフォーマンスに与えた影響についての理論・実証研究をレヴューしよう。Crotty (1990), Stockhammer (2005-6)やHein (2011)では，所有者と経営者の間のコンフリクトに基づいた理論分析が提起される。経営者は企業の成長を追求するが，高成長のためには研究開発，市場開拓に関わる調査活動について費用がかかる。そのために成長率が高いほど利潤率が低くなるという「成長・利潤トレード・オフ」が導かれる。金融化においては株主価値が重視され，短期的に高い利潤の獲得への圧力が生じる。このため企業の成長や人件費は抑えられ，企業が得た利潤に対して

---

[2] 本章では，現代の金融化がいつ，いかにして始まったのかという大きな問題には触れない。しかし，これについてのいくつかの議論を紹介しておきたい。水野 (2007) や水野・萱野 (2010) によると，現代の金融化の発端は，米国を中心とする1970年代に起きた資本蓄積の危機，あるいは黄金時代の終焉にある。この危機において，商品の生産と取引といった実物経済活動を通じて収益を得ることが困難となり，利潤率は低迷した。このような実物経済における利潤率の低下を克服するために起きたのが金融化である。国内の実物経済面における収益性の低下を乗り越えるために，変動相場制度や通貨先物市場の導入といった国際面での制度変化が取り入れられ，金融市場の自由化および規制緩和が生じた。そして，機関投資家が現れ，非金融企業も金融活動に従事していくようになる。こうした金融取引の増大が金融資産への投資機会を拡大させ，さらに金融部門が台頭する。そうした機会の拡大を背景に，非金融企業は金融資産への投資を増大させていく。金融取引の拡大はさらに株主価値の優位性という動きを生み出し，それが企業統治において重要な目標となる。このような実物経済の行き詰まりが金融化を呼び，あるヘゲモニーの終焉を表すという議論をArrigi (1994)や水野・萱野 (2010)が行っており，この現象は資本主義の壮大な歴史においては繰り返し見られるものだという。

は高い配当が要求される。

　金融化に伴う利払いや配当の増大といった，金融上の所得分配の変化が総需要項目に与える影響も検証されている。多くはそれが最も進んだ米国のパフォーマンスを検証している（Onaran et al. (2011)）。Hein (2011) は，金融化と家計の消費，企業の投資そしてマクロ経済パフォーマンスについての既存研究をまとめている。家計の消費に対しては，借り入れの増大や資産効果が寄与していることが指摘され，企業の投資に対しては，利払いや配当の増大が阻害要因になっていることが指摘されている。Krippner (2005) は，金融資産から得られる所得と実物生産活動から得られる所得の時系列データを追い，前者の趨勢的な上昇をもとに，米国において金融化は明白な事実として確認できるとしている。またそれは，金融化においては商品生産や取引といった実体面ではなく，金融的チャンネルを通じた収益獲得を伴う資本蓄積パターンがみられることを指摘している。これを受けて Orhangazi (2008a,b) は計量分析を行い，米国における金融化は，その資本蓄積に対してネガティブなインパクトを与えてきたという結論を得ている。

　Onaran et al. (2011) は，金融化が総需要形成に対して与える効果を理論と実証の両面で検討している。彼らは金融化の特徴として，労働者の賃金所得の抑制を通じた利潤の増大と，その金利生活者への所得分配の増大や資産効果の実現を挙げている。米国において，これら所得分配の変化の総需要形成に対する効果は中立的であったが，仮に資産効果が働かなかった場合には消費や投資はマイナスの影響を受けていたと結論づけている。

　先行研究は，金融化は全般的に労働者への所得分配や，企業の資本蓄積を中心とした総需要形成にとってネガティブな影響をもっていることを指摘している。しかしながら，金融化は日本において米国とは異なった様相を示す。以下では，金融化に伴って現れるマクロ経済変数を考察し，産業レベルでの日本における金融化の程度や特徴を考察する。

10.2.2　金融化を示すマクロ経済変数と日本経済

　金融化と資本蓄積との関連について，Orhangazi (2008a) は米国を例に次の特徴を見出している。すなわち，(a) 非金融企業はますます金融資産への投資

を行っている。その過程で，(b) 金融取引から多くの割合の所得を引き出し，(c) 金融市場に対して多くの支払いも行っている。そして (d) 資本蓄積率は比較的低い水準で推移してきた（Orhangazi (2008a), p.865 および Fig.1-4 を参照）。はたして同じような現象が，日本の産業部門においてみられるだろうか。以下では製造業と非製造業，およびその両部門から構成される全産業の動向についてみていく。なお，本章で使用するデータの出所および加工方法については補論で一括して説明する。

図 10.1 は総資産に占める金融資産の割合を示す。1986 年から 1991 年にかけてのバブル期には総資産に占める金融資産の割合は比較的高い水準にあったが，その後，製造業，非製造業ともに趨勢的な低下を示している。すなわち，非金

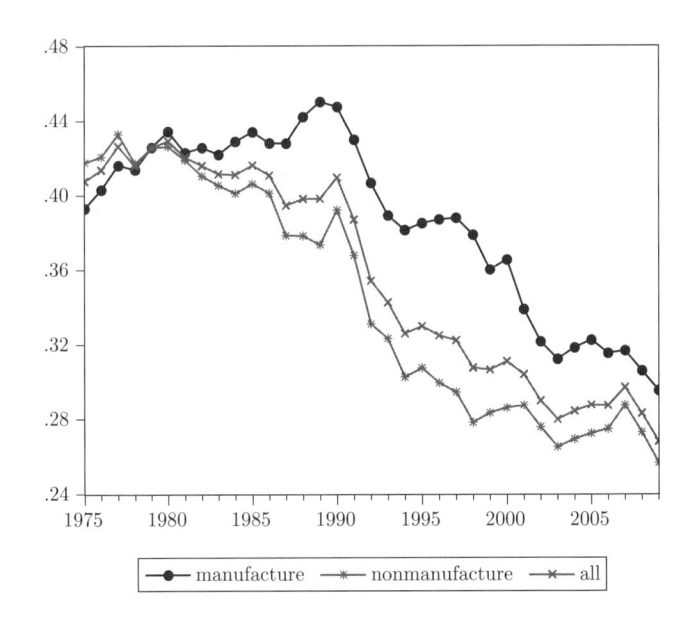

図 10.1　総資産に占める金融資産の割合の推移

注：manufacture は製造業を，nonmanufacture は非製造業を，all は両産業の合計をそれぞれ表す（以下の図 10.2 から図 10.6 および図 10.11 から図 10.15 も同様である）。

融企業部門は，金融資産への積極的な投資を継続的に行っているとはいいがたい[3]。

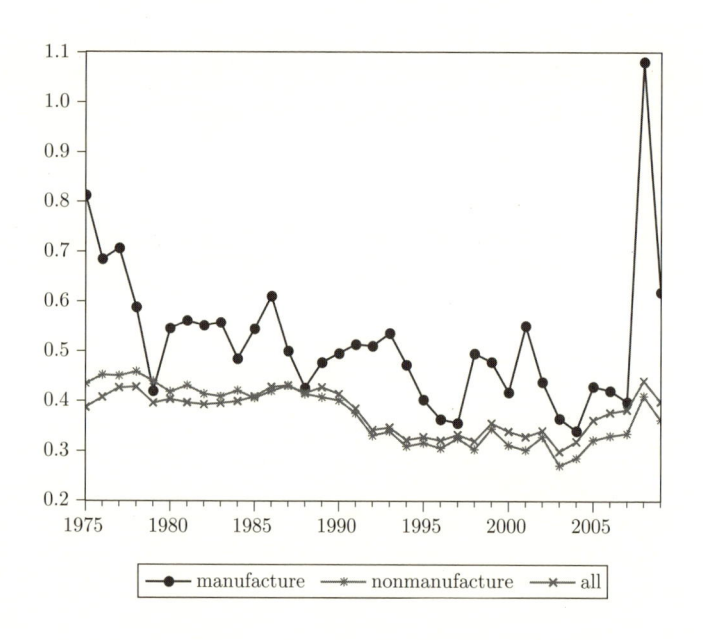

図 10.2　キャッシュ・フローに占める金融的収益の割合の変化

---

[3] 対照的に，米国においては非金融企業の総資産に占める金融資産の割合は上昇している。Orhangazi (2008b) は，この原因を主として雑資産（miscellaneous assets）の拡大によるものとしている（Orhangazi (2008b), p.15）。これは，株式投資やのれんの蓄積を含む多種多様なものから構成されるため，変化の原因は複雑である。他方で，日本は 1990 年代以降，その割合は全般的に低下している。本章では，分子の金融資産を「現金・預金」，「株式」，「公社債」，「その他の有価証券」，「売掛金」，「受取手形」の合計として，分母を「資産合計」としてそれぞれ定義している。具体的に考察すると，1990 年代初頭までこの値が比較的安定したのは，主として金融資産および資産合計の双方が歩調を合わせて増加したことによる。その後，資産合計（分母）と金融資産（分子）はともに低迷するが，金融資産比率が全般的に低下した原因は，とりわけ金融資産の金額の伸び率の低下が強く効いたためである。そのうち伸びの低迷が目立つ資産は「現金」と「受取手形」であった。

(b) と (c) に関して，図 10.2 はキャッシュ・フローに占める金融的収益の割合を，図 10.3 はキャッシュ・フローに占める金融的支出の割合をそれぞれ示す。図 10.2 が示す金融的収益について，製造業ではアップダウンを伴いながら推移し，非製造業では 1990 年代以降，下方へのシフトを伴いながら推移している。産業全体では 2000 年代半ばに若干の上昇局面があるものの，趨勢的な上昇はみられない。製造業のそれが大きく変化したのは，主としてキャッシュ・フローが変化したからである。

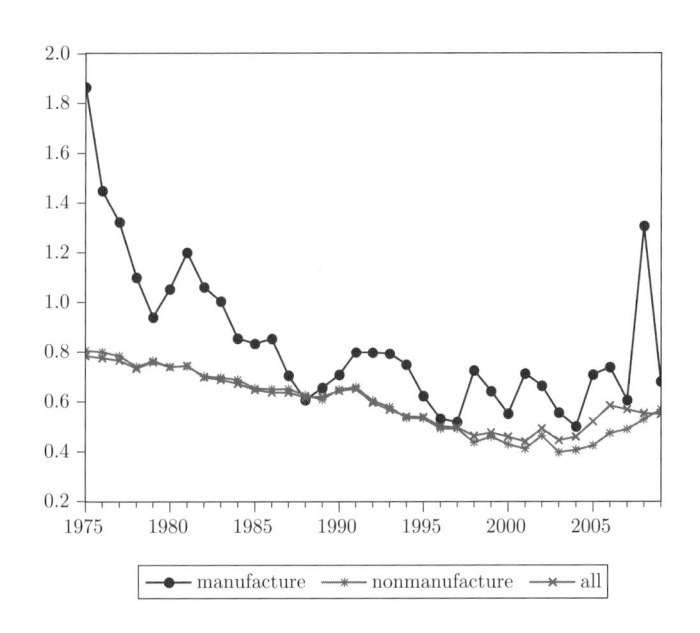

図 10.3 キャッシュ・フローに占める金融的支出の割合の変化

金融的支出について図 10.3 によると，2000 年代初頭まで，製造業ではアップダウンを伴いながらの低下が，非製造業ではコンスタントな低下がみられる。

2000年代半ばに若干の上昇局面がみられるものの，趨勢的な上昇とはいえない。最後に（d）に関して，図 10.4 は資本蓄積率の変化を示す。1980年代後半から 1990年代初頭まではバブル景気の影響を受けて，高い資本蓄積率が実現していた。しかし，バブル崩壊後は停滞基調にあり，2002年頃から製造業を中心に若干の回復をみせている。

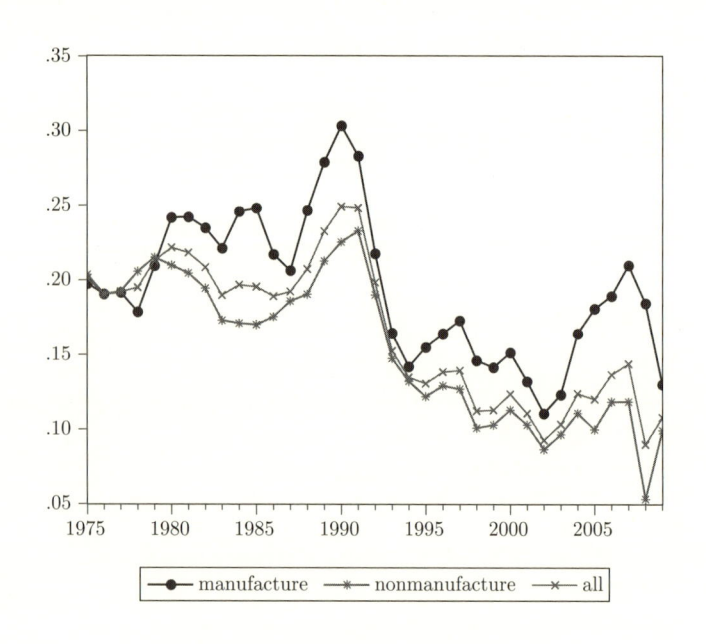

図 10.4 資本蓄積率の変化

資本蓄積率の全般的停滞という点では日本経済は米国と同じであるが，金融的収益や支出，さらには金融資産への投資動向は，米国の動向とは対照的な様相を示す。したがって，Orhangazi (2008a) を参照とするならば，日本経済は中長期的な金融化の波に飲み込まれているとはいいがたい。

上述の通り，金融化は経済における金融部門の取引量の拡大や所得分配の変

容を含む包括的な現象である。そこで金融化にまつわる他の変数のトレンドについても見ておこう。Esptein and Power (2003) は，1980 年代以降に金融化が進む中で，いくつかの OECD 加盟国において利潤分配率は若干上昇し，他方で金利生活者所得の分配率も拡大していることを指摘している。Onaran et al. (2011) は，米国の金利生活者所得が拡大する中で，賃金所得の低下が生じてきていることを示している[4]。Skott and Ryoo (2008) は，金融化の定型化された事実の1つに内部留保率の低下を挙げている。さらに Lazonick and O'Sullivan (2000) や Stockhammer (2010) は，株主価値の台頭により，企業はその資金を「留保して再投資に回す」経営から，雇用や賃金のレベルを「縮小して（株主に）分配する」経営にシフトすることを述べている。これらの主張によると，金融化においては賃金分配率の低下とそれに伴う利潤分配率の上昇，そこからの配当や利払いへの分配率の上昇（あるいは内部留保率の低下）がみられるはずである。

ところが，図 10.5 によると日本経済における利潤分配率は，プロ・サイクリカルにアップダウンを繰り返し，全般的な上昇傾向にあるとは言えない。3 年前からの移動平均で示した配当性向は図 10.6 が示す。製造業については 1990 年代後半から 2000 年代初頭にかけて配当性向は上昇するが，その後，下方にシフトしている。非製造業のそれは，循環的な動きを示している。これらは，趨勢的な上昇を示しているわけではない[5]。金利生活者所得を財産所得の受け手および金融機関の所得によって代理し，経済全体でそのシェアを考察したものが

---

[4] これらの研究において定義される「金利生活者所得 (rentiers' income)」とは，主として金融仲介機関が受け取る利潤と，（政府と家計部門を除く）非金融企業によって実現された利子，そして配当の合計を指す。

[5] 配当性向は配当合計を当期純利益で割ったものであり，その残余が内部留保率に当たる（正確には内部留保率＝（当期純利益−配当合計−役員賞与）÷当期純利益で計算）。図 10.6 は，3 年の移動平均のデータを表す。配当性向の算出に移動平均をとったのは，原データが 1990 年代以降に大きな変動を示し，その趨勢をつかむことが困難だからである。なお，この変動は，主として当期純利益の極端な増減によるものであり，配当の大きな変動が規定しているわけではない。本章が『法人企業統計』を基に数値を算出したのに対して，齊藤 (2008) は『国民経済計算』をもとに配当と内部留保，利払いに関する考察を行っている。それによると，1990 年から 2005 年の日本経済において，企業の配当支払率と内部留保率は共に上昇し，利払いはこの間，大きく低下している。典型的な金融化においては，内部留保率の低下が配当支払率や金融的支出の上昇を伴うとされるが，日本経済の状態は，やはりこれとは異なっている。

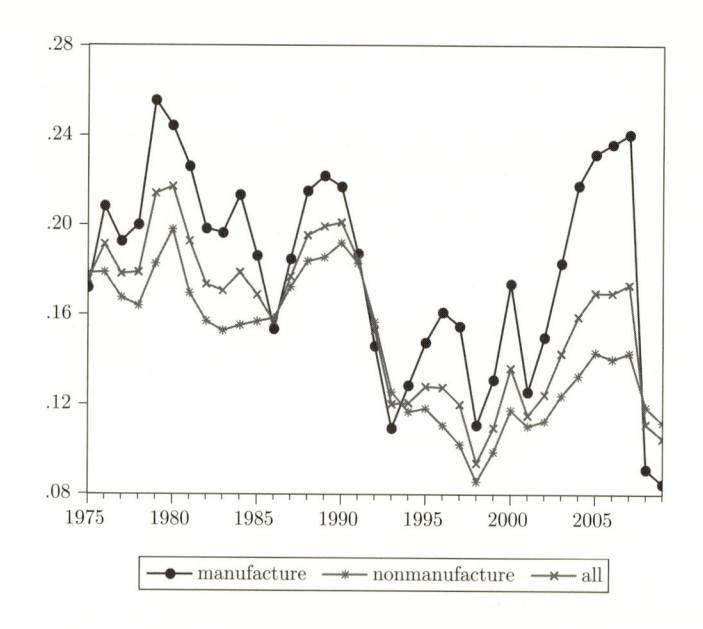

図 10.5　利潤分配率の変化

図 10.7である[6]。この図によると，まず賃金分配率は1990年代の不況期において大幅に上昇し，そして2000年頃から低下し始めている。利潤分配率は1990年代半ば頃から回復し始める。1990年代以降，財産所得の割合は低下し，そして全般的には低迷したままである。以上の先行研究がいうように，金融化とは利潤分配率，金利生活者所得への分配率および配当性向の上昇を伴うものなら

---

[6] 本章で算出した賃金分配率，利潤分配率，財産所得分配率の間には，若干ねじれた関係が存在していることに注意しておきたい。『国民経済計算』の「主要系列表2」において，企業所得は，営業余剰＋財産所得の受取－財産所得の支払として定義されている。したがって，利潤分配率を計算するときに用いる企業所得自体が財産所得の純受取分を含んでいる。本来ならば，利潤分配率を計算する際に，財産所得の純受取を控除して営業余剰のみを分子に含めるべきであろう。しかしながら，企業部門の「財産所得の受取－財産所得の支払」を示すより細分化された系列は『国民経済計算』に存在しない。したがって，この算出法が限界であり，3つの所得分配率の系列は近似的なものである。

第 10 章 金融化と日本経済の資本蓄積パターンの決定要因：産業レベルに注目した実証分析　239

ば，これらの動向においても日本は金融化の兆しを見せているとはいいがたい。

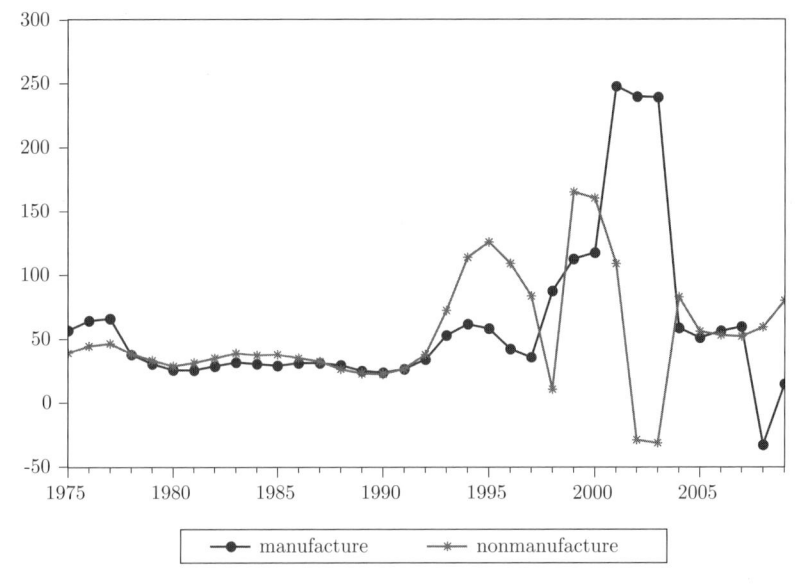

図 10.6　配当性向の変化

　Krippner (2005) は米国における金融化の考察において，金融部門とそれ以外の部門の取引割合に注目している。とりわけ，民間産業に占める金融・保険および不動産業（FIRE）の雇用，付加価値（GDP），利潤の割合を重視している。米国において FIRE の雇用の割合は，わずかに上昇しつつも 10 ％に満たない低い水準で推移している。しかし，FIRE の付加価値の割合は 10 ％強から 25 ％弱の水準まで上昇していること，そして，その利潤の割合が 10 ％強から 50 ％弱まで大きく上昇している点において，米国では金融化が明確であることを述べている。日本経済についてこれらの点を確認したものが図 10.8 から図 10.10 である。図 10.8 によると雇用の動向について，米国とは対照的に FIRE の雇用の割合はわずかに低下している。付加価値や利潤の割合については，米国のパターンと同様である。付加価値の割合は製造業のそれが低下し，サービ

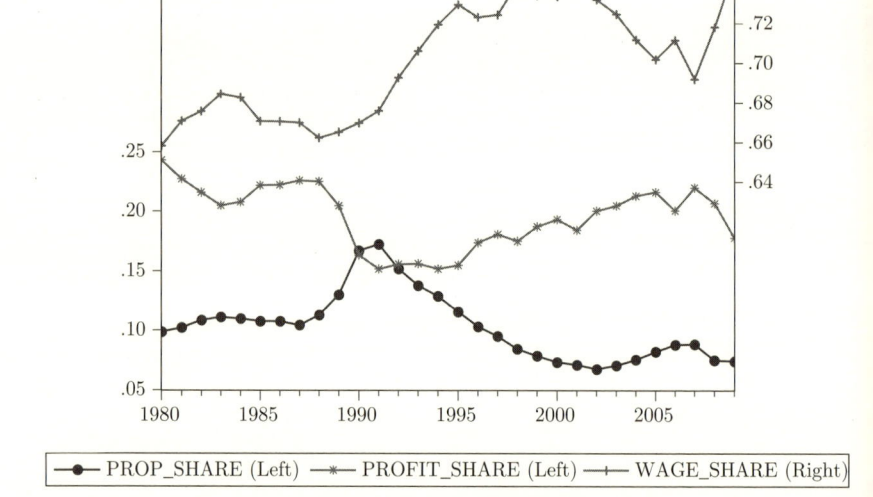

図 10.7　所得分配率の構成

注：PROP SHARE は財産所得分配率（左軸）を，PROFIT SHARE は利潤分配率（左軸）を，WAGE SHARE は賃金分配率（右軸）をそれぞれ表す。

ス業および FIRE のそれが上昇している。利潤の割合についても製造業の低下と FIRE の上昇がみられる。

　図 10.9 において FIRE の付加価値の割合が大きくなっているのは，金融化の兆候の1つに含まれるように見える。しかしながら，この原因は製造業の付加価値が大きく低迷したことによる。この間に付加価値が伸びているのはサービス部門であり，金融および不動産の上昇はさほど大きくない。この動向は20世紀後半の先進国で見られた脱工業化の現象と解釈したほうが良い。他方で，金融化の動向が見られるのは，図 10.10 が示すように FIRE の利潤シェアの拡大においてである。金融・不動産業の利潤シェアの拡大は，他の部門のそれが低迷する中で，金融・不動産業のそれがそもそも大きく，その規模で推移してき

第 10 章　金融化と日本経済の資本蓄積パターンの決定要因：産業レベルに注目した実証分析　　241

たことによる[7]。

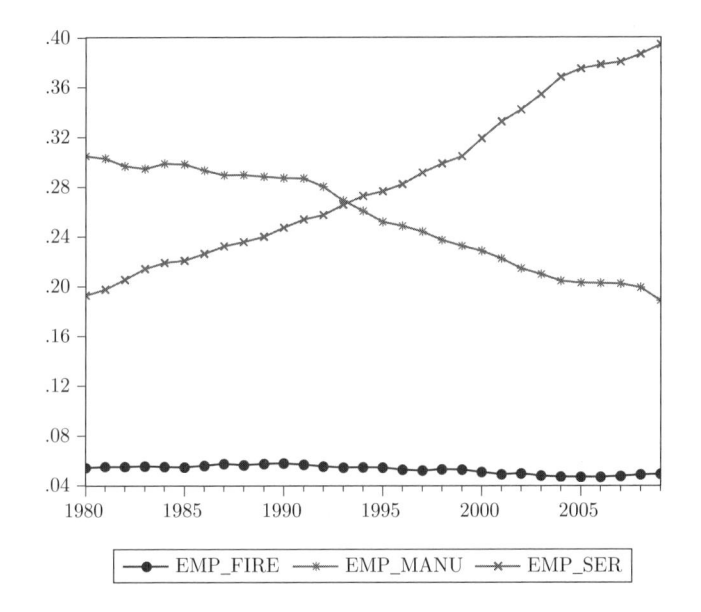

図 10.8　民間産業における FIRE，製造業，サービス業の雇用のシェア
注：EMP FIRE は金融・保険および不動産業，EMP MANU は製造業，EMP SER は
サービス産業における雇用のシェアをそれぞれ表す（表記は以下の図 10.9 から図 10.10 も
同様である）。

---

[7] 参考までに図 10.9 と図 10.10 に関する具体的な数値を挙げておく。付加価値については，1990 年における金融・不動産業のそれは 73.8 兆円，製造業の付加価値は 117.3 兆円，サービス業の付加価値は 70.9 兆円であった。また，2000 年における金融・不動産業の付加価値は 88.3 兆円，製造業の付加価値は 114.4 兆円，サービス業の付加価値は 102.6 兆円であった。そして 2008 年における金融・不動産業の付加価値は 91.6 兆円，製造業の付加価値は 102.9 兆円，サービス業の付加価値は 113.6 兆円であった。他方で，利潤については次のとおりである。1990 年における金融・不動産業の利潤額は 39.8 兆円，製造業の利潤額は 26.6 兆円，サービス業の利潤額は 18.3 兆円であった。また，2000 年における金融・不動産業の利潤額は 46.8 兆円，製造業の利潤額は 18.0 兆円，サービス業の利潤額は 19.4 兆円であった。2008 年における金融・不動産業の利潤額は 48.6 兆円，製造業の利潤額は 13.9 兆円，サービス業の利潤額は 16.4 兆円であった。

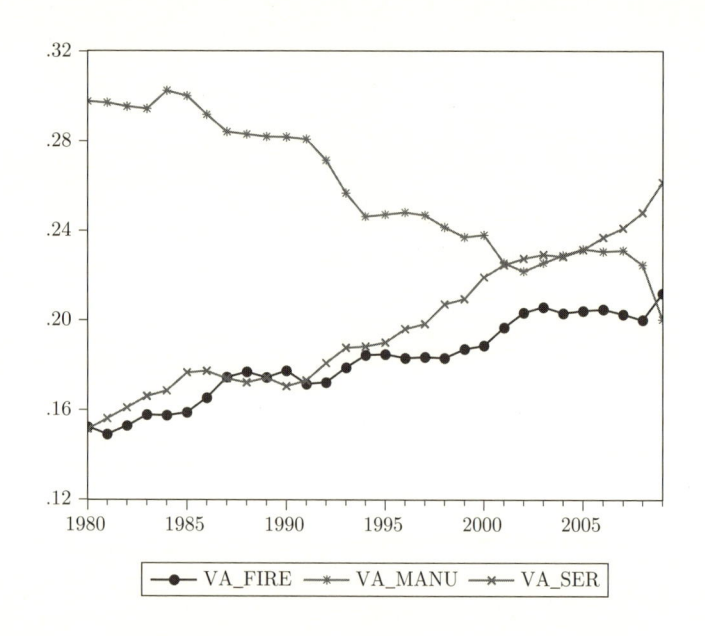

図 10.9　民間産業における FIRE，製造業，サービス業の付加価値のシェア

　ここまで，金融化を (a) 非金融企業による金融資産への投資の趨勢的上昇，(b) 金融取引による収入の増大，(c) 金融市場への支払いの趨勢的上昇，(d) 資本蓄積率の推移（以上 Orhangazi (2008a)），(e) 金利生活者所得（財産所得）の上昇と賃金分配率の抑制の傾向（Esptein and Power (2003)；Onaran et al. (2011)），(f) 内部留保率の推移（Skott and Ryoo (2008)），(g) 民間産業に占める金融・保険および不動産業の雇用，GDP（付加価値），利潤の割合の上昇（Krippner (2005)）という視点から考察してきた．以上の多角的な視点を帰納する形で，本章では国内の産業部門における金融化を次のように捉えたい．すなわち，「金融取引に関わる収入・支出が増大し (a)(b)(c)，労働者の所得が抑制されつつ企業所得からの財産所得の拡大が生じ (e)(f)，金融・保険・不動産

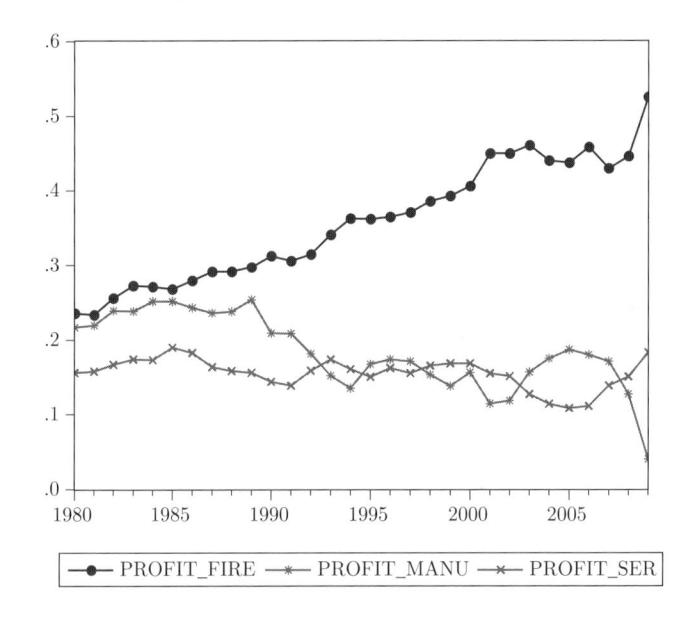

第 10 章 金融化と日本経済の資本蓄積パターンの決定要因：産業レベルに注目した実証分析　243

図 10.10　民間産業における FIRE，製造業，サービス業の利潤のシェア

業の，雇用，付加価値，利潤の割合が趨勢的に拡大していく過程 (g)」として定義する。その上で，(a)(b)(c) と資本蓄積 (d) との関係を析出する計量分析を行い，金融化と資本蓄積との関連性について検証していく。

　注意すべきは，本章でも以上の変数の動向について，いくらを超えたら金融化であるというようなリジッドな基準値による定義では捉えてはいないことである。実際，先行研究においても基準値をとって金融化を測るのではなく，過去からの趨勢をもとに考察している。本章でも，金融化に関わる変数の趨勢的な傾向をもとに，日本経済が金融化の波に飲み込まれているかどうかを判断する。

　以上の考察をまとめ，産業データからみた日本の金融化についての認識を提起しよう。付加価値および利潤形成における金融部門の貢献割合は，日本においても高まっている。このうち付加価値については，金融部門の金額の拡大が

積極的にシェアの上昇を主導したわけではないため，金融化の兆候を表すものとはいえない。金融部門の影響の拡大が積極的にみられるのは，利潤シェアの増大においてのみである。また，日本では金融資産への投資，金融的支出や収益の割合はむしろ低下しており，利潤分配率や配当性向も趨勢的な上昇を示しているわけではない。したがって，産業部門に限っていえば，日本経済は米国のような全般的な金融化を被っているわけではなく，それは部分的にしかみられない。

10.3　実証分析

日本経済に金融化の兆候がみられなくとも，ここまで考察した金融変数は直接あるいは間接的に実体経済面に対して影響を及ぼしている可能性がある。多くの先行研究がいうように，金融化を表す変数の変化によって資本蓄積が減速することが示されれば，その影響を受けていると考えられる（Stockhammer (2004)；Onaran et al. (2011)；Orhangazi (2008a,b)）。そこで，本章では日本の景気循環のうち最も大きな役割を担っている資本蓄積に対する影響を考える。具体的には，Orhangazi (2008a,b) とほとんど同じ方法と変数を用いて，金融化が日米経済に対して与えた影響の異同を考察する[8]。両者の間でデータの単位

---

[8] ただし本章と Orhangazi (2008a,b) の間には，使用するデータのレベルおよび分析方法について相違が存在する。Orhangazi (2008a,b) では，企業単位のデータ（ミクロデータ）が用いられ，それをもとに企業規模と産業のタイプを踏まえた計量分析が行われている。企業規模を踏まえた考察によって，金融的収入の増加が特に大企業に対してネガティブなインパクトを与えたことを独自に明らかにしている。それに対して本章では，企業規模を踏まえた分析は行わず，産業レベルのデータを使った計量分析を行う。ところで，日本の投資活動についての研究の多くは，金融化と投資との関係を検証するというよりも，日本の「失われた 10 年」において投資が停滞した理由は何かという問題意識に立っている。そこでは投資に対する流動性制約の存在とクレジット・クランチの影響が検証され，企業の規模あるいは系列・非系列企業の相違，さらには不確実性に注目した分析がなされている。流動性制約の影響については，全ての企業に対して影響があったわけではなく，特に中小企業に対して強いインパクトをもったことが指摘されている（Motonishi and Yoshikawa (1999)）。系列企業と非系列企業に着目した分析からは，流動性制約は，後者に対して強い制約があったことが指摘されている（Hoshi et al. (1991)；Ogawa and Suzuki (1998)）。さらに売り上げの伸び率や利潤率の標準偏差で測られる不確実性に注目した分析は，特定の時期において，不確実性の増大が資本蓄積に対してネガティブなインパクトをもたらしたことを実証している（Ogawa and Suzuki (2000)；宮尾 (2009)）。そして花崎・THUY (2002) は，規模別に投資関数を推計し，中小企業は設備投資がキャッシュ・フローに制約される程度が大きいこ

と分析対象こそ異なるが，金融化と資本蓄積との関連性を把握するために計量分析に含める変数はほぼ同じである。本章においても Orhangazi (2008a,b) で示された以下の2つの仮説に基づいて，資本蓄積に対する金融化の影響を考察する。

Orhangazi (2008a,b) は，金融化が企業の投資行動に対して与える2つの仮説を検証している。第1に金融化に伴って金融的収益が増えれば，非金融企業は金融的源泉から多くの所得を得ることができる。金融化は，企業活動において利用可能な資金の獲得を可能にし，資本蓄積の実現にとってポジティブな効果を有する可能性が考えられる。しかしながら，金融的収益の増大は，資本蓄積へマイナスの影響も与えうる。すなわち，金融的所得の獲得機会が増えることで，実物的投資のための資金を金融投資にシフトさせ，生産的投資をクラウドアウトする可能性もあわせもつ。いずれの効果が支配的なのかを特定化するために，本章でも「金融的収益」の効果を検証する。本章ではこれを，『法人企業統計』における「営業外収益」から算出する。それは受取利息・割引料，有価証券利息，受取配当金，有価証券売却益などから構成される収益である。これらの項目が示すように，営業外収益は金融資産の保有や取引から得られる収益であり，それゆえ金融的収益と呼ぶ。

第2は金融化による支出の拡大と資本蓄積との関連である。金融化に伴う投資家の台頭によって，非金融企業は配当，利払いの要求や株価の上昇をますます強いられる。このために，金融市場に対して多くの資金を投じる必要が生じる。すなわち，金融化は金融市場への支出を拡大させ，企業の資本蓄積のための資金を圧縮するネガティブなインパクトを有する。この効果を考察するために「金融的支出」を取り入れる。本章ではこれを，『法人企業統計』における「営業外費用」と「配当合計」をもとに算出する。営業外費用とは，支払利息・割引料，社債利息，有価証券売却損・評価損といった金融取引に関わる費用である。これに配当合計を加えたものが，本章で定義する金融的支出である。

───────────
と，外部資金への依存度が高い中小企業では，長期借入金の利用可能性が設備投資に対して有意にプラスの影響があることを示している。

10.3.1 データ

『法人企業統計』（財務総合政策研究所）をもとに，1975年から2008年にかけての産業レベルのパネルデータを作成する[9]。対象とされる産業は製造業18業種，非製造業10業種，規模は全規模である[10]。パネルデータの作成に必要なデータの利用可能性と，Orhangazi (2008a,b) での考察対象期間を含めるために上記の期間を選択した。計量分析に用いる第一次データおよびそれを加工した変数は表10.1にまとめられる。

計量分析に用いる変数は，全て資本ストックで正規化した変数である[11]。Orhangazi (2008a,b) に倣い，商品生産や取引といった実物面での投資の規定要因として利潤および加速度効果を取り入れ，金融面でのそれとして金融的収益，金融的支出，そして負債比率を取り入れた資本蓄積の決定式を設定する。すなわち，次の投資関数を念頭においた推計を行う。

$$ACCUM = F(GVA, PROFITRATE, FIEX, FIPR, DK). \quad (10.1)$$

$ACCUM$ は資本蓄積率を指し，被説明変数として用いられる。GVA は付加

---

[9] 『法人企業統計』のデータは基本的には簿価表示である。簿価は，基本的には取得原価に対して適切な会計処理を通じて評価されたものであるため，本章の株式データは取得原価をベースとしたものとなる。ただし資産に関しては，時価が著しく下落し早期に回復する見込みが困難と思われる場合は，その簿価は時価まで切り下げられる。したがって，簿価による表記は，取得原価による性質と時価の性質の両方を含むことになる。

[10] 製造業は次の業種から構成される：食料品製造業，繊維工業（平成20年度まで），衣服・その他の繊維製品製造業（平成20年度まで），木材・木製品製造業，パルプ・紙・紙加工品製造業，印刷・同関連業，化学工業，石油製品・石炭製品製造業，窯業・土石製品製造業，鉄鋼業，非鉄金属製造業，金属製品製造業，生産用機械器具製造業，業務用機械器具製造業，電気機械器具製造業，自動車・同附属品製造業，その他の輸送用機械器具製造業，その他の製造業。非製造業は次の業種から構成される：農林水産業（集約），鉱業・採石業・砂利採取業，建設業，電気業，ガス・熱供給・水道業，情報通信業，運輸業・郵便業（集約），卸売業・小売業（集約），不動産業，サービス業（集約）。

[11] 『法人企業統計』においては設備投資を，土地，その他の有形固定資産，建設仮勘定，無形固定資産についてのネット増加分の合計として定義している（梅田・宇都宮 (2009)）。本章では，このうち土地を除く上記項目から資本ストックを算出し，その増分として投資を定義している。なお資本ストックや投資の動向を表す類似統計として内閣府『民間企業資本ストック』が存在する。これはGDPベースの新設備投資額を積み上げたもので，民間企業の資本ストックをGDPベースで表したものである。他方で，『法人企業統計』を用いた資本ストックは営利法人等を対象とする標本調査から算出されたものであり，本章では上記の通り計算している。これらの統計上の特質については梅田・宇都宮 (2009) を参照されたい。

第 10 章 金融化と日本経済の資本蓄積パターンの決定要因：産業レベルに注目した実証分析 247

表 10.1 『法人企業統計（除く金融業・保険業）』をもとにした変数の加工と定義

原系列	法人企業統計における項目
資本ストック	土地を除く有形・無形資産の合計（期首・期末平均）
投資	当期における資本ストックの変化分と減価償却費計の和
負債	負債
利潤	営業利益
付加価値	付加価値
金融的収益	営業外収益
金融的支出	営業外費用と配当金計の和

加工変数	算出方法および図
ACCUM（資本蓄積率）	投資を資本ストックで割ったもの（図 10.4）
GVA（付加価値）	付加価値を資本ストックで割ったもの（図 10.11）
PROFIT RATE（利潤率）	営業利益を資本ストックで割ったもの（図 10.12）
FIEX（金融的支出）	金融的支出を資本ストックで割ったもの（図 10.13）
FIPR（金融的収益）	金融的収益を資本ストックで割ったもの（図 10.14）
DK（負債・資本比率）	負債を資本ストックで割ったもの（図 10.15）

価値を表し，$PROFITRATE$ は利潤率である。また，$FIEX$ は金融的支出，$FIPR$ は金融的収益であり，DK は負債比率である。この定式化によって，金融面のみならず，実物面での変数の動向と資本蓄積パフォーマンスとの関連もあわせて考察することができる。

計量分析に用いる変数のトレンドを考察しておこう。資本蓄積率については既に確認した。付加価値の推移は図 10.11 によって示される。1980 年頃から 2000 年頃にかけて両部門において低下傾向がみられた。非製造業に比べて製造業は高い付加価値率を示してきたが，2000 年以降は非製造業においてコンスタントな上昇傾向が現れ，産業全体でも持ち直しがみられる。2008 年の不況では製造業の付加価値は大きく落ち込んだものの，非製造業のそれはさほど影響を受けなかった。

図 10.12 によると，利潤率は過去 30 年間にかけてサイクリカルに動いている。1980 年代は比較的高い水準で推移したものの，1990 年代の低成長期には低い水準での循環的変動を示している。2002 年以降には，製造業を中心に大きな回復がみられるが，2008 年の不況において利潤率も大きく落ち込んだ。

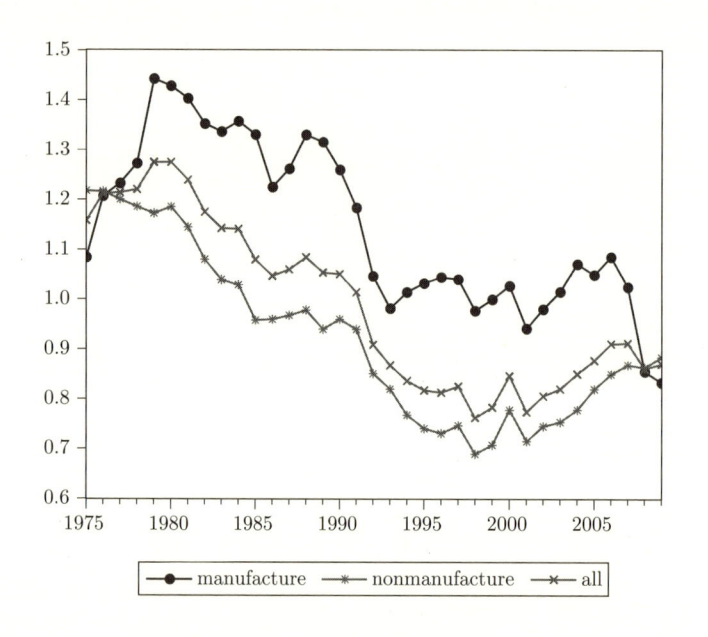

図 10.11　付加価値の変化

　金融的支出の推移は図 10.13 に示される。製造業と非製造業ともに似通った動きがみられる。金融的支出には，若干の上昇局面が存在するものの，1980 年代から 2000 年にかけておおむね低下傾向がみられる。他方で，金融的収益の動きを示したものが図 10.14 である。これによると，1990 年代初頭まではサイクリカルかつ高位で推移していたが，その後は落ち込み，低位で推移している。2002 年頃から回復に向かうがバブル期ほどの水準には至っていない。資本ストックで正規化した金融化の指標としても，趨勢的な上昇といえる変化は見られない。

　図 10.15 は負債比率の推移を示す。製造業，非製造業ともに低下傾向を示しているが，製造業の方でより早い削減が見られている。本章で考察する変数の

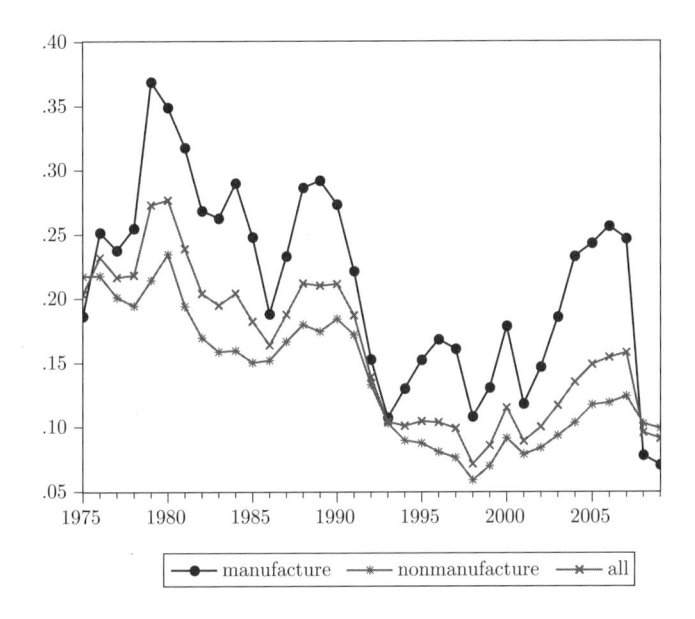

図 10.12　利潤率の変化

うち，非製造業のそれが製造業のそれに比べて明確に高い水準で推移しているのは，この負債比率のみである。2000年代に入ると両部門のそれはほぼ同程度の低位で推移しているが，後半において非製造業では若干の上昇がみられる。

　バブル崩壊後の日本経済において，資本蓄積が低迷する中，金融取引の規模は趨勢的拡大を示しているわけではない。金融取引の規模が小さいとはいえ，資本蓄積の決定が金融取引に影響を受けているかどうかは，実証して初めて理解できる。そこで次節では，計量分析を行い，資本蓄積を介した実体経済に対する金融面の潜在的な影響を考察する。

10.3.2　パネルデータ分析

　以下では (10.1) 式に関してレベルタームおよび対数化モデルについての計量

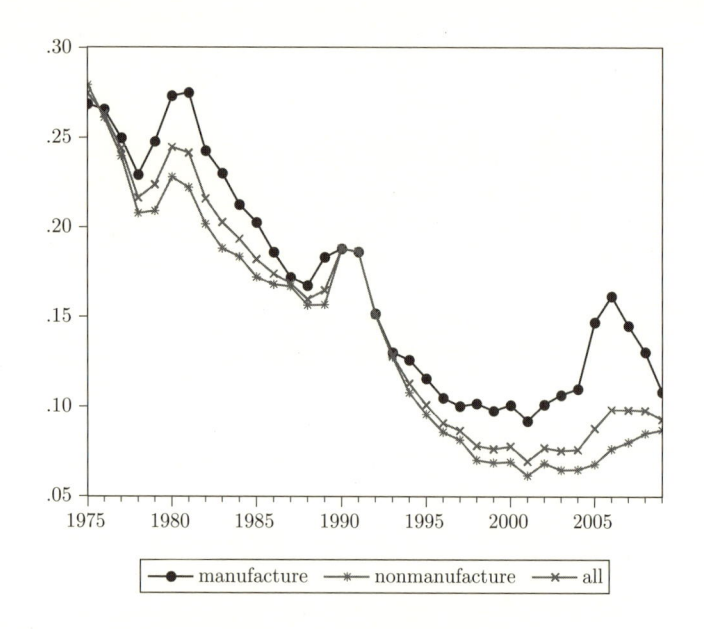

図 10.13　金融的支出の変化

分析を行う。その結果を参考に，資本蓄積パターン，およびそれと金融化との関係についての解釈を提示する。

分析の手順は次の通りである。まず推計に含める変数について，Augmented Dickey-Fuller 検定および Phillips-Perron 検定による単位根検定を行う。その結果を用いて，同時点の変数間のパネルデータ分析においては定常化した変数を用いた推計を行う[12]。その際，バランスパネルにおいては時間効果を固定効果として想定し，非バランスパネルにおいては時間効果を省き，クロスセクショ

---

[12] パネルデータ分析における Wu-Hausman 検定および単位根検定の理論については，羽森 (2009) を参照されたい。本章におけるパネル単位根検定は，クロスセクションごとに異なる単位根係数を仮定して行っている。その結果，製造業では，FIEX のみがレベルおよび対数化の変数において和分次数 1 に従っている。非製造業では，レベルモデルにおいて FIEX と FIPR が，対数化モデルでは FIEX と FIPR および PROFIT RATE が和分次数 1 に従っている。そして，全産業では，FIEX のみがレベルおよび対数化の変数において和分次数 1 に従っている。

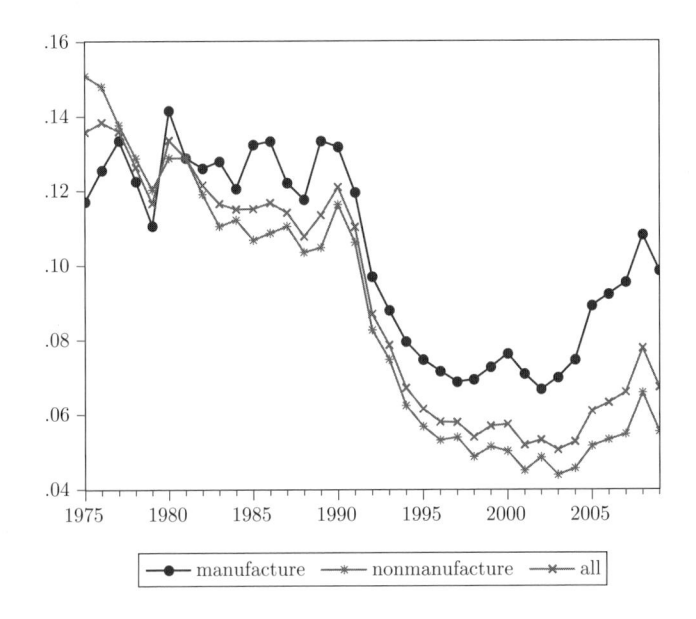

図 10.14 金融的収益の変化

ンに関する個別効果のタイプを Wu-Hausman 検定によって選択している。このように，バランスパネルにおいては「時間効果」を取り入れた推計を行っている。これによって各産業という「個体」のみならず，各時点に固有のショックも制御した上での推計が可能になる。

製造業の資本蓄積パターン

表 10.2 は製造業に対するパネルデータ推計を行った結果である。まず，付加価値や利潤率といった実物変数が資本蓄積率に与える影響については，ポジティブかつ 1 ％で有意である結果が得られている。

金融的支出の係数の符号は全般的に負であり，係数がゼロであるという帰無仮説は有意水準 5 ％で棄却される。なお，モデル (4) では，予想とは異なる正

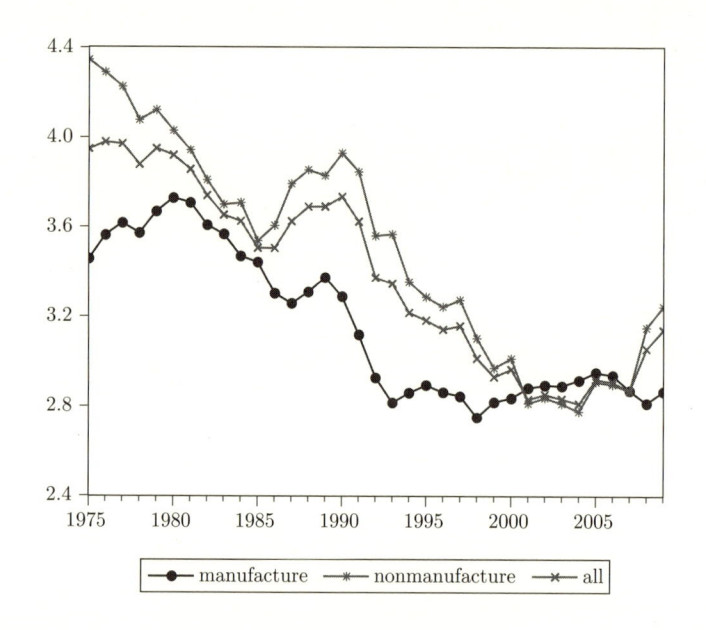

図 10.15　負債比率の変化

の符合が得られるが，これは有意ではない。有意な係数をもつ結果に基づくと，金融的支出の拡大は企業の資本蓄積活動に対してネガティブな効果を有している。金融的収益に関しては，その係数は全てのモデルにおいて正の符号を示し，係数がゼロであるという帰無仮説は有意水準5％で棄却される。すなわち，金融的収益の上昇は，企業の資本蓄積活動を拡大させる効果を有している。最後に負債比率の上昇が資本蓄積率に対して与える影響は，全てのモデルにおいて負である。あわせて，この係数がゼロであるという帰無仮説は有意水準1％で棄却される。

以上の結果を踏まえて，日本の製造業についての資本蓄積パターンの特徴を考察しよう。まず，製造業の推計では各係数について予想される符号が得られ，それらはほとんどのケースにおいて有意である。付加価値，利潤率といった実物

第 10 章　金融化と日本経済の資本蓄積パターンの決定要因：産業レベルに注目した実証分析

表 10.2　製造業のパネルデータ推計の結果

	レベルモデル		対数化モデル	
	Model (1)	Model (2)	Model (3)	Model (4)
period	1976-2008	1976-2008	1976-2008	1976-2008
Const.	0.199***	0.155***	1.594***	0.702***
	[15.45]	[11.74]	[6.23]	[2.65]
GVA	0.036***		0.787***	
	[3.91]		[8.38]	
GVA (-1)		0.039***		0.634***
		[4.25]		[6.54]
PROFIT RATE	0.204***		0.188***	
	[7.69]		[8.10]	
PROFIT RATE (-1)		0.223***		0.213***
		[7.91]		[8.60]
FIEX	−0.093**		−0.21**	
	[-2.21]		[-3.26]	
FIEX (-1)		−0.200***		0.003
		[-4.47]		[0.06]
FIPR	0.140**		0.611***	
	[2.16]		[12.48]	
FIPR (-1)		0.202***		0.478***
		[3.07]		[8.12]
DK	−0.033***		−1.421***	
	[-8.13]		[-10.41]	
DK (-1)		−0.015***		−0.882***
		[-2.97]		[-6.20]
Cross section	Fixed	Fixed	Fixed	Fixed
Period effect	Fixed	Fixed	None	None
Observation	594	594	586	589
Adj. R2	0.812	0.813	0.689	0.690
Prob(F-statistic)	0.000	0.000	0.000	0.000

注：推計方法はパネル最小二乗法（PLS）である。Const. は定数項を表す（以下の推計でも同様）。係数の下のカッコ内は t 値を表す。*，**，*** はそれぞれ 10 %，5 %，1 %水準で有意であることを示す。また Adj. R2 は自由度修正済決定係数を，Prob (F-stat.) は F 統計量に関する p 値を表す。単位根検定における和分次数を踏まえて，レベルモデルの同時点の FIEX および対数化モデルの同時点の FIEX は 1 次の階差をとった変数を利用している。

変数の上昇は，資本蓄積率に対してポジティブな効果を与えている。したがって，商品の生産や取引に関わる活動は，資本蓄積率の決定にとって，極めて重要な要因である。図 10.11 と図 10.12 でみたように 1990 年代におけるこれらの落ち込みと 2000 年以降の持ち直しは，製造業の資本蓄積率の変動を大きく規定しているといえよう。

金融的収益が資本蓄積に与える効果については，米国のケースを規模と産業の相違を踏まえて考察した Orhangazi (2008a,b) とは対照的な結果が得られる。Orhangazi (2008a,b) では，金融的収益の変数は，製造業かつ大企業の資本蓄積に対して負かつ有意な係数を与えることが示されている。本章では企業規模は踏まえていないものの，日本の製造業全体では金融的収益の係数は全てのモデルにおいて正の符号かつ有意な結果が得られる。このように，製造業の資本蓄積に対して，金融的収益の上昇は，そのクラウディングアウト要因にはならない。他方で金融的支出の増大は，資本蓄積にマイナスの影響を及ぼすものの，現実には 1990 年頃から 2000 年にかけて，製造業の金融的支出は全般的に低下してきた。このため，資本蓄積は中長期的にこれによるマイナスの影響を実際に受けてきたとはいえない。したがって，製造業の資本蓄積に対する金融取引の実際の影響はネガティブなものとは一概にいえない。

最後に負債比率の拡大は，全般的に資本蓄積率に対してネガティブなインパクトを有している。製造業において，1980 年代以降，負債比率が低下傾向にあったことは，資本蓄積の下支え要因として位置付けられる。

非製造業の資本蓄積パターン

表 10.3 は非製造業に対するパネルデータ推計を行った結果である。まず，付加価値の係数は，正と負の両方の符号が得られている。同時点でのインパクトとしては正の符号が得られ，係数がゼロであるという帰無仮説は有意水準 1％で棄却される。しかし，1 期のラグを伴うモデルでは負の符号が得られ，モデル (8) が示すように 5％の有意水準で有意となりうる。利潤率に関しても定まった結果が得られない。3 つのモデルで正の係数が得られているが，正の係数を示すモデル (5) では，有意水準を 10％に引き上げても係数がゼロであるという帰無仮説を棄却できない。他方でモデル (7) では，負の係数が得られるが有意

表 10.3 非製造業のパネルデータ推計の結果

	レベルモデル		対数化モデル	
	Model (5)	Model (6)	Model (7)	Model (8)
period	1976-2008	1976-2008	1976-2008	1976-2008
Const.	0.018	0.127***	−2.476***	0.552*
	[1.11]	[5.52]	[-14.38]	[1.75]
GVA	0.077***		0.685***	
	[3.80]		[7.53]	
GVA (-1)		−0.022		−0.294**
		[-0.98]		[-2.20]
PROFIT RATE	0.066		−0.116**	
	[1.60]		[-2.01]	
PROFIT RATE (-1)		0.142***		0.220***
		[3.70]		[3.93]
FIEX	0.113		0.157	
	[1.04]		[1.64]	
FIEX (-1)		0.022		0.464***
		[0.19]		[7.28]
FIPR	−0.746***		−0.488***	
	[-3.70]		[-3.82]	
FIPR (-1)		0.022		0.295***
		[0.11]		[3.72]
DK	0.018**		0.855***	
	[3.26]		[5.30]	
DK (-1)		0.008		−0.222
		[0.83]		[-1.41]
Cross section	Fixed	Fixed	Fixed	Fixed
Period effect	None	Fixed	None	None
Observation	330	330	305	311
Adj. R2	0.507	0.650	0.626	0.736
Prob(F-statistic)	0.000	0.000	0.000	0.000

注：推計方法はパネル最小二乗法（PLS）である。係数の下のカッコ内は t 値を表す。*，**，*** はそれぞれ 10 %，5 %，1 %水準で有意であることを示す。また Adj. R2 は自由度修正済決定係数を，Prob (F-stat.) は F 統計量に関する p 値を表す。単位根検定における和分次数を踏まえて，レベルモデルの同時点の FIEX と FIPR，対数化モデルの同時点の FIEX と FIPR および PROFIT RATE は 1 次の階差をとった変数を利用している。

である。

　金融的支出の係数の符号は，全般的に正である。しかし，モデル (8) を除いて有意な結果が得られない。加えて，この符号が正であることは予想とは異なる。他方で，金融的収益の係数に関しても，統一的な結果が得られない。同時点でのインパクトを推計したモデル (5) とモデル (7) では負の係数が得られ，係数がゼロであるという帰無仮説は，有意水準1％でも棄却される。1期のラグを伴うモデルでは，正の係数が得られている。しかし，一方でモデル (8) では有意であるが，他方でモデル (6) では有意ではない。

　負債比率の上昇が資本蓄積率に与える影響については，正と負の両方の符号が得られている。同時点でのインパクトとしては，正の符号が得られ，係数＝ゼロという帰無仮説は有意水準1％で棄却される。しかし，1期のラグを伴うモデルでは，正と負の両方の符号が得られ，それらはいずれも有意ではない。

　以上の結果を踏まえて，日本の非製造業についての資本蓄積パターンの特徴を考察しよう。非製造業については，まず付加価値の拡大が資本蓄積を阻害し，金融的支出の拡大が資本蓄積を促すという，予想に反した結果が得られる。また，利潤率の上昇が資本蓄積を阻害するという予想に反した結果が得られる。

　Orhangazi (2008a,b) による米国の非製造業の資本蓄積決定についての推計では，有意でないケースがあるものの，符号はモデルから予想されるパターンとほとんどが一致する。しかしながら，日本の非製造業についての推計結果は，予想される符号パターンにほとんどそぐわない。個別効果を制御した上で，このような結果が得られるのは，非製造業はそもそも金融化を念頭においた投資モデルにフィットしないこと，あるいは資本蓄積の決定に関して製造業と同様のモデルでは捉えきれない別の要因を含んでいることが考えられる。実際，前節でみたように，Orhangazi (2008a,b) が参照点とする金融化を捉える4つの変数について非製造業は製造業よりも程度が低く，金融化には程遠い状態にあるのかもしれない。マクロ経済指標の程度と資本蓄積パターンに関する計量分析の結果から判断するに，非製造業に対しては金融化の影響を明確な形で把握することは難しい。

全産業の資本蓄積パターン

　最後に，全産業に対してパネルデータ推計を行った結果が表10.4である。まず，付加価値や利潤率といった実物変数について考察しよう。付加価値の上昇が資本蓄積率に与える影響は，ポジティブであり，係数がゼロであるという帰無仮説は有意水準5％で棄却される。利潤率の係数も全てのモデルにおいて正の符号を示し，係数＝ゼロという帰無仮説は有意水準1％で棄却される。

　金融的支出の係数の符号については明確なことがいえない。モデル(9), (10), (11)のように係数が負であっても，有意な結果とそうでない結果が得られている。またモデル(12)のように，係数が正であっても有意な結果が得られている。金融的収益の係数は全ての推計において正の符号が得られ，係数がゼロであるという帰無仮説は10％の有意水準で棄却される。最後に，負債比率の上昇が資本蓄積率に対して与える影響は，全てのモデルにおいても負かつ有意である。

　以上をもとに，産業全体の資本蓄積パターンについての特徴を提示しよう。計量分析からは金融的支出を除いて，符号は概ね予想に適した形で一致した結果が得られている。全産業における金融的支出についての解釈は困難である。モデル(10)とモデル(11)においては負かつ有意な効果を有しているが，モデル(12)においては，正かつ有意な結果が得られる。両方の符号が有意な形で得られることから，産業全体の資本蓄積率の決定に対して金融的支出の影響は不明確といわざるをえない。他方で，金融的収益の係数は全てのモデルにおいて，正の符号かつ有意な結果が得られる。すなわち産業全体においても，金融的収益の上昇は資本蓄積をクラウドアウトしない。この意味で産業全体の資本蓄積に対しても金融化のネガティブな影響は見られない。

　実物経済変数のパフォーマンスは，産業全体の資本蓄積率の決定に対して依然として重要である。付加価値，利潤率といった実物変数の上昇は，資本蓄積率に対してポジティブな効果をもっている。他方で，負債比率の拡大は全般的に資本蓄積率に対してネガティブなインパクトを有している。図10.15でみたように，ほとんどの期間において，非製造業の負債比率は製造業に比べて高かった。これによって産業全体の負債の削減は遅れ，資本蓄積の回復の妨げとなった可能性がある。

表 10.4 全産業のパネルデータ推計の結果

	レベルモデル		対数化モデル	
	Model (9)	Model (10)	Model (11)	Model (12)
period	1976-2008	1976-2008	1976-2008	1976-2008
Const.	0.162***	0.140***	0.461**	0.413**
	[19.12]	[16.63]	[2.24]	[2.03]
GVA	0.033***		0.241***	
	[4.32]		[3.05]	
GVA (-1)		0.032***		0.182**
		[4.17]		[2.37]
PROFIT RATE	0.151***		0.224***	
	[7.66]		[9.69]	
PROFIT RATE (-1)		0.175***		0.234***
		[8.40]		[9.96]
FIEX	-0.069		-0.142***	
	[-1.63]		[-2.69]	
FIEX (-1)		-0.121***		0.196***
		[-2.95]		[4.72]
FIPR	0.110*		0.495***	
	[1.83]		[11.88]	
FIPR (-1)		0.155**		0.326***
		[2.50]		[7.01]
DK	-0.019***		-0.531***	
	[-5.70]		[-5.04]	
DK (-1)		-0.009**		-0.522***
		[-2.32]		[-4.93]
Cross section	Random	Random	Fixed	Fixed
Period effect	Fixed	Fixed	None	None
Observation	924	924	896	900
Adj. R2	0.612	0.623	0.653	0.688
Prob(F-statistic)	0.000	0.000	0.000	0.000

注：推計方法は固定効果モデルでは，パネル最小二乗法（PLS），ランダム効果モデルでは Panel EGLS である。係数の下のカッコ内は t 値を表す。*，**，*** はそれぞれ 10%，5%，1% 水準で有意であることを示す。Adj. R2 は自由度修正済決定係数を，Prob (F-stat.) は F 統計量に関する p 値を表す。単位根検定における和分次数を踏まえて，レベルモデルの同時点では FIEX が，対数化モデルの同時点では FIEX が 1 次の階差をとった変数を利用している。

10.4 むすび

　本章では，日本経済の金融化の程度や資本蓄積に対する影響を，産業部門に絞って考察した。もちろん金融化は経済全体を覆いうる現象であるから，家計部門（借り入れや資産選択）や海外部門（資本移動），そして金融部門（銀行業務の変容や資本市場での取引）について，より深い考察が必要となる。他部門を含んだ検証は今後の課題である。本章で考察対象とした日本の産業部門に関する金融化の捉え方や結論は次の通りまとめられる。

　まず日本の産業レベルにおける金融化について，1970年代半ば以降のデータに則して検証した。そこでは金融化を，金融取引に関わる収入と支出の拡大が生じ，労働者の所得割合が抑制される形で企業所得およびそこからの財産所得の割合が上昇し，経済全体では金融・保険・不動産業の雇用，付加価値，利潤の割合が趨勢的に拡大していく過程として捉えた。

　先行研究によると，米国では金融部門による付加価値の形成および利潤形成といった実体面への貢献のみならず，非金融企業部門による金融資産への投資，金融的支出や収益の規模，さらには金融上の所得分配の変化といった金融面の拡大も顕著である。日本でも，付加価値および利潤の割合に関しては金融部門の貢献は高まっている。このうち金融化といえるような動向は金融部門の利潤の割合の増大においてのみである。他方で，産業レベルでの金融資産への投資，金融的支出や収入の規模，そして金融上の所得分配に趨勢的な拡大は見られない。

　中長期的に見た場合，日本の産業部門においては，金融化は部分的な現象である。したがって，金融化の程度は国ごとに異なることを認識する必要がある。日本経済が金融化の波に十分にのみこまれていない原因は，本章とは別の検証が必要である。しかし，その理由の1つにはバブル崩壊の影響が考えられる。失われた10年における株価や地価など金融資産の大幅な下落，不良債権問題の発生など金融取引をとりまく環境の悪化は，活発な金融取引を阻害した可能性がある。このような状況は，金融資産の蓄積やそこからの収益獲得にとって好ましい環境とはいいがたい。

　続いて，金融化を表す変数が資本蓄積の動向と潜在的にどのように関係しているのか，計量分析を通じて検証した。その結果，次の5つの点が明らかになっ

た。第1に，非製造業に対しては金融化を念頭においたモデルは当てはまりにくい。すなわち，金融化を念頭においたモデルに従うような資本蓄積パターンとはいえない。第2に，製造業および産業全体の資本蓄積パターンは，付加価値，利潤率といった実物変数からポジティブな効果を受けている。言い換えると，商品の生産活動やその取引を通じた利潤の実現といった実物経済活動は，高い資本蓄積の実現のために必要である。第3に，金融的支出の拡大が製造業の資本蓄積率に与える影響はマイナスの効果が支配的であるが，産業全体の資本蓄積率に対しては不明確である。第4に，金融的収益の拡大は，製造業および産業全体の資本蓄積率に対してポジティブかつ有意な効果をもっている。すなわち，金融的収益の上昇は生産的投資のクラウディングアウトを引き起こさない。第5に，製造業および産業全体における負債の蓄積は，資本蓄積に対して阻害要因となっている。

　日本経済では産業全体の資本蓄積の減速や加速は，金融化に関わる変数の動向に強く左右されているわけではない。資本蓄積率が停滞した1990年から，特に2000年代初頭まで，金融的支出および金融的収益のいずれも低下傾向をたどってきた（図10.13と図10.14）。金融化に関わる指標が低迷していてもなお資本蓄積率は停滞しているのである。2000年代半ば以降，金融的収益と支出は上昇局面を示すが，それでもなお両変数は1980年代の高水準にまでは回復していない。金融的支出と資本蓄積に関しては，2000年代半ばに前者の上昇がみられるにもかかわらず，この時期に資本蓄積率は回復を示しているのである。この頃の資本蓄積は，利潤率や付加価値率の回復とそれ以前からみられる負債比率の削減を伴っている。日本の資本蓄積の減速については，米国のように金融化を伴う資本蓄積の減速（Stockhammer (2004)）ではなく，金融化を伴わない資本蓄積の減速，とりわけ，利潤率や付加価値率といった実物面の悪化によるものといえるだろう。

補論：統計データの出所と加工方法

『国民経済計算』を使ったもの

- 民間産業における3つの産業の付加価値の割合（図10.9），利潤の割合（図10.10）：内閣府『国民経済計算（2009年度確報：フロー編（付表））』のうち，「経済活動別の国内総生産・要素所得」より「1. 産業」の「国内総生産（生産者価格表示）」および「営業余剰・混合所得」を用いて算出した。雇用の割合（図10.8）については，『同確報』の「経済活動別の就業者数・雇用者数，労働時間数」より「1. 産業」の「雇用者」を用いて算出した。この表において経済全体での付加価値や利潤は，「民間の営利産業と政府サービス生産者と対家計非営利サービス生産者の付加価値（利潤）の小計」に税を足し引きし，そこに帰属利子を加えたものとして定義される。各系列の算出では，政府サービス生産者と対家計非営利サービス生産者を除いて，民間の営利産業のみの名目国内総生産や利潤の合計を母数とし，そのうち「金融・保険業」と「不動産業」の名目国内総生産や利潤が占める割合を計算している。したがって，帰属利子は除外した付加価値や利潤の計算になっている。なお，帰属利子は小計欄外に集計レベルで表記されているため，それが産業，政府サービス生産者，対家計民間非営利サービス生産者，これらのいずれの帰属利子なのかという状況は把握できない。
- 所得分配率（図10.7）：内閣府『国民経済計算（2009年度確報：フロー編（付表））』のうち，「国民所得・国民可処分所得の分配（暦年）」を用いる。財産所得の分配率を「財産所得（非企業部門）」と「民間法人企業および公的企業の金融機関による企業所得」を「国民所得」で割ったものとして定義する。利潤分配率を「企業所得」から「民間法人企業および公的企業の金融機関による企業所得」を差し引き，それを「国民所得」で割ったものとして定義する。賃金分配率は「雇用者報酬」を「国民所得」で割ったものとして定義する。

『法人企業統計（除く金融業・保険業）』を使ったもの

- 総資産に占める金融資産の割合（図10.1）：『法人企業統計』（製造業・非製造

業・全産業：全規模）において，金融資産を「現金・預金」,「株式」,「公社債」,「その他の有価証券」,「売掛金」,「受取手形」とし（前期末流動資産），資産は「資産合計」として，両者の比率をとる。本章では流動資産を用いた金融資産比率の算出を行っている。流動か固定かという基準は原則として一年以内に入金あるいは支払が可能かどうかで区分される。金融化の局面では，資産取引が投機的になる傾向があることが指摘されている（Crotty (2005)；Orhangazi (2008b)）。いわゆる忍耐強くない（impatient）金融取引主体は，収入の機会があれば即座に取引を行うことができる資産を有することが予想される。そこで，固定資産ではなく流動資産を用いた金融資産比率を計算している。

- 資本蓄積率（図 10.4）：資本ストックに対する投資の割合を示す。なお資本ストックや投資の算出方法は表 10.1 にまとめられている。
- 配当性向（図 10.6）：(配当金＋中間配当額) を当期純利益によって割ることで算出した。
- キャッシュ・フロー（図 10.2，図 10.3）：内部留保と減価償却費との合計である。なお内部留保は，当期純利益から配当合計と役員賞与を差し引いたものである。
- 利潤分配率（図 10.5）：営業利益を付加価値で割って求めた割合である。

参考文献

Aglietta, M.(1997) *Régulation et Crises du Capitalisme: L'expérience des Stats-Unis*, Paris: Odile Jacob.（若森章孝・山田鋭夫・大田一廣・海老塚明（訳）『資本主義のレギュラシオン理論：政治経済学の革新』，大村書店，2000 年）．

―――― (2006)"The Future of Capitalism",, pp. 9–35. in Coriat et al. (2006).

Amable, B. and S. Palombarini(2009)"A Neorealist Approach to Institutional Change", *Socio-Economic Review*, Vol. 7, pp. 123–143.

Amable, B.(2003) *The Diversity of Modern Capitalism*, Oxford: Oxford University Press.（山田鋭夫・原田裕治（監訳）『五つの資本主義』，藤原書店，2005 年）．

Aoki, M.(2001) *Towards a Comparative Institutional Economic Analysis*, Cambridge: MIT Press.

Arestis, P., S. Dunn, and M. Sawyer(1999)"Post Keynesian Economics and Its Critics", *Journal of Post Keynesian Economics*, Vol. 21, No. 4, pp. 527–549.

Arestis, P.(1996)"Post-Keynesian Economics: Towards Coherence", *Cambridge Journal of Economics*, Vol. 20, No. 1, pp. 111–135.

Arrigi, G.(1994) *The Long Twenties Century*, New York: Verso.（土佐弘之（監訳）・柄谷利恵子・境井孝行・永田尚見（訳）『長い 20 世紀：資本，権力，そして現代の系譜』，作品社，2009 年）．

Asada, T.(2004)"Price Flexibility and Instability in a Macrodynamic Model with a Debt Effect", *Journal of International Economic Studies*, No. 18, pp. 41–60.

Asensio, A., D. Lang, and S. Charles(2012)"Post Keynesian Modelling: Where Are We, and Where Are We Going to?", *Journal of Post Keynesian Economics*, Vol. 34, No. 3, pp. 392–412.

Atesoglu, H. S. and J. Smithin(2006)"Inflation Targeting in a Simple Macroeconomic Model", *Journal of Post Keynesian Economics*, Vol. 28, No. 4, pp. 673–688.

Baghirathan, R., C. Rada, and L. Taylor(2004)"Structuralist Economics: Worldly Philosophers, Models, and Methodology", *Social Research*, Vol. 71, No. 2, pp. 305–326.

Baranzini, M. and G. Harcourt eds. (1993) *The Dynamics of the Wealth of Nations: Growth, Distribution, and Structural Change: Essays in Honour of Luigi Pasinetti*, London: Macmillan.

Barba, A. and M. Pivetti(2009)"Rising Household Debt: Its Causes and Macroeconomic Implications ― A Long-Period Analysis", *Cambridge Journal of Economics*,

Vol. 33, No. 1, pp. 113–137.

Barbosa-Filho, N. and L. Taylor(2006)"Distributive and Demand Cycles in the US Economy: A Structural Goodwin Model", *Metroeconomica*, Vol. 57, No. 3, pp. 389–411.

Barbosa-Filho, N., Rada. C., V. Arnin, L. Taylor, and L. Zamparelli(2008)"Cycles and Trends in U.S. Net Borrowing Flows", *Journal of Post Keynesian Economics*, Vol. 30, No. 4, pp. 623–648.

Bhaduri, A. and S. A. Marglin(1990)"Unemployment and the Real Wage: the Economic Basis for Contesting Political Ideologies", *Cambridge Journal of Economics*, Vol. 14, No. 4, pp. 375–393.

Bhaduri, A.(2007)"On the Dynamics of Profit-led and Wage-led Growth", *Cambridge Journal of Economics*, Vol. 32, No. 1, pp. 147–160.

Blecker, R. A.(2002)"Distribution, Demand, and Growth in Neo-Kaleckian Macro Models", pp. 129–152. in Setterfield (2002).

―――― (2005)"Financial Globalization, Exchange Rates, and International Trade", pp. 183–209. (in Epstein (2005)).

―――― (2011)"Open Economy Models of Distribution and Growth", pp. 215–239. in Hein and Stockhammer (2011b).

Bowles, S. and R. Boyer(1990)"A Wage-led Employment Regime: Income Distribution, Labor Discipline, and Aggregate Demand in Welfare Capitalism", pp. 187–217. in Marglin and Schor (1990).

―――― (1995)"Wage, Aggregate Demand, and Employment in an Open Economy: An Empirical Investigation", pp. 143–171. in Epstein and Gintis (1995).

Boyer, R. H. Uemura and A. Isogai eds. (2011) *Diversity and Transformations of Asian Capitalisms: A de Facto Regional Integration*, London: Routledge.

Boyer, R. and Y. Saillard(2002) *Régulation Theory — The State of the Art*, London and New York: Routledge.

Boyer, R. and T. Yamada eds. (2000) *Japanese Capitalism in Crisis : A Régulationist Interpretation*, London: Routledge.

Boyer, R.(1986) *La Théorie de la Régulation: Une Analyse Critique*, Paris: La Découverte.（山田鋭夫（訳）『レギュラシオン理論（新版）』，藤原書店，1990 年）.

―――― (1988)"Formalizing Growth Regime". in Dosi et al. (1988).

―――― (2000)"Is a Finance-led Growth Regime a Viable Alternative to Fordism? A Preliminary Analysis", *Economy and Society*, Vol. 29, No. 1, pp. 111–145.

―――― (2004) *Une Théorie du Capitalisme est-elle Possible?*, Paris: Odile Jacob.

―――― (2005)"Coherence, Diversity, and the Evolution of Capitalisms: The Institutional Complementarity Hypothesis", *Evolutionary and Institutional Economics Review*, Vol. 2, No. 1, pp. 43–80.

―――― (2007)"Capitalism Strikes Back: Why and What Consequences for Social Sci-

ences?", *Revue de la Régulation*, Vol. 1, No. 1.

——— (2011) "Post-keynésiens et Régulationnistes: Une Alternative à la Crise de l'Économie Standard?", *Revue de la Régulation*, Vol. 10, No. 2.

Bresser-Pereira, L. C.(2010) *Globalization and Competition: Why Some Emergent Countries Succeed While Others Fall Behind*, New York: Cambridge University Press.

Cassetti, M.(2003) "Bargaining Power, Effective Demand and Technical Progress: A Kaleckian Model of Growth", *Cambridge Journal of Economics*, Vol. 27, No. 3, pp. 449–464.

Charles, S.(2008a) "Corporate Debt, Variable Retention Rate and the Appearance of Financial Fragility", *Cambridge Journal of Economics*, Vol. 32, No. 5, pp. 781–795.

——— (2008b) "A Post-Keynesian Model of Accumulation with a Minskian Financial Structure", *Review of Political Economy*, Vol. 20, No. 3, pp. 319–331.

——— (2008c) "Teaching Minsky's Financial Instability Hypothesis: A Manageable Suggestion", *Journal of Post Keynesian Economics*, Vol. 31, No. 1, pp. 125–138.

Chavance, B.(2007) *L'Économie Institutionelle*, Paris: La Découverte.（宇仁宏幸・中原隆幸・斎藤日出治（訳）『入門制度経済学』ナカニシヤ出版，2007 年）.

Coriat, B., P. Petit, and G. Schmeder eds. (2006) *The Hardship of Nations: Exploring the Paths of Modern Capitalism*, Cheltenham: Edward Elgar.

Crotty, J.(1990) "Owner-Manager Conflict and Financial Theories of Investment Instability: A Critical Assessment of Keynes, Tobin, and Minsky", *Journal of Post Keynesian Economics*, Vol. 12, No. 4, pp. 519–542.

——— (2005) "The Neoliberal Paradox: The Impact of Destructive Product Market Competition and 'Modern' Financial Markets on Nonfinancial Corporation Performance in the Neoliberal Era". in Epstein (2005).

Davidson, P.(1994) *Post-Keynesian Macroeconomic Theory: A Foundation for Successful Economic Policies for the Twenty-first Century*, Cheltenham: Edward Elgar.

Dos Santos, H., C and G. Zezza(2008) "A Simplified Benchmark Stock-Flow Consistent Post-Keynesian Growth Model", *Metroeconomica*, Vol. 59, No. 3, pp. 441–478.

Dos Santos, H., C(2004) "A Stock-Flow General Framework for Formal Minskyan Analyses of Closed Economies", *The Levy Economics Institute Working Paper*, No. 403.

Dosi, G., C. Freeman, G. Silverberg, and L. Soete eds. (1988) *Technical Change and Economic Theory*, London: Printer Publisher.

Duménil, G. and D. Lévy(1999) "Being Keynesian in the Short Term and Classical in the Long Term: The Traverse to Classical Long-Term Equilibrium", *The Manchester School*, Vol. 67, No. 6, pp. 684–716.

Dunn, S. P.(2000) "Wither Post Keynesianism?", *Journal of Post Keynesian Economics*, Vol. 22, No. 3, pp. 343–364.

Dutt, A. K. and E. J. Amadeo(1993)"A Post-Keynesian Theory of Growth, Interest and Money". in Baranzini and Harcourt (1993).

Dutt, A. K. and J. Ros eds. (2003) *Development Economics and Structuralist Macroeconomics*, Cheltenham, UK and Northampton, MA, USA: Edward Elgar.

Dutt, A. K.(1990) *Growth, Distribution, and Uneven Development*, Cambridge: Cambridge University Press.

—— (2005)"Conspicuous Consumption, Consumer Debt and Economic Growth", pp. 155–178. in Setterfield (2005).

—— (2006a)"Aggregate Demand, Aggregate Supply and Economic Growth", *International Review of Applied Economics*, Vol. 20, No. 3, pp. 319–336.

—— (2006b)"Maturity, Stagnation and Consumer Debt: A Steindlian Approach", *Metroeconomica*, Vol. 57, No. 3, pp. 339–364.

—— (2013)"Government Spending, Aggregate Demand, and Economic Growth", *Review of Keynesian Economics*, Vol. 1, No. 1, pp. 105–119.

Eduardo, F-H.(2008)"The Economic Behavior of Human Beings: The Institutional/Post-Keynesian Model", *Journal of Economic Issues*, Vol. 42, No. 3, pp. 709–726.

Epstein, G. and H. M. Gintis eds. (1995) *Macroeconomic Policy after the Conservative Era*, Cambridge: Cambridge University Press.

Epstein, G. ed. (2005) *Financialization and the World Economy*, Cheltenham, UK. Northampton, MA, USA: Edward Elgar.

Esptein, G. and D. Power(2003)"Rentier Incomes and Financial Crises: An Empirical Examination of Trends and Cycles in Some OECD Countries", *Working paper series: Political Economy Research Institute*, No. 57, pp. 1–23.

Foley, D.(2003)"Financial Fragility in Developing Economies", pp. 157–168. in Dutt and Ros (2003).

Fontana, G. and M. Setterfield eds. (2009) *Macroeconomic Theory and Macroeconomic Pedagogy*, New York: Palgrave.

Fontana, G.(2004)"Rethinking Endogenous Money: A Constructive Interpretation of the Debate Between Horizontalists and Structualists", *Metroeconomica*, Vol. 55, No. 4, pp. 367–385.

Gandolfo, G.(1997) *Economic Dynamics*, Berlin, Heidelberg, New York and Tokyo: Springer-Verlag.

Giavazzi, F. and C. Wyplosz(1985)"The Zero Root Problem: Determination of the Stationary Equilibrium in Liner Models", *Review of Economic Studies*, Vol. 52, No. 2, pp. 353–357.

Gnos, C. and L-P. Rochon(2007)"The New Consensus and Post-Keynesian Interest Rate Policy", *Review of Political Economy*, Vol. 19, No. 3, pp. 369–386.

Godley, W. and M. Lavoie(2007) *Monetary Economics: An Integrated Approach to Credit, Money, Income, Production and Wealth*, New York: Palgrave Macmillan.

Guerrien, G. ed. (2002) *Dictionnaire D'Analyse Économique: Microéconomie, Macroéconomie, Théorie des Jeux, etc.*, Paris: La Découverte.

Hall, R. E. and C. I. Jones(1999)"Why Do Some Countries Produce So Much More Output per Worker Than Others", *Quarterly Journal of Economics*, Vol. 114, No. 1, pp. 83–116.

Hall, P. and D. Soskice eds. (2001) *Varieties of Capitalism*, Oxford: Oxford University Press.

Harcourt, G. C.(2006) *The Structure of Post-Keynesian Economics: The Core Contributions of the Pioneers*, Cambridge: Cambridge University Press.

Harrod, R. F.(1939)"An Essay in Dynamic Theory", *Economic Journal*, Vol. 49, No. 193, pp. 14–33.

Harvie, D.(2000)"Testing Goodwin: Growth Cycles in 10 OECD Countries", *Cambridge Journal of Economics*, Vol. 24, No. 3, pp. 349–376.

Hein, E. and C. Ochsen(2003)"Regimes of Interest Rates, Income Shares, Savings and Investment: A Kaleckian Model and Empirical Estimations for Some Advanced OECD Economies", *Metroeconomica*, Vol. 54, No. 4, pp. 404–433.

Hein, E. and C. Schoder(2011)"Interest rates, Distribution and Capital Accumulation: A Post-Kaleckian Perspective on the US and Germany", *International Review of Applied Economics*, Vol. 25, No. 6, pp. 693–723.

Hein, E. and E. Stockhammer(2011a)"A Post-Keynesian Macroeconomic Model of Inflation, Distribution, and Employment", pp. 112–136. in Hein and Stockhammer (2011b).

Hein, E. and E. Stockhammer eds. (2011b) *A Modern Guide to Keynesian Macroeconomics and Economic Policies*, Cheltenham, UK and Northampton, MA, USA: Edward Elgar.

Hein and E. Vogel(2008)"Distribution and Growth Reconsidered: Empirical Results for Six OECD Countries", *Cambridge Journal of Economics*, Vol. 32, No. 3, pp. 479–511.

Hein, E., T. Niechoj, and E. Stockhammer eds. (2009) *Macroeconomic Policies on Shaky Foundations: Whither Mainstream Economics?*, Marburg, Germany: Metropolis.

Hein, E.(2006)"Interest, Debt and Capital Accumulation: A Kaleckian Approach", *International Review of Applied Economics*, Vol. 20, No. 3, pp. 337–352.

―――― (2007)"Interest Rate, Debt, Distribution and Capital Accumulation in a Post-Kaleckian Model", *Metroeconomica*, Vol. 58, No. 2, pp. 310–339.

―――― (2011)"'Financialisation', Distribution and Growth", pp. 294–324. in Hein and Stockhammer (2011b).

―――― (2012) *The Macroeconomics of Finance-dominated Capitalism—and Its Crisis*, Cheltenham, UK: Edward Elgar.

Hoshi, T., A. Kashyap, and D. Scharfstein(1991)"Corporate Structure, Liquidity, and Investment: Evidence from Japanese Industrial Groups", *Quarterly Journal of Economics*, Vol. 106, No. 1, pp. 33–60.

Kaldor, N.(1957)"A Model of Economic Growth", *Economic Journal*, Vol. 67, No. 268, pp. 591–624.

――― (1972)"The Irrelevance of Equilibrium Economics", *Economic Journal*, Vol. 82, No. 328, pp. 1237–1255.

Kalecki, M.(1937)"The Principle of Increasing Risk", *Economica*, Vol. 4, No. 16, pp. 440–447.

――― (1971) *Selected Essays on the Dynamics of the Capitalist Economy*, Cambridge: Cambridge University Press.

Keen, S.(1995)"Finance and Economic Breakdown: Modeling Minsky's "Financial Instability Hypothesis"", *Journal of Post Keynesian Economics*, Vol. 17, No. 4, pp. 607–635.

Keynes, J. M.(1936) *The General Theory of Employment, Interest and Money*, Collected Writings of John Maynard Keynes, vol. 7, London: Macmillan.（塩野谷祐一（訳）『雇用・利子および貨幣の一般理論（普及版）』東洋経済新報社，1995 年）．

King, J. E.(2002) *A History of Post Keynesian Economics Since 1936*, Northampton: Edward Elgar.

Krippner, G.(2005)"The Financialization of the American Economy", *Socio-Economic Review*, Vol. 3, No. 2, pp. 173–208.

Kurz, H.D.(1991)"Technical Change, Growth and Distribution: A Steady-state Approach to 'Unsteady' Growth on Kaldorian Lines". in Nell and Semmler (1991).

Lavoie, M. and W. Godley(2001)"Kaleckian Models of Growth in a Coherent Stock-Flow Framework: A Kaldorian View", *Journal of Post Keynesian Economics*, Vol. 24, No. 2, pp. 277–311.

Lavoie, M. and M. Seccareccia(2001)"Minsky's Financial Fragility Hypothesis: A Missing Macroeconomic Link?". in R. Bellofiore and P. Ferri (eds), *Financial Fragility and Investment in the Capitalist Economy*, Vol. 2, Cheltenham, UK and Northhampton, MA, USA: Edward Elgar, pp. 76–79.

Lavoie, M. and M. Seccareccia eds. (2004) *Central Banking in the Modern World: Alternative Perspective*, Cheltenham, UK: Edward Elgar.

Lavoie, M. and E. Stockhammer eds. (2013a) *Wage-led Growth: An Equitable Strategy for Economic Recovery*, New York: Palgrave Macmillan.

Lavoie, M. and E. Stockhammer(2013b)"Wage-led Growth: Concept, Theories and Policies", *Conditions of Work and Employment Series*, No. 41.

Lavoie, M.(1992) *Foundations of Post-Keynesian Economic Analysis*, Aldershot: Edward Elgar.

――― (1995)"The Kaleckian Model of Growth and Distribution and Its Neo-Ricardian

and Neo-Marxian Critiques", *Cambridge Journal of Economics*, Vol. 19, No. 6, pp. 789–818.

―――― (2003)"Kaleckian Effective Demand and Sraffian Normal Prices: Towards a Reconciliation", *Review of Political Economy*, Vol. 15, No. 1, pp. 53–74.

―――― (2004) *L'Économie Postkeynésienne*, Paris: La Découverte. (宇仁宏幸・大野隆 (訳)『ポストケインズ派経済学入門』ナカニシヤ出版, 2008 年).

―――― (2009a)"Taming the New Consensus: Hysteresis and Some Other Post Keynesian Amendment", pp. 191–213. in Fontana and Setterfield (2009).

―――― (2009b)"Towards a Post-Keynesian Consensus in Macroeconomics: Reconciling the Cambridge and Wall Street Views", pp. 75–99. in Hein et al. (2009).

―――― (2010)"Surveying Short-run and Long-run Stability Issues with the Kaleckian Model of Growth", pp. 132–156. in Setterfield (2010).

Lazonick, W. and M. O'Sullivan(2000)"Maximising Shareholder Value: A New Ideology for Corporate Governance", *Economy and Society*, Vol. 29, No. 1, pp. 13–35.

Lee, F.(2000)"The Organizational History of Post Keynesian Economics in America, 1971-95", *Journal of Post Keynesian Economics*, Vol. 23, No. 1, pp. 141–162.

Lima, G. T. and J. A. Meirelles(2003)"Endogenous Banking Markup, Distributional Conflict and Capacity Utilization", *Metroeconomica*, Vol. 54, No. 2-3, pp. 366–384.

―――― (2006)"Debt, Financial Fragility, and Economic Growth: A Post Keynesian Macromodel", *Journal of Post Keynesian Economics*, Vol. 29, No. 1, pp. 93–115.

―――― (2007)"Macrodynamics of Debt Regimes, Financial Instability and Growth", *Cambridge Journal of Economics*, Vol. 31, No. 4, pp. 563–580.

Marglin, S. A. and A. Bhaduri(1990)"Profit Squeeze and Keynesian Theory", pp. 153–186. in Marglin and Schor (1990).

Marglin, S. A. and J. Schor eds. (1990) *The Golden Age of Capitalism: Re-interpreting the Postwar Experience*, Oxford: Clarendon Press.

Marglin, S.A.(1984)"Growth, Distribution and Inflation: A Centennial Synthesis", *Cambridge Journal of Economics*, Vol. 8, No. 2, pp. 115–144.

Minsky, H.(1975) *John Maynard Keynes*, New York: Columbia University Press.

―――― (1982) *Can "it" Happen Again? : Essays on Instability and Finance*, Armonk, NY: M.E. Sharpe.

―――― (1986) *Stabilizing an Unstable Economy*, New Haven: Yale University Press.

Moore, B. J.(1988) *Horizontalists and Verticalists: The Macroeconomics of Credit Money*, Cambridge: Cambridge University Press.

―――― (2001)"Some Reflections on Endogenous Money", pp. 11–30. in Rochon and Vernengo (2001).

Motonishi, T. and H. Yoshikawa(1999)"Causes of the Long Stagnation of Japan during the 1990s: Financial or Real?", *Journal of the Japanese and International Economies*, Vol. 13, No. 3, pp. 181–200.

Naastepad, C. W. M. and S. Storm(2007)"OECD Demand Regimes (1960-2000)", *Journal of Post Keynesian Economics*, Vol. 29, No. 2, pp. 213–248.

Nasica, E. and A. Raybaut(2005)"Profits, Confidence, and Public Deficits: Modeling Minsky's Institutional Dynamics", *Journal of Post Keynesian Economics*, Vol. 28, No. 1, pp. 136–154.

Nasica, E.(2000) *Finance, Investment and Economic Fluctuations: An Analysis in the Tradition of Hyman Minsky*, Cheltenham: Edward Elgar.

Ndikumana, L.(1999)"Debt Service, Financing Constraints, and Fixed Investment: Evidence From Panel Data", *Journal of Post Keynesian Economics*, Vol. 21, No. 3, pp. 455–478.

Nell, E and W. Semmler eds. (1991) *Nicholas Kaldor and Mainstream Economics*, New York: Palgrave Macmillan.

Niggle, C.(2006)"Evolutionary Keynesianism: A Synthesis of Institutionalist and Post Keynesian Macroeconomics", *Journal of Economic Issues*, Vol. 40, No. 2, pp. 405–412.

Nishi, H.(2012)"Household Debt, Dynamic Stability, and Change in Demand Creation Patterns", *Review of Political Economy*, Vol. 24, No. 4, pp. 607–622.

North, D. C.(1990) *Institutions, Institutional Change and Economic Performance*, Cambridge: Cambridge University Press.

Ogawa, K. and K. Suzuki(1998)"Land Value and Corporate Investment: Evidence from Japanese Panel Data", *Journal of the Japanese and International Economies*, Vol. 12, No. 3, pp. 232–249.

——— (2000)"Uncertainty and Investment: Some Evidence from the Panel Data of Japanese Manufacturing Firms", *The Japanese Economic Review*, Vol. 51, No. 2, pp. 170–192.

O'Hara, P. A.(2007)"Principles of Institutional-Evolutionary Political Economy: Converging Themes from the Schools of Heterodoxy", *Journal of Economic Issues*, Vol. 41, No. 1, pp. 1–42.

Onaran, O. and G. Galanis(2013)"Is Aggregate Demand Wage-led or Profit-led? National and Global Effects", *Conditions of Work and Employment Series*, No. 40.

Onaran, O., E. Stockhammer, and L. Grafl(2011)"Financialisation, Income Distribution and Aggregate Demand in the USA", *Cambridge Journal of Economics*, Vol. 35, No. 4, pp. 637–661.

Orhangazi, O.(2008a)"Financialisation and Capital Accumulation in the Non-financial Corporate Sector: A Theoretical and Empirical Investigation on the US Economy: 1973-2003", *Cambridge Journal of Economics*, Vol. 32, No. 6, pp. 863–886.

——— (2008b) *Financialization and the US Economy*, Cheltenham, UK and Northampton, MA, USA: Edward Elgar.

Pasinetti, L.(1974) *Growth and Income Distribution: Essays in Economic Theory*,

Cambridge: Cambridge University Press.

—— (1981) *Structural Change and Economic Growth: A Theoretical Essay on the Dynamics of the Wealth of Nations*, Cambridge: Cambridge University Press.

—— (2005) "The Cambridge School of Keynesian Economics", *Cambridge Journal of Economics*, Vol. 29, No. 6, pp. 837–848.

Petit, P.(2005) *Croissance et Richesse des Nations*, Paris: La Découverte.

Raghavendra, S.(2006) "Limits to Investment Exhilarationism", *Journal of Economics*, Vol. 87, No. 3, pp. 257–280.

Robinson, J.(1962) *Essays in the Theory of Economic Growth*, London: Palgrave Macmillan.

Rochon, L-P. and M. Setterfield(2007) "Interest Rates, Income Distribution, and Monetary Policy Dominance: Post Keynesians and the "Fair Rate" of Interest", *Journal of Post Keynesian Economics*, Vol. 30, No. 1, pp. 13–42.

Rochon, R-P. and M. Setterfield(2012) "A Kaleckian Model of Growth and Distribution with Conflict-inflation and Post Keynesian Nominal Interest Rate Rules", *Journal of Post Keynesian Economics*, Vol. 34, No. 3, pp. 497–520.

Rochon, L. P. and M. Vernengo eds. (2001) *Credit, Interest Rate and the Open Economy: Essays on Horizontalism*, Cheltenham, UK and Northampton, MA, US: Edward Elgar.

Rochon, L. P.(2001) "Horizontalism: Setting the record straight", pp. 31–65. in Rochon and Vernengo (2001).

Rowthorn, R. E.(1977) "Conflict, Inflation and Money", *Cambridge Journal of Economics*, Vol. 1, No. 3, pp. 215–239.

—— (1981) "Demand, Real Wages and Economic Growth", *Thames Papers in Political Economy*, pp. 1–39, Autumn.

Sasaki, H. and S. Fujita(2012) "The Importance of the Retention Ratio in a Kaleckian Model with Debt Accumulation", *Metroeconomica*, Vol. 63, No. 3, pp. 417–428.

Sasaki, H., J. Matsuyama, and K. Sako(2012) "The Macroeconomic Effects of the Wage Gap between Regular and Non-Regular Employment and Minimum Wages", *Kyoto University Graduate School of Economics Research Project Paper Series*, No. E-12-003, pp. 1–23.

Sasaki, H.(2012) "Is the Long-run Equilibrium Wage-Led or Profit-Led? A Kaleckian Approach", *Structural Change and Economic Dynamics*, Vol. 23, No. 3, pp. 231–244.

Setterfield, M. ed. (2002) *The Economics of Demand-Led Growth: Challenging the Supply-Side Vision of the Long Run*, Cheltenham, UK and Northampton, MA, USA: Edward Elgar.

Setterfield, M.(2004) "Financial Fragility, Effective Demand and the Business Cycle", *Review of Political Economy*, Vol. 16, No. 2, pp. 207–223.

Setterfield, M. ed. (2005) *Interactions in Analytical Political Economy*, Armonk, NY:

M.E.Sharpe.

Setterfield, M.(2009a)"Fiscal and Monetary Policy Interactions: Lessons for Revising the EU Stability and Growth Pact", *Journal of Post Keynesian Economics*, Vol. 31, No. 4, pp. 623–643.

——— (2009b)"Macroeconomics without the LM Curve: An Alternative View", *Cambridge Journal of Economics*, Vol. 33, No. 2, pp. 273–293.

Setterfield, M. ed. (2010) *Handbook of Alternative Theories of Economic Growth*, Cheltenham, UK and Northampton, MA, USA: Edward Elgar.

Setterfield, M.(2011)"Anticipations of the Crisis: On the Similarities between post-Keynesian Economics and Regulation Theory", *Revue de la Regulation*, Vol. 10, No. 2.

Sims, C., J. Stock, and M. Watson(1990)"Inference in Linear Time Series Models with Some Unit Roots", *Econometrica*, Vol. 58, No. 1, pp. 113–144.

Skott, P. and S. Ryoo(2008)"Macroeconomic Implications of Financialisation", *Cambridge Journal of Economics*, Vol. 32, No. 6, pp. 827–862.

Smithin, J.(2003) *Controversies in Monetary Economics(revised edition)*, Cheltenham, UK.: Edward Elgar.

——— (2004)"Interest Rate Operating Procedures and Income Distribution", pp. 57–69. in Lavoie and Seccareccia (2004).

——— (2007)"A Real Interest Rate Rule for Monetary Policy?", *Journal of Post Keynesian Economics*, Vol. 30, No. 1, pp. 101–118.

Sraffa, P.(1960) *Production of Commodities by Means of Commodities*, Cambridge: Cambridge University Press.

Stock, J.H. and W. Watson(2001)"Vector Autoregressions", *Journal of Economic Perspectives*, Vol. 15, No. 4, pp. 101–115.

Stockhammer, E. and O. Onaran(2004)"Accumulation, Distribution and Employment: A Structural VAR Approach to a Kaleckian Macro Model", *Structural Change and Economic Dynamics*, Vol. 15, No. 4, pp. 421–447.

Stockhammer, E.(2004)"Financialisation and the Slowdown of Accumulation", *Cambridge Journal of Economics*, Vol. 28, No. 5, pp. 719–74.

——— (2005-6)"Shareholder Value Orientation and the Investment-profit Puzzle", *Journal of Post Keynesian Economics*, Vol. 28, No. 2, pp. 193–215.

——— (2006-7)"Uncertainty, Class, and Power", *International Journal of Political Economy*, Vol. 35, No. 4, pp. 31–49.

——— (2008)"Some Stylized Facts on the Finance-dominated Accumulation Regime", *Competition and Change*, Vol. 12, No. 2, pp. 184–202.

——— (2010)"Financialization and the Global Economy", *Working paper series: Political Economy Research Institute*, No. 240, pp. 1–17.

Storm, O. and C.W.M. Naastepad(2012) *Macroeconomics beyond the NAIRU*, Cam-

bridge, MA: Harvard University Press.
Taylor, L. and S. O'connell(1985) "A Minsky Crisis", *Quarterly Journal of Economics*, Vol. 100, pp. 871–886.
Taylor, L.(1991) *Income Distribution, Inflation, and Growth: Lectures on Structuralist Macroeconomic Theory*, Cambridge MA: MIT Press.
―――― (2004) *Reconstructing Macroeconomics: Structuralist Proposals and Critiques of the Mainstream*, Cambridge, MA: Harvard University Press.
van Treeck, T.(2008) "Reconsidering the Investment-Profit Nexus in Finance-led Economies: An ARDL-based Approach", *Metroeconomica*, Vol. 59, No. 3, pp. 371–404.
―――― (2009) "A Synthetic, Stock-Flow Consistent Macroeconomic Model of Financialization", *Cambridge Journal of Economics*, Vol. 33, No. 3, pp. 467–493.
Uemura, H.(2000) "Growth, Distribution and Structural Change in the Post-war Japanese Economy", pp. 138–161. in Boyer and Yamada (2000).
―――― (2009) "Growth, Distribution and Institutional Changes in the Japanese Economy: Faced by Increasing International Interdependence with Asian Countries",『横浜国立大学 企業成長戦略研究センターディスカッション・ペーパー』.
―――― (2011) "Institutional Changes and the Transformations of the Growth Regime in the Japanese Economy: Facing the Impact of the World Economic Crisis and Asian Integration", pp. 107–128. in Boyer and Isogai (2011).
Uni, H.(2011) "Increasing Wage Inequality in Japan since the End of the 1990s: An Institutional Explanation", pp. 90–106. in Boyer and Isogai (2011).
Villeval, M-C.(2002) "*Régulation* Theory among Theories of Institutions", pp. 291–298. in Boyer and Saillard (2002).
Walters, B. and D. Young(1997) "On the Conference of Post-Keynesian Economics", *Scottish Journal of Political Economy*, Vol. 44, No. 3, pp. 329–349.
Wray, R.(2007) "A Post Keynesian View of Central Bank Independence, Policy targets, and the Rules versus Discretion Debate", *Journal of Post Keynesian Economics*, Vol. 30, No. 1, pp. 119–141.
Yeager, T.(1998) *Institutions, Transition Economies, and Economic Development*, Boulder, CO: Westview Press.
You, J-I. and A. K. Dutt(1996) "Government Debt, Income Distribution, and Growth", *Cambridge Journal of Economics*, Vol. 20, No. 3, pp. 335–351.
浅子和美・池田新介・市村英彦・伊藤秀史（編）(2008)『現代経済学の潮流 2008』, 東洋経済新報社.
畔津憲司・小葉武史・中谷武 (2010)「カレツキアン蓄積分配モデルの実証分析」,『季刊経済理論』, 第 47 巻, 第 1 号, 56–65 頁.
池田毅 (2006)『経済成長と所得分配』, 日本経済評論社.
磯谷明徳 (2004)『制度経済学のフロンティア：理論・応用・政策』, ミネルヴァ書房.

岩田規久男・宮川努（編）(2003)『失われた10年の真因は何か』, 東洋経済新報社.
植村博恭・磯谷明徳・海老塚明 (2007)『社会経済システムの制度分析 —— マルクスとケインズを超えて（新版）』, 名古屋大学出版会.
宇仁宏幸 (1998)『構造変化と資本蓄積』, 有斐閣.
――― (2009)『制度と調整の経済学』, ナカニシヤ出版.
梅田雅信・宇都宮浄人 (2009)『経済統計の活用と論点（第3版）』, 東洋経済新報社.
大野隆 (2008)「産業予備軍効果を考慮した長期カレツキモデル」,『季刊経済理論』, 第45巻, 第3号, 60-69頁.
小川一夫 (2008)『失われた10年の真実：実体経済と金融システムの相克』, 東洋経済新報社.
齊藤誠 (2008)「家計消費と設備投資の代替性について：最近の日本経済の資本蓄積を踏まえて」,, 27-68頁. (浅子他 (2008) 所収).
佐々木啓明 (2010)「正規雇用・非正規雇用を考慮したカレツキアン・モデル」,『経済論叢（京都大学）』, 第184巻, 第2号, 15-22頁.
貞廣彰 (2005)『戦後日本のマクロ経済分析』, 東洋経済新報社.
新川敏光・井戸正伸・宮本太郎・眞柄秀子 (2004)『比較政治経済学』, 有斐閣アルマ.
照山博司 (2001)「VARによる金融政策の分析：展望」,『フィナンシャル・レビュー』, 74-140頁.
遠山弘徳 (2010)『資本主義の多様性分析のために：制度と経済パフォーマンス』, ナカニシヤ出版.
ドーア, R.(2011)『金融が乗っ取る世界経済：21世紀の憂鬱』, 中公新書.
内藤敦之 (2011)『内生的貨幣供給理論の再構築：ポスト・ケインズ派の貨幣・信用アプローチ』, 日本経済評論社.
中川忍 (1999)「90年代入り後も日本の家計貯蓄率はなぜ高いのか？：家計属性別にみた「リスク」の偏在に関する実証分析」,『日本銀行調査月報』, 4月.
中里透 (2003)「財政運営における「失われた10年」」.（岩田・宮川 (2003)).
中谷武 (2009)「ポスト・ケインズ派経済学の現代的意義：賃金主導型経済を中心に」,『季刊経済理論』, 第46巻, 第4号, 6-14頁.
鍋島直樹 (2001)『ケインズとカレツキ：ポスト・ケインズ派経済学の源泉』, 名古屋大学出版会.
――― (2003)「金融不安定性と制度的動学：ミンスキーの資本主義経済像」,『富山大学紀要（富大経済論集）』, 第49巻, 第1号, 115-140頁.
橋本寿朗 (2002)『デフレの進行をどう読むか —— 見落とされた利潤圧縮メカニズム』, 岩波書店.
花崎正晴・TRAN THI THUTHUY(2002)「規模別および年代別の設備投資行動」,『フィナンシャル・レビュー』, 第62巻, 1-27頁.
浜田宏一・堀内昭義・内閣府経済社会総合研究所（編）(2004)『論争日本の経済危機』, 日本経済新聞社.
羽森茂之 (2009)『ベーシック計量経済学』, 中央経済社.

林文夫（編）(2007)『経済停滞の原因と制度（経済制度の実証分析と設計）』，勁草書房．

原田泰・増島稔 (2009)「金融の量的緩和はどの経路で経済を改善したのか」．(吉川 (2009a) 所収)．

原田泰・飯田泰之 (2004)「90 年代以降の大停滞期に対する説明仮説について：VAR モデルによる検証」，*ESRI Discussion Paper Series*，第 123 号，12 月．

深尾京司 (2012)『「失われた 20 年」と日本経済：構造的原因と再生への原動力の解明』，日本経済新聞社．

藤田真哉 (2006)「ポスト・ケインズ派金融不安定化モデルに対する制度論的アプローチ」，『季刊経済理論』，第 42 巻，第 4 号，92–102 頁．

——— (2010a)「「金融化」時代における所得分配と金融脆弱性：カレツキアン・アプローチ」，『経済論叢（京都大学）』，第 184 巻，第 2 号，23–36 頁．

——— (2010b)「労働生産性成長率と需要成長率の相互依存メカニズムの分析：二部門累積的因果連関モデルによる日米比較を中心に」，『季刊経済理論』，第 47 巻，第 1 号，66–78 頁．

ブラウン, R. A.・塩路悦朗 (2007)「投資ショックと日本の景気変動」．(林 (2007) 所収)．

ホリオカ, C-Y.(2007)「日本の「失われた 10 年」の原因：家計消費の役割」．(林 (2007) 所収)．

水野和夫・萱野稔人 (2010)『超マクロ展望：世界経済の真実』，集英社．

水野和夫 (2007)『人々はなぜグローバル経済の本質を見誤るのか』，日本経済新聞社．

宮尾龍蔵 (2006)「日本経済の変動要因：生産性ショックの役割」，『日本銀行ワーキングペーパーシリーズ』．1 月．

——— (2009)「日本の設備投資行動：1990 年代以降の不確実性の役割」，『金融研究』，第 28 巻，第 1 号，1–22 頁．

宮川努 (2005)『日本経済の生産性革新』，日本経済新聞社．

森岡真史 (2005)「資本主義の多様性と経済理論」，『季刊経済理論』，第 42 巻，第 3 号，29–41 頁．

山田鋭夫 (2008)『さまざまな資本主義：比較資本主義分析』，藤原書店．

吉川洋（編）(2009a)『デフレ経済と金融政策』，慶應義塾大学出版会．(バブル/デフレ期の日本経済と経済政策)．

吉川洋 (1999)『転換期の日本経済』，岩波書店．

——— (2009b)『マクロ経済学（第 3 版）』，岩波書店．

——— (2013)『デフレーション："日本の慢性病"の全貌を解明する』，日本経済新聞社．

脇田成 (2008)『日本経済のパースペクティブ：構造と変動のメカニズム』，有斐閣．

あとがき

　本書で行った研究は，九州大学大学院に提出した博士論文 *Income Distribution, Financialization, Globalization, and Economic Growth Patterns: A Post-Keynesian and Institutionalist Approach* が出発点になっている。出発点は，博士論文にあるといえども，本書の内容の大部分は，博士論文提出以後の研究成果から構成され，博士論文の一部を用いた箇所も日本語に直すと同時に，ほとんど原型をとどめないほどの加筆修正をしている。

　博士論文は，経済成長のメカニズムを，制度的調整を伴う所得分配と金融取引，さらには国際貿易へと展開する形で理論分析を行ったものである。その一部ではポスト・ケインズ派の経済学のみならず，レギュラシオン理論といった制度の経済学から着想を受けたモデル分析を行っている。そして，経済成長といったマクロ経済パフォーマンスは多様な様相を示すが，それを理解するためには，人々の経済活動を制約したり，可能性を広げたりする制度について，1つの制度だけでなく，複数の制度の機能に注目する必要があるという結論を提示した。博士論文の骨格をなす理論分析だけでなく，政策分析，ならびに日本経済を対象とした実証分析についての章を加え，所得分配や金融取引，そして経済のグローバル化や金融化が一国のマクロ経済パフォーマンスといかに関連しているのかを総合的に検証したものが本書である。

　マクロ経済学においては，一般的かつ厳密なモデルの構築は重要な研究課題である。しかしながら，資本主義経済には，時代や国に応じてさまざまな構造変化や制度上の相違が存在する。それゆえ，時代を超えて通じるような一般的なモデルは基本になるとはいえ，それだけをもって経済パフォーマンスを検討するのでは不十分なのではないか…場当たり的とは言われようが，時代や国に特有の制度や経済構造に応じたモデル設定や視方が必要なのではないか，高成長や低成長といっても，それが実現するパターンの相違を考える必要があるのではないかと常々感じてきた。このような疑問を考えていくのに，ポスト・ケ

インズ派の経済学やレギュラシオン理論が提起する制度的調整や成長レジームという包括的概念は，示唆に富むものであった。

このような関心を持つにいたったのは，学部生の頃受けたゼミや講義において教わったことがきっかけとなっている。学部3年生のときに受けた清水耕一先生（岡山大学）の「経済変動論」の講義では，「一つの経済はその制度的構造に基づく景気変動を持つ。制度的諸形態の変化によって生み出される経済社会構造の変化は，経済成長と景気変動に変化をもたらす。」と説明された。この主張は，フランスで生まれたレギュラシオン理論が着想を得たものだと教わった。今でもよく覚えているが，わたしは大教室の片隅で，この言葉をノートに書いた。わたしは，その言葉に刺激をうけ，資本主義経済の動きをヴィヴィッドかつ歴史的に説明するこの講義に夢中になった。そして，当時ゼミの先生であった新村聡先生（岡山大学）に，制度経済学とマクロ経済学との関連を勉強したいと相談すると，「制度経済学にもさまざまなものがあるから，それらを読み比べて違いを理解しなさい。」といわれ，わたしは素直にそれに従った。4年生の後半になると図書館で社会科学やレギュラシオン理論に関する日本語文献を読みあさり，これに関する卒業論文なるものを書いてみた。そして，制度とマクロ経済パフォーマンスとの関係をより理論的に明らかにすることを志し，九州大学大学院経済学府の門をたたいた。

だが，当初，フランス語の文献を読む能力がなかったので，レギュラシオン理論のマクロ経済分析と比較的親和性の高いポスト・ケインズ派の経済学をテーマとすることにした。この経済学は，所得分配や金融を重視しつつ，経済成長や景気変動を独自の視点で説明する理論をもち，わたしの関心に適したものであった。わたしは，このモデルにおいて制度の役割を踏まえたマクロ経済成長の分析を行うことを大学院でのテーマとした。

このような問題意識のもと，筆者が研究を進めることができたのは，多くの方のおかげである。とりわけ大学院進学以来の指導教員である磯谷明徳先生（九州大学）には篤く御礼を申し上げなければならない。わたしは当時たった一人の大学院生であったにもかかわらず，毎回，丁寧にご指導をしていただいた。磯谷先生からは研究テーマを自ら発見し，問題意識を常に明確にし続けることの重要性や，全力かつ謙虚に研究を進める姿勢の大切さを教わった。研究だけで

なく，教育に対してもフロンティアを常に開拓なされる先生の姿勢に，今でも多くを学んでいる。研究には常に厳しさが付きまとうが，経済学を通じて現実の世界をみる楽しさを少しでも感じることができるようになったのは，磯谷先生のご指導のおかげである。先生のご指導は，まことに厳しいものでもあったが，折に触れて，智子夫人に優しいお言葉をかけていただいたことは，相当な励みになった。この場を借りて，お礼を申し上げたい。

大住圭介先生（福岡女子大学）には，モデル分析を行う上での厳密さの追求と，研究者としての責務を教わった。福岡を離れる時にかけてくださった「ポストをもった研究者として，年間最低でも 1 本は論文を出すように。」とのお言葉は，今日の研究の原動力となっている。

荒川章義先生（立教大学）からは，制度の経済学だけでなく近代経済学の手ほどきを受けた。経済理論自体の意味にとどまらず，その背景にある思考の構造を重視なされる学問スタイルは大変魅力的であった。経済学のみならず，自然科学や歴史，哲学の知見を活かしたご指導を通じて，総合学問としての経済学の魅力を味わうことができた。

山田鋭夫先生（名古屋大学名誉教授）には，わたしのフランス留学にあたり，フランス語のテキストを一緒に読んでいただいた。日本のレギュラシオン理論の泰斗から直接，その面白さを教わったことで，フランスでレギュラシオン理論を学びたいという気持ちは，ますます強くなった。山田先生からは，社会科学を学ぶ姿勢についても教わった。レギュラシオン理論という概念装置を使って，われわれの暮らす資本主義経済とは何かについて考えてみたい，そう強く思った。

心もとないフランス語と期待と不安を携えて 2006 年 9 月に渡ったフランスでは，貴重な経験と仲間を得ることができた。社会科学高等研究院パリ校にて指導を引き受けてくださったロベール・ボワイエ（Robert Boyer）教授には，大変親切かつ熱心にご指導をいただいた。1 つの質問をするとダイバーシティに富んだコメントを猛烈な速さのフランス語でなされることに圧倒された（いまでも圧倒されている）。約 1 年間の留学を終えようとした盛夏のある日，所用があってジャズの流れる研究室を訪ねたときのこと，「レギュラシオニストたるものは，リアルタイムの実証分析が不可欠です。理論分析だけなく，それがいか

に現実の経済を説明できるかを考えてください。」とエコール・ノルマル・シュペリウール・ジョルダンの庭を眺めながらボワイエ教授はおっしゃった。この言葉に後押しされ，博士論文提出後の研究関心は，理論分析で得られた結果が現実の経済，とりわけ自分が暮らしている日本の経済をどのように説明することができるのかという実証分析に向かった。このようにして，ポスト・ケインズ派の経済学とレギュラシオン理論に基づいた理論分析と，その日本経済の実証分析への応用が結び付いた。

大学教員としてのポストを得てからは，快適な研究環境を提供してくれる阪南大学（現職場）と，同僚諸氏から教育面，校務面でご助力を賜っているおかげで研究を行うことができている。また，さまざまな研究会や学会にて接して下さった方々にも心から感謝を申し上げたい。とくに大学院時代から，有益なコメントをくださった植村博恭先生（横浜国立大学），宇仁宏幸先生（京都大学），池田毅先生（立教大学）には篤くお礼を申し上げたい。眞柄秀子先生（早稲田大学）には，研究分担者として科研費基盤研究 A「経済危機と政策レジーム：パラダイム転換の国際研究」（研究代表者：早稲田大学政治経済学術院，眞柄秀子教授）にお誘いをいただいた。このプロジェクトにおいて，比較政治経済学について勉強する機会をいただいたこと，世界の第一線で活躍する研究者との交流を得たことも貴重な経験であった。そして，同じ問題意識をもったほぼ同じ世代として，原田裕治氏（福山市立大学），佐々木啓明氏（京都大学），大野隆氏（立命館大学），藤田菜々子氏（名古屋市立大学），藤田真哉氏（名古屋大学），安藤裕介氏（立教大学）には，多くの学問的刺激やアイディアを得たことに感謝したい。

分野は違えど，フランス留学期間中に滞在したパリ国際大学都市日本館において，学生達の生活をあたたかく見守ってくださった永見文雄先生（中央大学）と道子夫人にも心からの御礼を申し上げたい。日本館にて同じ志をもった仲間たちと過ごした日々も忘れる事ができない。経済学という世界のほんの一部しか知らなかったわたしにとって，日本館での彼ら彼女らとの出会いは，学問観のみならず，人間としての生活をより豊かなものにしてくれた。

振り返ってみれば，学部学生の頃に図書館で学んだ著書の執筆者である先生方に，直接ご指導をいただいたことや，共同研究に誘っていただいたことは，

研究を進めていくうえでの大きな励みとなった。本書はこうした研究の一区切りの成果である。上述の問題意識に対して意欲だけはあっても，十分な理解や新しい発見を示すことができていない箇所も多々残されているだろう。また，多くの教えをどの程度，本書の内容に活かすことができたかは心もとないところである。読者諸氏の忌憚なきご意見，ご批判を頂戴できれば幸いである。なお，いうまでもなく，本書に残された誤りは全て著者であるわたし自身の責任である。

　出版にあたっては，日本経済評論社の鵜田祐一氏からいつも迅速，丁寧，親切なご助力をいただいた。また本書の刊行にあたっては，独立行政法人日本学術振興会平成26年度科学研究費助成事業（研究成果公開促進費）の交付を受けた。ここに記して御礼を申し上げたい。

　最後に，私事で恐縮だが，自らの生活に必要な資金を惜しまず，わたしを大学院に進学させてくれ，たとえ遠くで暮らそうとも常にわたしを励ましてくれている父と母に心から感謝の意を表したい。日頃より難しいことは「人に優しく易しく説明しなさい。」と教えてくれたにもかかわらず，本書の内容は両親にとってなお難しいものだと思われる。とはいえ，本書の出版を通じて日ごろできない親孝行が少しでも果たせたのではないかとちょっとだけ思っている。いつも優しく温かく，ときに厳しく支えてくれる妻にも感謝したい。本書をまとめようと思ったきっかけは，妻との間に子供を授かったことにもある。妻のおなかの中で懸命に大きくなろうとする子供とともに，これから父になるものとして，本書をまとめあげることで成長したかった。そして2013年，中秋の名月にいざなわれるかのように，わたしたちの子供は感動的な産声を上げてくれた。本書を最後までまとめあげることができたのも，家族の存在と支えがあってこそである。わたしたちの子供が暮らしていくこの世界において，心豊かに育つ経済環境が整うことを願っている。

2014年6月　　西　洋

初出一覧

本書は，基本的には書下ろしと，過去に執筆した論文，あるいはその一部から構成されている。ただし，出版に際して，本書で掲げた統一テーマの下で，これらの論文は加筆修正されている。また，原著における誤りや誤植，説明が不十分な箇所については改善を行った。初出は以下の通りである。

第1章「カレツキアン・モデルの新しい展開：ストック・フロー・コンシステント・モデル」（大野 隆氏と共著），『季刊 経済理論』，2011 年，第 47 巻，第 4 号，pp.6-18.

第2章 書下ろし

第3章 "Household Debt, Dynamic Stability, and Change in Demand Creation Patterns," *Review of Political Economy*. 2012, Vol.24, No.4, pp.607-622.

第4章 "A Dynamic Analysis of Debt-led and Debt-burdened Growth Regimes with Minskian Financial Structure," *Metroeconomica*. 2012, Vol.63, No.4, pp.634-660.

第5章 "The Consequences of Internationalization of Trade and Financial Transactions on Growth: Combining an Institutional Hierarchy Hypothesis with a Keynes-Minsky Approach," in Chapter 14 of *Diversity and Transformations of Asian Capitalisms*. (Routledge Studies in the Modern World Economy) edited by R. BOYER, H. UEMURA, and A. Isogai. 2012.

第6章 "On the short-run relationship between the income distribution- and debt-growth regimes," *International Review of Applied Economics*. 2013, Vol.27, No.6, pp.729-749.

第7章 "Comparative Evaluation of Post-Keynesian Interest Rate Rules, Income Distribution, and Firms' Debts for Macroeconomic Performance," *Cambridge Journal of Economics*. 2014, March. doi:10.1093/cje/beu007.

第8章「VAR モデルを用いた日本経済の所得分配と需要形成パターンについての実証分析」，『季刊 経済理論』，2010 年，第 47 巻，第 3 号，pp.67-78.

第9章「構造 VAR モデルによる日本経済の資本蓄積,所得分配,負債の動態分析:ポスト・ケインジアンパースペクティブ」,『季刊 経済理論』,2011年,第47巻,第4号,pp.53-64.
第10章「金融化と日本経済の資本蓄積パターンの決定要因:産業レベルに注目した実証分析」,『季刊 経済理論』,2012年,第49巻,第3号,pp.52-67.

　ほとんどの論文は査読済のものである。わたしの研究内容を改善するのに,世界中の匿名のレフェリーのコメントは厳しくも大変有益であり,最終的に論文が刊行されることで,彼・彼女らとは戦友になることができた。この場を借りても,感謝の気持ちを表したい。いうまでもなく,初出の論文,および本書に残された誤りは全て筆者の責任である。

索 引

数字・欧文

2段階アプローチ　25, 30

IS バランス　66, 67, 96, 125

LM 曲線　111, 112

VAR　190, 193, 205

VAR モデル　11, 183

あ

赤池情報量基準　193, 194, 218

アクティヴィスト　152

アグリエッタ　2

イノベーション会計　185, 196, 220, 225

インパルス応答関数　196, 197

インフレーション　28, 151, 157

インフレーション・フロンティア　158, 166, 169, 170, 178

か

価格競争　105, 122

価格競争力　184, 196

貸付資金説　143

稼働率　4

株式　76, 106, 110, 158

貨幣　15, 106, 110, 117

貨幣数量説　15

貨幣的生産経済　20, 21

貨幣の中立性　143

借り手の信用度　54, 66

カルドア　1, 13, 125, 200

カルドア・ヴェルドーン効果　38

カレツキ　1, 15, 200

カレツキアン　1, 14–16, 21

為替レート　99, 105, 106, 113–115

カンザス・シティ・ルール　11, 152, 162, 172, 173, 179

企業　35, 36, 55, 76, 104, 107, 127, 154, 211

キャッシュ・フロー　73, 262

局所的安定性　40, 42, 44, 47, 59, 67, 69, 114, 164, 181

局所的不安定性　43, 115

銀行　76, 127, 154, 211

金融　8

金融化　12, 99, 103, 229–232, 236, 239, 242, 244, 256, 259

金融化と資本蓄積　232, 243, 245

金融構造　10, 75, 82, 85, 86, 96

金融主導型成長レジーム　100

金融政策ルール　151, 161, 167, 171, 178

金融的支出　235, 245, 247, 248, 251,

254, 256, 257, 260
金融的収益　234, 235, 245, 247, 248, 252, 254, 256, 257, 260
金融不安定性　82
金融不安定性仮説　15, 18, 73, 100
金利　56, 59, 73, 88, 105, 106, 111, 117, 128, 161
金利生活者　76, 77, 79, 104, 108, 111, 112, 127, 154, 211, 238, 242
グレンジャーの因果性検定　185, 195
グローバル化　99
経済政策　8, 142
経済成長の多様性　5
経済成長フロンティア　178
経済成長レジーム (economic growth regime)　3, 16, 143, 183
経路依存性　16, 81, 82, 90, 93, 95
ケインジアン安定　146
ケインジアン安定条件　41, 58, 61, 78, 131, 159, 161, 214
ケインジアン・ファンダメンタリスト　1, 15
ケインズ　1, 14
合成の誤謬　25
構造 VAR　12, 190, 205, 215, 216, 220
高揚型　29, 61, 129
高揚型レジーム　4, 37, 41, 42
個別需要　202
個別需要形成　191
個別需要形成パターン　184, 196
個別需要項目　200

雇用保障　104, 106, 120, 156
コンフリクティング・クレーム　17, 38, 155

さ

債券　106, 110
産業予備軍効果　34, 35
産出・資本比率（稼働率）　4, 35, 53, 65, 76, 107, 127, 155
市場経済　5
市場調整　6
資本家　7, 35, 36, 53
資本主義経済　1, 5, 6, 22, 49
資本主義経済の特質　7
資本主義の多様性　2
資本蓄積　7, 12, 244, 249
資本蓄積レジーム　206, 207, 220, 225
社会的集団　23, 25, 27, 35
シュヴァルツ情報量基準　193, 194, 218
需要形成パターン　187
需要レジーム (demand regime)　3, 183
情報量基準　218
所得分配　8, 184
所得分配・稼働率レジーム（需要レジーム）　129
所得分配・成長レジーム　126, 130, 134, 142, 145, 159
新古典派　5
新古典派経済学　16, 143
新自由主義　99, 141, 154
信用の利用可能性　52, 60

索 引 287

スタグフレーション 170, 171, 178
ストックハンマー 23, 260
ストック・フロー・コンシステント・モデル（SFC モデル） 15, 20, 21
ストラクチュラリスト 56
スミシン・ルール 11, 152, 162, 172, 173, 180
スラッファ 1, 13
スラッフィアン 1, 15, 18
正規雇用 9, 33, 49
生産性上昇率格差 38
生産性レジーム 189
成長フロンティア 163, 167
成長レジーム 27, 145
制度 22–24, 26, 29, 30, 153
制度階層性 10, 100–103, 118, 121, 122
制度経済学 8, 22, 101
制度諸形態 104
制度的構造 34, 48, 102, 122, 123
制度的調整 6, 26, 27, 124
制度動学 19, 118
制度補完性 101
節約の逆説 17, 18, 25, 145
ゼロ・ルート・システム 80

た

大域的安定性 82, 89, 92, 94
ダット 51
多様な成長レジーム 17
単位根検定 192, 201, 218, 250
蓄積レジーム 206

中央銀行 57, 128, 138
調整様式 4
賃金格差 33, 38, 45
賃金主導型 18, 29, 138, 140, 147, 148, 218
賃金主導型成長レジーム 4, 40, 64, 131, 135
賃金分配率 48, 49, 63, 66, 191, 202
定常状態 7, 40, 42–44, 47, 58, 59, 81, 114, 164
停滞型 29, 61, 79, 129
停滞型需要レジーム 62, 63, 212
停滞型レジーム 4, 37, 41
投機的金融 19, 84, 87
投機的金融構造 84
閉じ方 30, 106–108, 123
留めおき型 152
留めおき型アプローチ 153

な

内生的貨幣供給の理論 15, 55, 224
内部留保 77, 158, 262
内部留保率 75, 136, 237, 242
日本経済 141, 186, 202, 206, 210, 225, 229, 236, 244, 259
ネオ・ケインジアン・モデル 125
ノーマル・タイプ 206, 214, 215, 219
ノーマル・レジーム 126

は

配当 76, 77, 158
配当性向 237, 262

パシネッティ　20, 25, 30
パシネッティ・ルール　11, 152, 162, 172, 173, 179
パズリング・レジーム　126
パネルデータ　246, 250
ハロッド　1, 13
非正規雇用　9, 33, 49
非ポンジ・レジーム　88–91, 97
費用の逆説　17, 25
フィリップス曲線　108, 119–121, 154
フォーディズム　103, 123
フォード主義的成長　7
不確実性　15, 16, 22–25, 203, 244
不完全稼働状態　17, 29
負債　76
負債荷重型　19, 74, 206, 214, 219, 220, 225
負債荷重型需要レジーム　146, 147
負債荷重型成長　4, 94
負債荷重型成長レジーム　79, 90, 91, 132, 137, 138, 141, 147, 149, 170, 171
負債・稼働率レジーム（需要レジーム）　129, 160, 174
負債・資本比率（負債比率）　74, 78
負債主導型　19, 74, 214
負債主導型需要レジーム　146, 147, 212
負債主導型成長　4, 92
負債主導型成長レジーム　79, 89, 132, 137, 139, 140, 148, 164, 165, 169
負債・成長レジーム　10, 73, 96, 126,
130, 135, 137, 142, 145, 206
負債比率　65, 142, 207–210, 217
分散分解　196, 199, 223
ヘッジ金融　19, 84, 87
ヘッジ金融構造　83
ポスト・ケインジアン　1, 3, 7, 13, 14, 20, 101
ポスト・ケインズ派　17, 74, 144
ホリゾンタリスト　56, 77
ボワイエ　2
ポンジ金融　19, 87, 92
ポンジ金融構造　85
ポンジ・レジーム　87, 88, 92, 94, 97

ま

マークアップ価格設定　17, 54, 76, 108
マーグリン・バドゥリ　17, 29
マーシャル・ラーナー条件　109
マクロ経済パフォーマンス　3, 5, 26, 124
ミンスキアン　14, 21, 96, 224
ミンスキー　19, 73
ミンスキー・タイプ　214

や

有効需要　14, 27
輸出主導型　4
輸出主導型成長　188

ら

ラヴォア　24
利潤主導型　4, 29, 139, 141, 148, 149, 218, 220, 225

利潤主導型成長　18, 203
利潤主導型成長レジーム　40, 64, 131, 135
利潤分配率　48, 62, 208–210, 217
リスク逓増の原理　52, 56, 69
累積インパルス応答関数　196, 198, 221, 222
累積的因果連関　24, 190
ルース・ハーヴィッツ条件　68, 69
レギュラシオン　26
レギュラシオン理論　1–3, 9, 16, 26, 100, 189
レジーム・スウィッチング・パラメーター　131–133, 144
労働組合　39, 155, 157, 158, 166
労働者　7, 35, 36, 53, 76, 104, 108, 127, 154, 211
労働者の借り入れ　9, 51, 52, 57, 66, 67, 141
労働生産性上昇率格差　34, 41, 46, 47
ロビンソン　1, 13, 14, 125

【著者紹介】

西　洋（にし・ひろし）

1980年，島根県生まれ。2003年，岡山大学経済学部卒業。2008年，九州大学大学院経済学府単位修得退学。九州大学博士（経済学）。阪南大学経済学部専任講師を経て，2010年，阪南大学経済学部准教授，現在に至る。
〈主要著作物〉
「東アジア資本主義の制度的階層性とマクロ経済的多様性」（植村博恭・磯谷明徳との共著）『転換期のアジア資本主義』（植村博恭・宇仁宏幸・磯谷明徳・山田鋭夫編，藤原書店，2014年）等。

所得分配・金融・経済成長──資本主義経済の理論と実証

2014年11月29日　第1刷発行　　　　定価（本体6400円＋税）

著　者　西　　　　　洋
発行者　栗　原　哲　也
発行所　株式会社　日本経済評論社
〒101-0051　東京都千代田区神田神保町3-2
電話　03-3230-1661　FAX　03-3265-2993
E-mail：info8188@nikkeihyo.co.jp
URL：http://www.nikkeihyo.co.jp/

装幀＊渡辺美知子　　　　印刷＊藤原印刷・製本＊誠製本

乱丁落丁本はお取替えいたします。　　　　Printed in Japan
Ⓒ Hiroshi NISHI 2014　　　　ISBN978-4-8188-2350-1

・本書の複製権・翻訳権・上映権・譲渡権・公衆送信権（送信可能化権を含む）は，㈳日本経済評論社が保有します。
・JCOPY　〈㈳出版者著作権管理機構　委託出版物〉
本書の無断複写は著作権法上での例外を除き禁じられています。複写される場合は，そのつど事前に，㈳出版者著作権管理機構（電話 03-3513-6969，FAX 03-3513-6979，e-mail: info@jcopy.or.jp）の許諾を得てください。

若年者の雇用問題を考える
　　──就職支援・政策対応はどうあるべきか──
　　　　樋口美雄・財務省財務総合政策研究所編著　本体4500円

国際比較から見た日本の人材育成
　　──グローバル化に対応した高等教育・職業訓練とは──
　　　　樋口美雄・財務省財務総合政策研究所編著　本体4500円

実証国際経済学
　　　　　　　　　　　　吉田裕司著　本体4000円

デフレーション現象への多角的接近
　　　　　　高崎経済大学産業研究所編　本体3200円

金融危機の理論と現実
　　──ミンスキー・クライシスの解明──
　　　　　　クレーゲル著／横川信治編・監訳　本体3400円

現代国際通貨体制
　　　　　　　　　　　　奥田宏司著　本体5400円

EUの規制力
　　　　　　　　遠藤乾・鈴木一人編　本体3600円

越境するケア労働
　　──日本・アジア・アフリカ──
　　　　　　　　　　　　佐藤誠編　本体4400円

グローバル資本主義論
　　──日本経済の発展と衰退──
　　　　　　　　　　　　飯田和人著　本体3800円

危機における市場経済
　　　　　　　　　　　飯田和人編著　本体4700円

新自由主義と戦後資本主義
　　──欧米における歴史的経験──
　　　　　　　　　　　権上康男編著　本体5700円

日本経済評論社